中国式现代化
发展战略

郭海军　主编

颜旭　孙岩　副主编

人民出版社

目 录

以中国式现代化
全面推进中华民族伟大复兴

实现现代化是近代以来中国人民梦寐以求的夙愿，实现中华民族伟大复兴是近代以来中华民族最伟大的梦想，建成社会主义现代化强国、实现中华民族伟大复兴是中华民族的最高利益和根本利益。站在新的历史起点上，习近平总书记在党的二十大报告中鲜明提出："从现在起，中国共产党的中心任务就是团结带领全国各族人民全面建成社会主义现代化强国、实现第二个百年奋斗目标，以中国式现代化全面推进中华民族伟大复兴。"[①] 中国式现代化是中国共产党和中国人民长期实践探索的成果，既是我们强国建设、民族复兴的康庄大道，也是中国谋求人类进步、世界大同的必由之路。在新征程上，我们坚持

[①]　习近平：《高举中国特色社会主义伟大旗帜　为全面建设社会主义现代化国家而团结奋斗——在中国共产党第二十次全国代表大会上的报告》，人民出版社 2022 年版，第 21 页。

以中国式现代化全面推进中华民族伟大复兴，一定能够不断创造新的发展奇迹，为发展自身和造福世界作出新的更大贡献。

一

方向决定前途，道路决定命运。一个国家、一个民族只有找到适合自己的道路，才能顺利实现发展目标。习近平总书记深刻指出："在新中国成立特别是改革开放以来长期探索和实践基础上，经过十八大以来在理论和实践上的创新突破，我们党成功推进和拓展了中国式现代化。"① 当代中国是历史中国的延续和发展，我们党团结带领人民追求民族复兴的历史，也是一部不断探索现代化道路的历史。以中国式现代化全面推进中华民族伟大复兴，是中国历史和人民的正确选择，是我们党百余年来艰辛探索的伟大成果，更是新时代以习近平同志为核心的党中央的创造结晶。

历史的选择。实现现代化和民族复兴，来源于对中国历史的整体思考，特别是对中国近现代历史经验教训的深刻总结。中国是一个历史悠久的文明古国，中华民族曾长期昂首屹立于世界民族之林。但近代以来，由于统治者腐败无能和西方列强侵略欺凌，中国人民和中华民族陷入了内忧外患的境地，面临着亡国灭种的危险。为了挽救国家

---

① 习近平：《高举中国特色社会主义伟大旗帜 为全面建设社会主义现代化国家而团结奋斗——在中国共产党第二十次全国代表大会上的报告》，人民出版社 2022 年版，第22 页。

命运、实现民族振兴，无数仁人志士上下求索、谋求自强，苦苦寻求中国现代化之路。洋务运动、戊戌变法、辛亥革命等，在一定意义上都是实现现代化的尝试和探索。但在半殖民地半封建社会的条件下，各种主义和思潮都进行过尝试，各种名目的改良主义、照搬西方模式的各种方案，都不能挽救中国前途命运，更谈不上为中国现代化提供正确指导。在民族生死存亡的关键时刻，中国共产党走上历史舞台，毅然决然挑起了为中国人民谋幸福、为中华民族谋复兴的重任，把如何实现现代化、怎样走向民族复兴，作为孜孜以求不断探索的重大命题。正如习近平总书记所指出的那样，"中国式现代化，是我们为如何唤醒'睡狮'、实现民族复兴这个重大历史课题所给出的答案"①。

百年的探索。以民族复兴为己任的中国共产党登上历史舞台后，就把实现现代化作为自己不懈追求的奋斗目标。一百多年来，我们党团结带领中国人民所进行的一切奋斗，就是为了把我国建设成为现代化强国，实现中华民族伟大复兴。1945 年，党的七大就鲜明提出"为着中国的工业化和农业近代化而斗争"的目标。新中国成立后，我们党提出"把我国建设成为一个具有现代农业、现代工业、现代国防和现代科学技术的社会主义强国"。进入改革开放和社会主义现代化建设新时期，我们党确立了实现社会主义现代化的正确道路，并提出"到 21 世纪中叶基本实现现代化"。进入新时代，习近平总书记明确指出实现社会主义现代化和中华民族伟大复兴是坚持和发展中国特色社会主义的总任务，系统谋划了分两步走全面建成社会主义现代化强

---

① 中共中央党史和文献研究院编：《习近平关于中国式现代化论述摘编》，中央文献出版社 2023 年版，第 295 页。

国的战略安排，不断推动我国社会主义现代化建设阔步奋进。历经百余年磨难与奋斗，中国人民从四分五裂、一盘散沙到高度统一、民族团结，从积贫积弱、一穷二白到全面小康、繁荣富强，从被动挨打、饱受欺凌到独立自主、坚定自信，我们党立足中国实际，开辟出中国式现代化道路，向着中华民族伟大复兴的宏伟目标不断迈进。

时代的创造。历史车轮滚滚向前，发展步伐驰而不息。党的十八大以来，习近平总书记深入阐释社会主义现代化建设的核心要义，赋予中国式现代化丰富的时代内涵。特别是，党的二十大集中概括了中国式现代化的中国特色、本质要求和重大原则，初步构建起中国式现代化理论体系，使中国式现代化更加清晰、更加科学、更加可感可行。中国式现代化具有五个方面的中国特色，包括人口规模巨大、全体人民共同富裕、物质文明和精神文明相协调、人与自然和谐共生、走和平发展道路。中国式现代化的本质要求是：坚持中国共产党领导，坚持中国特色社会主义，实现高质量发展，发展全过程人民民主，丰富人民精神世界，实现全体人民共同富裕，促进人与自然和谐共生，推动构建人类命运共同体，创造人类文明新形态。推进中国式现代化，必须牢牢把握五个重大原则，即坚持和加强党的全面领导、坚持中国特色社会主义道路、坚持以人民为中心的发展思想、坚持深化改革开放、坚持发扬斗争精神。中国式现代化的中国特色、本质要求和重大原则，是对推进中国式现代化的顶层设计，为全方位认识、全过程实践、全领域推进中国式现代化提供了理论指导和根本遵循。党的二十届三中全会围绕推进中国式现代化这个主题擘画进一步全面深化改革战略举措，着力抓住推进中国式现代化需要破解的重大体制机制问题谋划改革，必将为中国式现代化提供强大动力和制度保障。我们坚持和发展中国特色社会主义，推动物质文明、政治文明、精神文明、社会文明、生态文明协调发展，探索出中国式现代化新道路，创造了人类文明新形态。实践证明，中国式现代化是符合我国国情的现代化道路，奠定了实现中华民族伟大复兴的坚实基础，展现出人类文明发展的光明前景。以中国式现代化全面推进中华民族伟大复兴，具有无比广阔的舞台，具有无比深厚的历史底蕴，具有无比强大的前进定力。

二

时人不识凌云木，直待凌云始道高。党的十八大以来，习近平总书记亲自推动、部署，擘画了全面建成社会主义现代化强国的宏伟蓝图，推动党和国家事业取得历史性成就、发生历史性变革，为实现中华民族伟大复兴提供了更为完善的制度保证、更为坚实的物质基础、更为主动的精神力量。中华民族迎来了从站起来、富起来到强起来的伟大飞跃，中华民族伟大复兴进入了不可逆转的历史进程。

制度保证更为完善。制度具有根本性、全局性、长远性。百余年来，我们党团结带领人民对现代化进行艰辛求索，推动中华民族伟大复兴的制度保证不断完善、制度基础不断稳固、制度优势充分彰显。特别是党的十八大以来，我们党把制度建设摆到更加突出的位置，着力构建系统完备、科学规范、运行有效的制度体系，积极推进国家治理体系和治理能力现代化，实现中国特色社会主义根本制度不断筑牢、基本制度更加完善、重要制度不断创新。当前，系统完备、科学规范、运行有效的制度体系日渐成型，制度优势得到进一步彰显和加强，中国之治与西方之乱形成鲜明对比，为实现中华民族伟大复兴提供了充满活力的制度保证。

物质基础更为坚实。以中国式现代化全面推进中华民族伟大复兴，需要大力解放和发展生产力，筑牢国家繁荣富强、人民幸福安康、社会和谐稳定的物质基础。一百多年来，中国从积贫积弱迈向繁荣富强，成为世界第二大经济体；从传统农业大国发展为工业大国，成为制造业第一大国；从封闭半封闭走向全方位开放，日益走近世界舞台的中央。特别是党的十八大以来，我们党着眼于我国社会主要矛盾变化，坚持以人民为中心，准确把握新发展阶段，完整、准确、全面贯彻新发展理念，加快构建新发展格局，深入推进供给侧结构性改革，推动高质量发展，我国经济实力、科技实力、国防实力和综合国力显著增强，国际地位、国际形象极大提升。我国如期打赢脱贫攻坚战，在中华大地上全面建成了小康社会，历史性解决了绝对贫困问题，这在我国社会主义现代化建设进程中具有里程碑式意义。我国积累的雄厚物质基础、丰富人力资源、完整产业体系、强大科技实力，以及我国全球最大最有潜力的市场，为实现中华民族伟大复兴提供了更为坚实的物质基础。

精神力量更为主动。一个民族的复兴需要强大的物质力量，也需要强大的精神力量。一百多年来，我们党以伟大建党精神为源头，铸就了一系列伟大精神，构建起了中国共产党人的精神谱系，为实现中华民族伟大复兴提供了强大精神动力。特别是党的十八大以来，我们党确立习近平同志党中央的核心、全党的核心地位，确立习近平新时代中国特色社会主义思想的指导地位，让复兴之路有了定盘星、主心骨、掌舵者，实现中华民族伟大复兴有了鲜明思想旗帜和科学行动指南。我们党坚持和发展中国特色社会主义文化，大力弘扬以爱国主义为核心的民族精神和以改革创新为核心的时代精神，积极培育和践行社会主义核心价值观，铸牢中华民族共同体意识，不断增强中国特色社会主义道路自信、理论自信、制度自信、文化自信，激发全民族文化创新创造活力，有力提振中国人民的精气神，为实现中华民族伟大复兴提供了更为主动的精神力量。

三

雄关漫道真如铁，而今迈步从头越。我们开启了全面建设社会主义现代化国家新征程，正昂首阔步行进在实现中华民族伟大复兴的大道上。纵观历史发展，现代化与民族复兴贯穿昨天、今天和明天的时空坐标，预示着从过去走向未来的历史大势。面向未来，我们有信心、有能力、有底气坚定不移推进中国式现代化，实现中华民族伟大复兴，为人类文明进步和世界现代化作出更多新的贡献。

坚持党的领导。中国人民之所以能够扭转近代以来的历史命运，探索出中国式现代化道路，最根本在于党的领导。中国共产党领导的社会主义现代化，是对中国式现代化的定性，是管总、管根本的。习近平总书记指出："党的领导直接关系中国式现代化的根本方向、前途命运、最终成败。"① 中国式现代化有许多重要特征，中国共产党领导是最本质特征；中国式现代化有许多显著优势，中国共产党领导是最大优势。以中国式现代化推进中华民族伟大复兴，必须坚持党的全面领导特别是党中央集中统一领导，充分发挥党总揽全局、协调各方的领导核心作用。只要我们坚持党的全面领导不动摇，深刻领悟"两个确立"的决定性意义，增强"四个意识"、坚定"四个自信"、做到"两个维护"，就能凝聚起建设社会主义现代化强国的磅礴力量，向着实现中华民族伟大复兴不断前进。

坚持人民至上。中国式现代化在根本宗旨上坚持人民至上，在根本立场上坚持以人民为中心，不断促进人的全面发展，实现全体人民共同富裕。坚持人民至上，是中国共产党百年奋斗的宝贵经验，是中国式现代化取得巨大成就的根本所在。中国式现代化的根基在人民、主体在人民、力量在人民，始终坚持发展为了人民、发展依靠人民、发展成果由人民共享。以中国式现代化全面推进中华民族伟大复兴，必须坚持以人民为中心的发展思想，始终保持同人民群众的血肉联系，与人民同呼吸、共命运、心连心，不断满足人民日益增长的美好生活需要，让广大人民群众的获得感、幸福感、安全感更加充实、更有保障、更可持续，推动人的全面发展、全体人民共同富裕取得更为

---

① 中共中央党史和文献研究院编：《习近平关于中国式现代化论述摘编》，中央文献出版社 2023 年版，第 58 页。

明显的实质性进展。

坚持科学布局。我们党要领导一个十几亿人口的东方大国实现社会主义现代化，必须坚持实事求是、科学布局，加强前瞻性思考、全局性谋划、战略性布局、整体性推进。党的十八大以来，我们党始终坚持系统观念，实现发展质量、结构、规模、速度、效益、安全相统一，同步推进经济社会现代化和国家治理现代化，有力推动物质文明、政治文明、精神文明、社会文明、生态文明协调发展。习近平总书记指出："推进中国式现代化是一个系统工程，需要统筹兼顾、系统谋划、整体推进，正确处理好一系列重大关系。"[①]以中国式现代化全面推进中华民族伟大复兴，必须继续统筹推进"五位一体"总体布局、协调推进"四个全面"战略布局，立足新发展阶段、贯彻新发展理念、构建新发展格局、推动高质量发展，正确处理顶层设计与实践探索、战略与策略、守正与创新、效率与公平、活力与秩序、自立自强与对外开放的关系，协同推进人民富裕、国家强盛、中国美丽。

坚持独立自主。人类历史上没有一个民族、一个国家可以通过依赖外部力量、照搬外国模式、跟在他人后面亦步亦趋实现现代化。中国式现代化，是党领导人民坚持独立自主、团结奋斗的结果，是适合中国国情、符合中国实际、顺应时代发展要求的正确道路。面向未来，我们在迈向现代化的历史进程中，必然要承受其他国家都不曾遇到的各种压力和严峻挑战。但无论遇到什么风浪，在坚持中国特色社

[①]　中共中央党史和文献研究院编：《习近平关于中国式现代化论述摘编》，中央文献出版社 2023 年版，第 230 页。

会主义道路这个根本问题上都要一以贯之，决不因各种杂音噪音而改弦更张。以中国式现代化全面推进中华民族伟大复兴，必须坚持独立自主、自立自强，坚持把国家和民族发展放在自己力量的基点上，坚持把我国发展进步的命运牢牢掌握在自己手中，既不走封闭僵化的老路，也不走改旗易帜的邪路，始终坚持在中国特色社会主义道路上昂首阔步走下去，把我国建设成为富强民主文明和谐美丽的社会主义现代化强国。

第一章

中国推进现代化的历史进程

　　实现现代化，是经济文化落后国家的共同梦想。但历史条件的多样性，决定了各国选择发展道路的多样性；现代化的复杂性，也决定了现代化道路探索的艰巨性。习近平总书记在学习贯彻党的二十大精神研讨班开班式上强调："中国式现代化是我们党领导全国各族人民在长期探索和实践中历经千辛万苦、付出巨大代价取得的重大成果。"[①] 实践证明，中国式现代化走得通、行得稳，是强国建设、民族复兴的唯一正确道路。

[①] 《习近平在学习贯彻党的二十大精神研讨班开班式上发表重要讲话强调　正确理解和大力推进中国式现代化》，《人民日报》2023 年 2 月 8 日。

一、新民主主义革命时期的萌发

现代化是世界历史发展过程中的一个特定阶段，反映的是人类社会从传统社会向现代社会转变所经历的历史巨变。推进中国的现代化，实现中华民族伟大复兴，贯穿于近代以来中国人民的一切奋斗探索之中，是中国人民最伟大的梦想，是中华民族的最高利益，是中国共产党的庄严使命。

（一）鸦片战争与中国传统社会的全面危机

中国是一个拥有几千年历史的文明古国，独特的地理环境，加上长期以来自给自足的农业经济，使中国社会结构和社会心理在很长时间内保持着近乎迟滞不前的巨大惰性。"天不变，道亦不变"的文化心理，使得许多人安于现状、盲目自大，对世界正在发生的变化不屑一顾，很少有尝试通过改革来改变现状的要求。然而，随着鸦片战争的爆发和西方列强的隆隆炮声，中国陷入了历史上从未有过的灾难深渊。

鸦片战争是中国社会性质发生变化的界标。鸦片战争前，中国是一个政治上独立自主的主权国家，清政府可以完全行使国家主权而不受外国干涉；战后，不仅中国的领土完整被破坏，国家主权也从多方面被侵害，已经丧失了独立自主地位。具体而言，一是列强在政治上束缚中国的主权，致使中国的社会性质发生变化，由一个独立自主的封建国家变成一个半殖民地半封建国家，中国的国际地位由此一落千丈。美国学者布热津斯基认为，19 世纪强加给中国的一系列条约、协定和治外法权条款，使人们清清楚楚地看到：不仅中国作为一个国家地位低下，而且中国人作为一个民族同样地位低下。二是列强在经济上殖民性质的掠夺，致使中国长期处于国弱民穷的落后状态。通过巨额赔款和各种经济特权，尤其是片面协定关税特权，列强扼制了中国的经济命脉，不仅使中国遭受巨大的财税损失，而且严重限制了中国民族工业的发展。三是在思想文化上，列强通过条约特权不断扩大在华传教和教育事业，试图改造中国的国民性，试图对中国人民进行"道义和精神的支配"，从而在一定程度上造成了奴化思想的滋长。总之，西方列强通过一系列不平等条约，像蚊子吮血似的将"尖刺"刺入近代中国的孱弱肌体，造成近代中国的"大出血"。

与此相伴随的是国家主权沦丧、民生凋敝，民族危机日趋加重，自然经济在西方工业经济的冲击下面临崩溃，曾经作为中国"稳定基石"的传统社会结构面临急剧转型，新政治、新经济、新思想、新风尚蔚然成风，以儒家纲常名教为代表的封建"道统"根本动摇，"礼乐崩坏"成了当时社会的真实写照。李大钊认为："时代变了！西洋的文明打进来了！西洋的工业经济来压迫东洋的农业经济了！"[①]古代中国，是世界的一个梦；近代以后，中国落伍了，实现现代化、实现民族复兴就成了中国的一个梦。历史的兴盛与近代的衰落，远古的辉煌与百年的屈辱，形成了巨大反差。一个曾经辉煌过的民族越是经历苦难，就越是渴望复兴。鸦片战争以后，面对亡国灭种的现实危险，

---

① 《李大钊文集》第三卷，人民出版社 1999 年版，第 142 页。

先进的中国人慨然把睁眼看世界和追赶西方列强提到历史使命的高度，实现现代化成为每个中华儿女的共同期盼。

（二）仁人志士对现代化的探索尝试

为了救亡图存，中国人踏上了追寻现代化之路。西方工业文明展现出的强大生产力，再加上西方坚船利炮的刺激，使得学习西方成为当时先进中国人的主要选择。洋务运动、戊戌变法、辛亥革命、新文化运动，从学习西方技术到学习西方制度，再到学习西方文化，当时的中国人几乎把西方能学的都尝试了个遍。毛泽东在总结这段历史时指出："自从一八四〇年鸦片战争失败那时起，先进的中国人，经过千辛万苦，向西方国家寻找真理。洪秀全、康有为、严复和孙中山，代表了在中国共产党出世以前向西方寻找真理的一派人物。那时，求进步的中国人，只要是西方的新道理，什么书也看。向日本、英国、美国、法国、德国派遣留学生之多，达到了惊人的程度。国内废科举，兴学校，好像雨后春笋，努力学习西方……这就是十九世纪四十年代至二十世纪初期中国人学习外国的情形。"①

主张"中学为体，西学为用"的洋务派，虽然喊出了"自强""求富"的口号，并尝试引进西方资本主义国家新的军事和生产技术，但在企图维护中国腐朽封建社会制度这一政治目标的桎梏下，所有的努力也只能是昙花一现。1895 年甲午战争中清政府的惨败，宣告了洋

---

① 《毛泽东选集》第四卷，人民出版社 1991 年版，第 1469—1470 页。

务运动的破产。1898 年，以康有为、梁启超、谭嗣同、严复等人为主要代表的资产阶级维新派，主张仿效西方制度，在中国建立君主立宪的政治体制，让资产阶级参与政权，实施资产阶级的改良，以推动中国资本主义经济、文化的发展。但这场企图在中国推行自上而下的渐进改良的运动还没有来得及展开，就在以慈禧太后为首的保守力量的反击之下瞬间夭折。正是由于看到了改良的道路在近代中国走不通，孙中山率先在中国举起了近代民族革命的旗帜，通过发动辛亥革命一举推翻了清王朝的统治，并结束了在中国延续了几千年的君主专制制度。"辛亥革命是 20 世纪中国第一次历史性巨变，是中国人民为改变自己命运而奋起革命的一个伟大里程碑，以巨大的震撼力和深刻的影响力推动了中国社会变革，为实现中华民族伟大复兴探索了道路。"① 但也必须看到，由于历史进程和社会条件的制约，辛亥革命并没有改变旧中国半殖民地半封建的社会性质，没有改变中国人民的悲惨命运，没有完成实现民族独立、人民解放的历史任务。依靠模仿复制，近代中国不仅没有迎来现代化，反而在半殖民地半封建的深渊中越陷越深。民族工业在帝国主义和封建主义的双重挤压下艰难生存，更勿论发展壮大。

（三）新民主主义革命胜利为现代化创造了根本社会条件

西方列强用坚船利炮打断了中国社会原本的历史进程，使中国被

---

① 中共中央党史和文献研究院：《中国共产党的一百年：新民主主义革命时期》，中共党史出版社 2022 年版，第 7 页。

迫卷入了资本主义现代化浪潮。按照马克思主义的观点，殖民主义者给殖民地带去的不仅是殖民主义，而且也带去了现代工业文明。洋务运动的失败、戊戌变法的夭折以及辛亥革命的挫折，使得先进的中国人认识到，在中国要实现现代化，必须首先解决制约中国发展的国家主权问题，即实现民族独立。恩格斯曾以欧洲的波兰为例指出，"一个大民族，只要还没有实现民族独立，历史地看，就甚至不能比较严肃地讨论任何内政问题"，"排除民族压迫是一切健康而自由的发展的基本条件"。① 没有国家主权的独立，再美好的现代化蓝图都只能是海市蜃楼。同孙中山不同，毛泽东充分认识到了国家主权独立对现代化的重要作用，指出，"没有一个独立、自由、民主和统一的中国，不可能发展工业"②。

以毛泽东同志为主要代表的中国共产党人在深刻总结近代中国改良、革命经验教训的基础上，逐渐形成了通过阶级革命实现民族独立、国家富强、人民解放的新民主主义革命路线。枪杆子里面出政权，枪杆子里面也出主权。毛泽东在《新民主主义论》中指出："我们共产党人，多年以来，不但为中国的政治革命和经济革命而奋斗，而且为中国的文化革命而奋斗；一切这些的目的，在于建设一个中华民族的新社会和新国家。"③ 毛泽东的这个论断，揭示了新民主主义革命与中国现代化的内在关联，即要实现"建设一个中华民族的新社会和新国家"的目标，就必须进行政治革命、经济革命、文化革命，就

---

① 《马克思恩格斯文集》第 10 卷，人民出版社 2009 年版，第 471、472 页。
② 《毛泽东选集》第三卷，人民出版社 1991 年版，第 1080 页。
③ 《毛泽东选集》第二卷，人民出版社 1991 年版，第 663 页。

必须进行武装斗争夺取政权。在政治上，通过武装斗争建立一个新型的民主共和国，目的是解决近代以来困扰中国现代化建设的国家主体身份问题；在经济上，通过解放生产力，实现国家繁荣富强和人民丰衣足食，目的是解决现代化建设必需的经济基础问题；在文化上，建立民族的、科学的、大众的新民主主义文化，目的是解决现代化建设必需的主体身份认同和精神动力问题。经过 28 年的艰苦奋斗，我们党团结带领人民取得了新民主主义革命的胜利，建立了人民当家作主的中华人民共和国，实现了民族独立、人民解放，为实现现代化创造了根本社会条件。

二、社会主义革命和建设时期的探索

社会主义革命和建设时期，我们党团结带领人民进行社会主义革命，消灭了在中国延续几千年的封建制度，确立了社会主义基本制度，实现了中华民族有史以来最为广泛而深刻的社会变革，为现代化建设奠定了根本政治前提和制度基础。

（一）确立社会主义基本制度

从新中国成立到 1956 年社会主义改造基本完成前，我国实行的是新民主主义制度。新中国成立之初，我国面临的国际国内形势是异常艰难和复杂的。由于长期战争，国内经济凋敝，民不聊生。国民党残余伺机破坏，匪患严重。有些地方还未得到解放，很多基层还未建立政权。而以美国为首的西方国家在政治上孤立我们、在经济上封锁我们、在军事上威胁我们。这样的国情，决定我们只有经过新民主主义，才能过渡到社会主义。正如毛泽东指出的："没有一个新民主主义的联合统一的国家，没有新民主主义的国家经济的发展，没有私人资本主义经济和合作社经济的发展，没有民族的科学的大众的文化即新民主主义文化的发展，没有几万万人民的个性的解放和个性的发展，一句话，没有一个由共产党领导的新式的资产阶级性质的彻底的民主革命，要想在殖民地半殖民地半封建的废墟上建立起社会主义社会来，那只是完全的空想。"[1]

经过短短三年时间，我们党就根本扭转了新中国成立初期时的混乱局面，实现了政治、经济、社会的稳定，各方面都取得了超出预期的成绩。中共中央决定从 1953 年起执行我国发展国民经济的第一个五年计划，并提出向社会主义过渡的总路线，即在一个相当长的历史时期内，基本实现国家工业化和对农业、手工业、资本主义工商业的社会主义改造。由此，我国开始了大规模的农业、手工业和资本主义工商业的社会主义改造。1956 年底，我国对农业、手工业和资本主义工商业的社会主义改造基本完成。根据这年 6 月的统计，全国一亿二千万农户中，加入农业生产合作社的，已经有一亿一千万户，占农户总数的百分之九十一点七。其中，有三千五百万户加入了初级合作社；有七千五百万户，即大多数，加入了高级合作社。全国

---

① 《毛泽东选集》第三卷，人民出版社 1991 年版，第 1060 页。

个体手工业者参加了各种不同形式的生产合作组织。加入工业生产合作社、生产小组或者供销生产合作社的，已经占个体手工业从业人员总数的百分之九十。个体渔民、个体盐民和运输业中的个体劳动者，也基本上实现了合作化。全国资本主义工商业已经基本上实现了全行业的公私合营。个体小商业也已经基本上实现了合作化，为国营商业和合作社商业执行代销代购的业务。[①] 我国基本上完成了对生产资料私有制的社会主义改造，基本上实现生产资料公有制和按劳分配，建立起了社会主义经济制度。在政治上，确立起人民代表大会制度、中国共产党领导的多党合作和政治协商制度、民族区域自治制度，为人民当家作主提供了制度保障。至此，我国完成了新民主主义形态向社会主义形态的过渡，标志着社会主义基本制度在我国初步确立。"社会主义制度的建立，为我国一切进步和发展奠定了重要基础。"[②]

（二）提出"四个现代化"战略目标

新中国成立后，从发展道路和前途命运看，我国的现代化进程已经发生了历史性转变，但从发展指标看我国仍处于现代化的启动阶段。从 1750 年到 1850 年，中国是农业国家；从 1850 年到 1950 年，

[①] 中共中央文献研究室编：《建国以来重要文献选编》第 9 册，中央文献出版社 1994 年版，第 44 页。

[②] 《中共中央关于党的百年奋斗重大成就和历史经验的决议》，人民出版社 2021 年版，第 10 页。

一百年过去了，中国仍是以农业经济为主、工业基础极其薄弱的国家。如何将现代化与中华文明有机统一起来，将一个经济文化落后的东方大国建成现代化强国，成为摆在中国共产党面前必须回答的时代课题。美国学者费正清对此指出："前赴后继的中国精英为解决从晚清时代遗留下来的国内问题和回答工业化西方一个世纪之久的挑战所作的努力，在 1949 年达到了一个新的阶段。中央政府这时已经获得了中国大陆的全部控制权，尤其取得了渴望已久的国家统一。而且，它第一次提出了国家政治、经济和社会的全面现代化。"[①] 1953 年12 月，毛泽东提出建设"现代化工业""农业和交通运输业的现代化""现代化的国防"，初步提出实现"四个现代化"的思想。1954年 6 月 14 日，毛泽东在中央人民政府委员会第三十次会议上指出："我们的总目标，是为建设一个伟大的社会主义国家而奋斗。……现在我们能造什么？能造桌子椅子，能造茶碗茶壶，能种粮食，还能磨成面粉，还能造纸，但是，一辆汽车、一架飞机、一辆坦克、一辆拖拉机都不能造。"[②] 1954 年 9 月 23 日，周恩来在全国人大一次大会上作的政府工作报告中提出了"四个现代化"概念，"如果我们不建设起强大的现代化的工业、现代化的农业、现代化的交通运输业和现代化的国防，我们就不能摆脱落后和贫困，我们的革命就不能达到目的"[③]。

---

① ［美］R.麦克法夸尔、费正清编：《剑桥中华人民共和国史（上卷）：革命的中国的兴起 1949—1965 年》，谢亮生等译，中国社会科学出版社 1998 年版，"序言"第 1 页。
② 《毛泽东文集》第六卷，人民出版社 1999 年版，第 329 页。
③ 《周恩来选集》下卷，人民出版社 1984 年版，第 132 页。

　　1957 年 2 月，毛泽东在《关于正确处理人民内部矛盾的问题》中，提出要"将我国建设成为一个具有现代工业、现代农业和现代科学文化的社会主义国家"①。在这里，将"现代科学文化"列入了实现中国现代化的整体构想之中。1959 年底、1960 年初，毛泽东在阅读苏联《政治经济学教科书》的过程中，提出要把国防现代化加入到国家现代化的内容中："建设社会主义，原来要求是工业现代化，农业现代化，科学文化现代化，现在要加上国防现代化。②"这样"四个现代化"的基本内容便被完整提了出来。1964 年 12 月，周恩来在三届全国人大一次会议上所作的政府工作报告中提出："今后发展国民经济的主要任务，总的说来，就是要在不太长的历史时期内，把我国建成一个具有现代农业、现代工业、现代国防和现代科学技术的社会主义强国，赶上和超过世界先进水平。"③ 同 1954 年的"四个现代化"表述相比，1964 年的表述把"交通运输业"删去了，主要是因为中央认为交通运输业也属于工业范畴，就不再单列了；同时加上"科学技术现代化"。为了达到这个目标，党中央还提出了"两步走"战略：第一步，建立一个独立的比较完整的工业体系和国民经济体系；第二步，全面实现农业、工业、国防和科学技术的现代化，使我国经济走在世界的前列。

---

① 《毛泽东著作选读》下册，人民出版社 1986 年版，第 760 页。
② 中共中央文献研究室：《毛泽东邓小平江泽民论科学发展》，中央文献出版社、党建读物出版社 2008 年版，第 19 页。
③ 《周恩来选集》下卷，人民出版社 1984 年版，第 439 页。

（三）探索中国的现代化道路

特殊的中苏历史关系，不断加剧的美西方国家遏制围堵力度，使得新中国在外交上采取了"一边倒"政策，在如何建设社会主义现代化问题上则采取了"照抄""模仿"的做法。毛泽东曾说："在经济建设方面，我们只得照抄苏联，特别是重工业方面，几乎一切都抄苏联，自己的创造性很少。这在当时是完全必要的。"[①] 薄一波也曾回忆说："当时，在我们不少同志的心目中，一提起苏联的经验，是很有一些肃然起敬、钦慕不已的味道的。"[②] 但随着时间的推移，照抄苏联模式造成的弊端也逐渐暴露出来，"总觉得不满意，心情不舒畅"[③]。特别是 1953 年斯大林去世以后，毛泽东更是敏锐地察觉到"苏联经验并非十全十美"[④]，并下定决心探索适合中国国情的现代化道路。

1956 年 4 月，毛泽东在进行广泛而深入调研的基础上，在中共中央政治局扩大会议上作了《论十大关系》的讲话。《论十大关系》开篇就指出："特别值得注意的是，最近苏联方面暴露了他们在建设社会主义过程中的一些缺点和错误，他们走过的弯路，你还想走？过去我们就是鉴于他们的经验教训，少走了一些弯路，现在当然更要引

---

① 《毛泽东文集》第八卷，人民出版社 1999 年版，第 305 页。

② 薄一波：《若干重大决策与事件的回顾》上卷，人民出版社 1997 年版，第 417 页。

③ 《毛泽东文集》第八卷，人民出版社 1999 年版，第 117 页。

④ 薄一波：《毛泽东是真理的坚定探索者》，载毛泽东生平和思想研讨会组织委员会编：《毛泽东百年纪念——毛泽东生平和思想研讨会论文集》上册，中央文献出版社 1994 年版，第 4 页。

以为戒。"①《论十大关系》在我们党领导社会主义建设的历史上具有重要地位。胡绳在《中国共产党的七十年》一书中论及《论十大关系》时认为："所有这些，展现了党为寻找适合中国情况的建设社会主义的道路而多方探索的生动景象。……1956 年 4 月论十大关系，开始提出自己的建设路线，有我们自己的一套内容。""这就明确了建设社会主义必须根据本国情况走自己的道路这一根本思想。"②《论十大关系》为党的八大的召开提供了理论准备。1956 年 9 月党的八大的召开，标志着中国共产党探索中国自己的社会主义建设道路取得了初步成果。

从新中国成立到 1978 年这一段时间，虽然我国经济社会经历了一个曲折发展的进程，但在现代化建设方面也取得了一定的成就。中国已经由一个以农业产值为主的国家转变为一个以工业产值为主的国家。同时，1964 年第一颗原子弹爆炸成功，1966 年第一次成功进行了发射导弹核武器的实验，1967 年成功爆炸了第一颗氢弹，1970 年成功发射了第一颗人造地球卫星，1975 年成功发射第一颗返回式遥感人造地球卫星，等等，这些大国重器的制造，更是奠定了我国的大国地位。因此，从中国现代化发展的历程来看，我们更不能将改革开放前的历史同改革开放后的历史分裂开来。没有改革开放前的奋斗，不仅没有改革开放后我国的国际地位，也不会有今天的现代化成绩。

---

① 《毛泽东文集》第七卷，人民出版社 1999 年版，第 23 页。
② 中共中央党史研究室：《中国共产党的七十年》，中共党史出版社 1991 年版，第 344、342 页。

三、改革开放和社会主义现代化建设新时期的推进

改革开放和社会主义现代化建设新时期，我们党作出把党和国家工作中心转移到经济建设上来、实行改革开放的历史性决策，开启了中国现代化建设的新篇章。

（一）改革开放与现代化建设总任务的确立

"文化大革命"结束以后，在党和国家面临何去何从的重大历史关头，我们党深刻认识到，只有实行改革开放才是唯一出路，否则我们的现代化事业和社会主义事业就会被葬送。1978 年 12 月，我们党召开十一届三中全会，果断结束"以阶级斗争为纲"的路线方针，实现党和国家工作中心战略转移，实现了新中国成立以来党的历史上具有深远意义的伟大转折。正如党的二十届三中全会所指出，"党的十一届三中全会是划时代的，开启了改革开放和社会主义现代化建设新时期"[①]。

历史地看，20 世纪 70 年代末的世界，经济快速发展、科技进步日新月异，而此时的中国因"文化大革命"十年内乱导致经济濒临崩溃的边缘，人民温饱都成问题，国家建设百业待兴。对此，作为改革开放的总设计师，邓小平深刻指出："如果现在再不实行改革，我们

[①] 《中共中央关于进一步全面深化改革　推进中国式现代化的决定》，人民出版社 2024 年版，第 1—2 页。

的现代化事业和社会主义事业就会被葬送。"①1980 年 1 月 16 日，他在中央召集的干部会议上强调指出："今天是一九八○年一月十六日，进入八十年代十六天了。八十年代无论对于国际国内，都是十分重要的年代。……我们从八十年代的第一年开始，就必须一天也不耽误，专心致志地、聚精会神地搞四个现代化建设。搞四个现代化建设这个总任务，我们是定下来了，决不允许再分散精力。"② 自此，把我国建设成为社会主义现代化国家，成为我们党谋划国家发展一以贯之的主题。党的十二大提出全面开创社会主义现代化建设新局面的奋斗纲领，十三大制定"三步走"发展战略，十四大作出建立社会主义市场经济体制、加快改革开放和现代化步伐的决策，十五大提出新的"三步走"发展战略。进入 21 世纪，在人民生活水平总体达到小康之后，2002 年召开的党的十六大提出了全面建设小康社会的新奋斗目标，十七大对全面建设小康社会进行新的部署，十八大明确建设中国特色社会主义的总任务是实现社会主义现代化和中华民族伟大复兴，并提出要确保到 2020 年实现全面建成小康社会的发展目标。

（二）明确必须建设有中国特色的社会主义

作为一种社会形态，社会主义社会在本质上具有一致性、共同性，但各国人民走向社会主义、建设社会主义的实践，从根本上说，又是各自独立的、具体的运动，不可能套用统一公式或固定模式。

---

① 《邓小平文选》第二卷，人民出版社 1994 年版，第 150 页。
② 《邓小平文选》第二卷，人民出版社 1994 年版，第 241 页。

　　以真理标准问题大讨论为开端，以党的十一届三中全会的胜利召开为标志，我们党正式开启了改革开放的伟大进程。这个进程既是探索中国式现代化的进程，也是对苏联模式进行彻底反思的进程。正如邓小平所指出的，"我们的现代化建设，必须从中国的实际出发。无论是革命还是建设，都要注意学习和借鉴外国经验。但是，照抄照搬别国经验、别国模式，从来不能得到成功。这方面我们有过不少教训。把马克思主义的普遍真理同我国的具体实际结合起来，走自己的道路，建设有中国特色的社会主义，这就是我们总结长期历史经验得出的基本结论"①。从党的十二大庄严宣告"建设有中国特色的社会主义"开始，坚持从本国国情出发建设中国特色社会主义道路始终是中国共产党全国代表大会的主题，并作为基本前提贯穿于整个改革开放事业之中。十三大是"沿着有中国特色的社会主义道路前进"，十四大是"加快改革开放和现代化建设步伐，夺取有中国特色社会主义事业的更大胜利"，十五大是"高举邓小平理论伟大旗帜，把建设有中国特色社会主义事业全面推向二十一世纪"，十六大是"全面建设小康社会，开创中国特色社会主义事业新局面"，十七大是"高举中国特色社会主义伟大旗帜，为夺取全面建设小康社会新胜利而奋斗"，十八大是"坚定不移沿着中国特色社会主义道路前进，为全面建成小康社会而奋斗"。这些都是对所谓一成不变的社会主义观念和模式的有力破除。

　　可以说，当代中国共产党坚持解放思想、实事求是、与时俱进，

---

① 《邓小平文选》第三卷，人民出版社1993年版，第2—3页。

积极应对全球化浪潮的冲击，开创了适应实践需要、符合具体国情、反映时代要求的中国特色社会主义道路，成功实现了从高度集中的计划经济体制向充满活力的社会主义市场经济体制的转变，从封闭半封闭到全方位开放的伟大历史转折，出色解决了如何解放和发展生产力、如何走向共同富裕、如何促进社会全面发展、如何加快实现社会主义现代化等问题。中国特色社会主义道路的成功，不仅在于它突破了传统社会主义模式的束缚，恢复了社会主义的生机和活力，而且还在于它打破了教条主义观念的束缚，为马克思主义执政党独立探索社会主义建设规律提供了有益借鉴。

（三）保持清醒头脑，坚持走自己的现代化道路

历史地看，现代化开启于西方，取得成功的也主要是西方国家。成功的示范效应再加上西方国家的大力推销，使得一些发展中国家在什么是现代化、如何实现现代化的问题上落入了"现代化＝西方化"的陷阱，总是亦步亦趋地跟在西方国家后面简单模仿。这种做法不仅没有带来现代化，反而导致了发展的停滞。"拉美陷阱"的出现，就是简单模仿西方带来的后果。而我们党在推进现代化建设的过程中，一开始就保持清醒的头脑，反复强调中国的现代化建设必须从自身实际出发，走自己的道路。

一方面，提出要看到自己的不足，强调要大胆引进西方的资金，敢于学习借鉴西方管理经验和先进技术。"我们要向资本主义发达国家学习先进的科学、技术、经营管理方法以及其他一切对我们有益

17

的知识和文化，闭关自守、故步自封是愚蠢的。"① 另一方面，则强调在改革中必须保持清醒头脑，"绝不允许把我们学习资本主义社会的某些技术和某些管理的经验，变成了崇拜资本主义外国，受资本主义腐蚀，丧失社会主义中国的民族自豪感和民族自信心"②。为此，邓小平提出了"中国式的四个现代化"概念。1979 年 3 月 21 日，邓小平在接见英国外宾时说："我们定的目标是在本世纪末实现四个现代化。我们的概念与西方不同，我姑且用个新说法，叫做中国式的四个现代化。"③ 同年，邓小平在接见日本首相大平正芳时也说过："我们要实现的四个现代化，是中国式的四个现代化。我们的四个现代化的概念，不是像你们那样的现代化的概念，而是'小康之家'。"④

纵览改革开放和社会主义现代化建设新时期的整个过程，"建设有中国特色的社会主义"和"中国式的四个现代化"，构成了中国改革开放的总坐标，也构成了我们党设计社会主义现代化蓝图的主轴。改革过程中改什么、坚持什么，对外开放中吸收借鉴什么、拒绝反对什么，都应以"建设有中国特色的社会主义"和"中国式的四个现代化"为标准。围绕这个标准，我们党大力推进理论创新、制度创新、文化创新以及其他各方面创新，实行社会主义市场经济体制，实现了从生产力相对落后的状况到经济总量跃居世界第二的历史性突破，中国人民的面貌、社会主义中国的面貌、中国共产党的面貌发生了历史性变化。

---

① 《邓小平文选》第三卷，人民出版社 1993 年版，第 44 页。
② 《邓小平文选》第二卷，人民出版社 1994 年版，第 262 页。
③ 《邓小平年谱（1975—1997）》上卷，中央文献出版社 2004 年版，第 496 页。
④ 《邓小平文选》第二卷，人民出版社 1994 年版，第 237 页。

四、中国特色社会主义新时代的拓展

党的十八大以来，我们党在已有基础上继续前进，坚持问题导向，围绕解决现代化建设中存在的突出矛盾和问题，全面深化改革，不断实现理论和实践上的创新突破，成功推进和拓展了中国式现代化。

（一）构建中国式现代化理论体系

进入新时代，以习近平同志为核心的党中央全面审视国际国内新的形势，从理论和实践相结合上系统回答了新时代坚持和发展什么样的中国特色社会主义、怎样坚持和发展中国特色社会主义，建设什么样的社会主义现代化强国、怎样建设社会主义现代化强国，建设什么样的长期执政的马克思主义政党、怎样建设长期执政的马克思主义政党等重大时代课题，创立了习近平新时代中国特色社会主义思想，实现了马克思主义中国化时代化新的飞跃，为中国式现代化提供了根本遵循。在此基础上，我们党进一步深化对中国式现代化内涵和本质的认识，概括形成了中国式现代化的中国特色、本质要求和重大原则，初步构建了中国式现代化的理论体系，使中国式现代化更加清晰、更加科学、更加可感可行。

中国式现代化理论体系，主要包括中国式现代化的中国特色、本质要求、重大原则和必须处理好的重大关系。中国式现代化的中国特

19

色，包括中国式现代化是人口规模巨大的现代化、是全体人民共同富裕的现代化、是物质文明和精神文明相协调的现代化、是人与自然和谐共生的现代化、是走和平发展道路的现代化。这五个方面，既是中国式现代化的中国特色，也是中国式现代化的科学内涵，也是推进中国式现代化的实践要求。中国式现代化的本质要求，包括坚持中国共产党领导，坚持中国特色社会主义，实现高质量发展，发展全过程人民民主，丰富人民精神世界，实现全体人民共同富裕，促进人与自然和谐共生，推动构建人类命运共同体，创造人类文明新形态。中国式现代化的重大原则，包括坚持和加强党的全面领导，坚持中国特色社会主义道路，坚持以人民为中心的发展思想，坚持深化改革开放，坚持发扬斗争精神。推进中国式现代化必须处理好的重大关系，包括顶层设计与实践探索的关系，战略与策略的关系，守正与创新的关系，效率与公平的关系，活力与秩序的关系，自立自强与对外开放的关系。

　　中国式现代化理论体系，明确了中国式现代化的发展目标、领导力量、发展道路、发展取向、发展动力、发展保障以及发展方法，涵盖了中国式现代化的方方面面，既立足当下又着眼长远；既提出实践要求又提供思想方法；既回答了建设什么样的社会主义现代化强国，又回答了怎样建设社会主义现代化强国，从而构成了一个系统完整、逻辑严密、相互贯通的科学体系。特别是中国式现代化蕴含的独特世界观、价值观、历史观、文明观、民主观、生态观等及其伟大实践，是对西方现代化理论和实践的重大超越，打破了"现代化＝西方化"的迷思。

（二）制定完善国家发展战略

国家发展战略是对一个国家整体发展的统筹谋划，是站在战略和全局高度对整个国家的政治、经济、社会、文化、科技、生态环境等进行的统筹兼顾和全面安排与科学决策。"战略上判断得准确，战略上谋划得科学，战略上赢得主动，党和人民事业就大有希望。"[①] 进入新时代，我们党围绕"建设什么样的社会主义现代化强国、怎样建设社会主义现代化强国"这一时代课题，不断完善国家发展战略，从而为中国式现代化提供了坚实的战略支撑。

一是明确"五位一体"总体布局和"四个全面"战略布局。2012年11月，党的十八大首次提出中国特色社会主义经济建设、政治建设、文化建设、社会建设、生态文明建设"五位一体"总体布局。2014年12月，习近平总书记在江苏调研时首次提出全面建成小康社会(后随着全面建成小康社会目标的完成，党的十九届五中全会将"全面建成小康社会"调整为"全面建设社会主义现代化国家")、全面深化改革、全面依法治国、全面从严治党"四个全面"战略布局。总体布局和战略布局，是统合了中华民族伟大复兴各项要求的顶层战略设计，是引领新时代社会主义现代化建设的实践指南。

二是对社会主义现代化建设作出了"两个阶段"战略安排。党的十九大着眼于第一个百年奋斗目标即将完成，对社会主义现代化建设作出了新的战略安排：第一个阶段，从2020年到2035年，在全面建

---

① 习近平：《更好把握和运用党的百年奋斗历史经验》，《求是》2022年第13期。

成小康社会的基础上，再奋斗十五年，基本实现社会主义现代化；第二个阶段，从 2035 年到本世纪中叶，在基本实现现代化的基础上，再奋斗十五年，把我国建成富强民主文明和谐美丽的社会主义现代化强国。党的十九届五中全会在重点研究"十四五"规划的同时，又进一步描绘了 2035 年基本实现社会主义现代化的远景目标。党的二十大继续强调了"两个阶段"战略安排。"两个阶段"战略安排同"三步走"战略相比，提前十五年完成"基本实现社会主义现代化"的目标任务，首次提出"建成社会主义现代化强国"的奋斗目标。

三是制定实施包括科教兴国战略、人才强国战略、创新驱动发展战略、乡村振兴战略、区域协调发展战略、可持续发展战略、军民融合发展战略等在内的一系列国家发展战略，出台《国家创新驱动发展战略纲要》《乡村振兴战略规划（2018—2022 年）》《粤港澳大湾区发展规划纲要》《扩大内需战略规划纲要（2022—2035 年）》《知识产权强国建设纲要（2021—2035 年）》《质量强国建设纲要》以及审议《国家安全战略（2021—2025 年）》等一系列国家发展与安全战略文件，为中国式现代化提供坚实战略支撑。

（三）中国式现代化取得历史性成就

党的十八大以来，我们党推进一系列变革性实践、实现一系列突破性进展、取得一系列标志性成果，推动党和国家事业取得了历史性成就、发生历史性变革。

一是国民收入有了历史性提高。2012 年我国人均 GDP 是 3.98 万元，2023 年我国人均 GDP 是 8.94 万元，超过了 1.23 万美元的世界平均水平，距离高收入国家门槛一步之遥。二是工业化水平有了历史性提高。工业化是一个国家经济发展的必由之路，也是一个国家通往现代化的必由之路。2022 年我国全部工业增加值突破 40 万亿元，占 GDP 比重达到 33.2%，制造业规模连续 13 年居世界首位。[①] 三是城市化水平有了历史性提高。工业化、城市化是联系在一起的。工业化水平低，城市化水平必然低。随着我国工业化水平的提高，我国城市化水平也得到快速提高，2023 年我国常住人口城镇化率达到 66.16%，有超过 9 亿人居住在城镇。这个数据 2012 年是 53%，1949 年是 10.64%。四是科技创新能力有了历史性提高。根据世界知识产权组织发布的 2022 年全球创新指数显示，2022 年我国创新能力综合排名全球第 11 位，较 2012 年上升了 23 位，在中低收入国家中，我国是最靠前的。我国专利申请数量连续三年居世界首位，超过美国，现在已经进入创新型国家的行列。2022 年我国研发经费投入总量达到 30782.9 亿元，研发支出占国内生产总值的比例，也由 2012 年的 1.9%提高到了 2022 年 2.54%，这基本上接近发达国家水平。五是人类发展指数有了历史性提高。人类发展指数是联合国开发的一个指标，它包括健康指数（人均预期寿命）、教育指数（成人识字率、儿童入学率）和生活水平指数（人均 GDP）等三个指标。1990 年联合国首次发布人类发展指数时，我国的指数是 0.484，2022 年则达到了

---

① 张驰：《我国新型工业化步伐显著加快》，中央纪委国家监委网 2023 年 3 月 1 日，见 https://www.ccdi.gov.cn/yaowen/203303/t20230301_249840.html，访问日期：2025 年 2 月 11 日。

0.779，属于高人类发展指数组。六是国防和军队现代化水平有了历史性提高。国防和军队现代化是国家现代化的重要组成部分。在革命战争时期，我军的装备是"小米加步枪"。今天，我国基本建成以第四代装备为骨干、第三代装备为主体的现代化武器装备体系，强军打赢的物质技术基础日益厚实。

可以说，在新中国成立特别是改革开放以来长期探索和实践基础上，经过十八大以来理论和实践的创新突破，我们党成功推进和拓展了中国式现代化。中国式现代化不仅彰显了我们党的宗旨、社会主义的本质，也彰显了它在推动经济社会发展、国防和军队发展和人的全面发展方面的巨大优势。习近平总书记指出："我们用几十年时间走完西方发达国家几百年走过的工业化历程，创造了经济快速发展和社会长期稳定的奇迹，为中华民族伟大复兴开辟了广阔前景。实践证明，中国式现代化走得通、行得稳，是强国建设、民族复兴的唯一正确道路。"[1] 中国式现代化，是我们为如何唤醒"睡狮"、实现民族复兴这个重大历史课题所给出的答案，是选择自己的道路、做自己的事情。在全面建设社会主义现代化国家的新征程中，我们要坚定道路自信，增强历史主动，始终不渝地沿着中国式现代化的道路前进，就一定能够实现中华民族伟大复兴和全面建成社会主义现代化强国的战略目标。

---

[1] 习近平：《中国式现代化是强国建设、民族复兴的康庄大道》，《求是》2023 年第 16 期。

第 二 章

中国式现代化的战略环境

　　正确判断国家发展战略环境并有效应对，是实现中国式现代化的重要议题。在党的二十大报告中，我们党在科学把握国际和国内形势的基础上，立足于国家事业发展所处的历史方位，提出了"团结带领全国各族人民全面建成社会主义现代化强国、实现第二个百年奋斗目标，以中国式现代化全面推进中华民族伟大复兴"① 的中心任务。要实现这一新的任务，必须深入分析新时代我国战略环境发生的深刻变化，科学把握我国发展面临的战略机遇、风险挑战等重大问题，始终保持强大的战略定力，不断提升自身综合国力，着力以中国式现代化全面推进强国建设、民族复兴伟业。

---

① 习近平：《高举中国特色社会主义伟大旗帜　为全面建设社会主义现代化国家而团结奋斗——在中国共产党第二十次全国代表大会上的报告》，人民出版社 2022 年版，第 21 页。

一、中国式现代化的外部环境

党的二十大报告指出："当前，世界之变、时代之变、历史之变正以前所未有的方式展开。"[①]这是中国共产党对中国式现代化面临的外部环境所作的新的重大判断。2023 年 12 月召开的中央外事工作会议指出，"世界大变局加速演进，世界之变、时代之变、历史之变正以前所未有的方式展开，世界进入新的动荡变革期，但人类发展进步的大方向不会改变，世界历史曲折前进的大逻辑不会改变，国际社会命运与共的大趋势不会改变"[②]。一系列国际发展环境的新变化，正在重塑世界政治格局、改变国际力量对比。习近平总书记在党的二十届三中全会上指出："推进中国式现代化是一项全新的事业，前进道路上必然会遇到各种矛盾和风险挑战。"[③]实现中国式现代化，必须适应外部环境新变化，准确把握新趋势，有效应对新挑战，以谋取发展新优势。

（一）世界之变

党的二十大报告指出："当前，世界百年未有之大变局加速演进，新一轮科技革命和产业变革深入发展，国际力量对比深刻调整，我国

---

① 习近平：《高举中国特色社会主义伟大旗帜 为全面建设社会主义现代化国家而团结奋斗——在中国共产党第二十次全国代表大会上的报告》，人民出版社 2022 年版，第 60 页。
② 《中央外事工作会议在北京举行》，《人民日报》2023 年 12 月 29 日。
③ 《〈中共中央关于进一步全面深化改革、推进中国式现代化的决定〉辅导读本》，人民出版社 2024 年版，第 65 页。

发展面临新的战略机遇。"① 当今世界，政治多极化、经济全球化、社会信息化、文化多样化深入发展，全球治理体系和国际秩序变革加速推进，各国之间的相互联系更加紧密，全球范围内经济实力对比"东升西降"趋势更加明显，国际体系向更为公平、均衡的方向发展，但逆全球化思潮也逐步抬头，单边主义、保护主义明显上升，局部冲突和动荡频发，全球性问题加剧。

一是世界经济力量对比发生深刻变化。进入 21 世纪，新兴市场国家和发展中国家快速崛起，发展态势明显强于发达经济体，世界经济格局正在发生近代以来最具革命性的变化。根据国际货币基金组织统计，2001 年至 2021 年，新兴市场国家和发展中国家国内生产总值所占世界经济总量比重从 21.15% 上升到 40.92%，发达国家国内生产总值所占世界经济总量比重从 78.85% 下降至 59.08%。新兴市场国家和发展中国家仍保持着相对发达国家更快的增长速度，对世界经济增长的贡献率已经达到 80%，成为全球经济增长的主要动力。经济实力的此消彼长，对世界经济、科技、文化、安全、政治格局等都产生深刻影响，新兴力量在国际舞台上越来越多地参与制定国际经济政治新秩序，推动全球治理体系加速演进和重构，新兴市场国家和发展中国家的国际地位和话语权不断提高。

二是世界政治格局发生深刻变化。冷战结束后，美国一度在国际舞台上"一超独大"，并试图借此构建起单极秩序，但这种努力并未

---

① 习近平：《高举中国特色社会主义伟大旗帜　为全面建设社会主义现代化国家而团结奋斗——在中国共产党第二十次全国代表大会上的报告》，人民出版社 2022 年版，第 26 页。

成功。近些年来，西方国家的政治、社会、文化等矛盾日益加剧，民族主义和民粹主义思潮普遍攀升，极右翼或极左翼政治力量的影响不断扩大，政治极化和社会分裂加重，公平正义问题凸显，强调理性、讲求平衡的政治理念和政策实践的空间被严重压缩，短期激烈冲突甚至局部暴乱时有发生。这使得发达国家面临既不能保持现状，又无法在短时间内找到出路的困难处境。在国内问题短期内找不到较好解决办法而得不到妥善处理的情况下，发达国家尤其是美国对全球和地区事务的掌控力下降，甚至把国内矛盾向外转移，对全球和地区治理造成更大障碍和破坏。这给全球和地区局势造成更多的不稳定性甚至风险。与此同时，世界政治格局朝着多极化方向发展，国际力量对比深刻调整，国际秩序和格局进入深度调整期。世界政治格局多极化，并非指当今存在的具有不同程度世界影响的力量旗鼓相当，也不是多极世界业已形成，而是体现为一种积极趋势，即世界事务不再由某个超级大国说了算，呈现出多元互动、协商治理的国际格局。

三是重大全球性问题持续演化、相互叠加。新冠疫情、气候变化以及粮食危机、能源危机等重大全球性问题和挑战不断出现，削弱了全球公共产品供给机制的权威性、有效性、灵活性，致使第二次世界大战结束以来形成的一系列政治、经济、贸易秩序出现了前所未有的"休克"状态与赤字困境，包括以联合国、世界贸易组织、世界卫生组织为主体的全球治理国际组织功能的严重失常，美国主导的传统全球治理惯性与行为规则的严重失势，以七国集团峰会、二十国集团峰会为代表的全球危机应对大国协调机制的严重失位，以国际货币基金组织、世界银行为代表的国际财政货币协调机制的严重失措，都给全球治理提出新的课题。乌克兰危机、巴以冲突等地缘政治冲突给世界贸易和投资、全球金融市场稳定、全球粮食安全等造成严重影响。深刻认识世界之变的特征，有助于中国人民和中华民族在推动国际秩序和格局的合理构建和健康发展中作出更大的贡献。

（二）时代之变

准确把握时代性质、特点和趋向，是正确制定国家发展战略的重要前提。所谓"时代之变"，主要是指决定和标识当今时代重要特征的世界大势正在发生显著变化，已经并将继续深刻影响世界经济、政治、文化、社会、军事等方面。

一是和平与发展的时代主题遭受逆风逆流的冲击。党的二十大报告指出："一方面，和平、发展、合作、共赢的历史潮流不可阻挡，人心所向、大势所趋决定了人类前途终归光明。另一方面，恃强凌弱、巧取豪夺、零和博弈等霸权霸道霸凌行径危害深重，和平赤字、发展赤字、安全赤字、治理赤字加重，人类社会面临前所未有的挑战。"[①] 当今世界，和平始终是人类社会的普遍期待与殷切向往。要和平不要战争，要发展不要贫穷，要合作不要对抗，是各国人民的共同愿望。各国经济社会发展日益相互联系、相互依存，全球命运与共、休戚相关，已经成为你中有我、我中有你的地球村，

---

① 习近平：《高举中国特色社会主义伟大旗帜　为全面建设社会主义现代化国家而团结奋斗——在中国共产党第二十次全国代表大会上的报告》，人民出版社 2022 年版，第60 页。

推进互联互通、加快融合发展成为促进共同繁荣发展的必然选择，和平、发展、合作、共赢的时代潮流更加强劲。但同时需看到，和平与发展的时代主题面临着新的挑战，一些国家和利益集团出于自身利益需要公然违反国际规则，制造各种事端威胁世界和平，阻碍共同发展。一些霸权国家顽固坚持冷战思维，主观设定假想敌进行排挤、制裁、打击，不遗余力地制造冲突，随心所欲地撕裂世界；挑衅国际法和世界规则，干涉他国内政，策动"颜色革命"，搅乱被打击国家的政局，采取霸凌行动，甚至动用武力手段颠覆别国政权，以致局部战争频发，严重威胁地区安全；单独或带头退出或挑战已制定或商议好的维护国际性、地区性、集体性和平、发展、进步的规则和制度，这些在国际社会造成了恶劣影响。以上种种表现说明，世界又一次站在历史的十字路口，何去何从取决于各国人民的抉择。

二是经济全球化的时代潮流遭受逆全球化的阻碍。经济全球化是近代以来影响世界发展的最重要趋势，为世界经济增长提供了强劲动力，促进了商品和资本的流动、科技和文明的进步、各国人民的相互交往，形成了囊括越来越多国家的全球产业链、价值链、供应链。在经济全球化进程中，世界各国和各地区的资源优势得到更合理的配置和更充分的发挥，各个地区内部的一体化程度和世界作为一个整体的发展水平都得到显著提高，全人类的福祉整体明显提升，这种你中有我、我中有你相互依存的时代潮流日益突出，求和平、谋合作、促发展的主流持续壮大。与此同时，经济全球化造成的负面效应在长期累积之后持续增大。"逆全球化思潮抬头，单边主义、保护主义明显上升，世界经济复苏乏力，局部冲突和动荡频发，全球性问题加剧，世界进入新的动荡变革期。"① 世界层面的人口发展失衡、全球生态环境失衡、财富分配失衡、数字鸿沟、南北差距等日益突出，不同国家、地区之间以及国家内部不同群体之间的分化、失衡变得越来越严重。一些大国和国家集团出于自身私利，保护主义抬头，单边主义横行，奉行零和博弈，实施贸易保护等政策，频频采取金融、科技、贸易等手段遏制新兴市场国家和发展中国家，不断挑起贸易摩擦，构筑"小院高墙"，编织封闭排他的"小圈子"，胁迫有关国家和地区组织选边站队，严重阻碍了全球产业链价值链的有序重构，给经济全球化进程增添了干扰、阻碍，导致国际社会既有的隔阂和鸿沟进一步扩大。当今世界面临着开放与保守、合作与封闭、变革与守旧的重要抉择。

三是新一轮科技革命和产业革命迅猛发展。进入 21 世纪以来，人类社会进入一个前所未有的科技创新活跃期，信息、生命、制造、能源、空间、海洋等领域的原创突破为前沿技术、颠覆性技术提供了更多创新源泉，信息化和智能化等趋势快速发展、影响广泛，多种重大颠覆性技术不断涌现，科技成果转化速度明显加快。科学技术从来没有像今天这样深刻影响着国家前途命运，从来没有像今天这样深刻影响着人民生活福祉。新一轮科技革命和产业革命正在重构全球创新版图、重塑全球经济结构，各主要国家纷纷推出新的创新战略，围绕

---

① 习近平：《高举中国特色社会主义伟大旗帜　为全面建设社会主义现代化国家而团结奋斗——在中国共产党第二十次全国代表大会上的报告》，人民出版社 2022 年版，第 26 页。

人工智能、量子信息、生物科技、清洁能源技术等方面的竞争，尤其是对人才、专利、标准等战略性创新资源的争夺空前加剧。这种竞争既是人类对重大科技革命和产业变革历史性突破的积极探求，同时也蕴含着潜在挑战风险，可能给世界造成更大的分化和冲突，深刻改变人的思想、宗教文化伦理，对世界发展面貌、国际格局、人类福祉产生深远影响。当前，我们正处于世界新一轮科技革命和产业变革同我国转变发展方式的历史性交汇期，既面临着千载难逢的历史机遇，又面临着差距拉大的严峻挑战，必须瞄准世界科技前沿，肩负起历史赋予的重任。

（三）历史之变

在世界发展史上，真正可以称之为历史之变的事件并不多，如第一次工业革命、俄国十月革命、两次世界大战以及苏东剧变等，这些重大事件深刻影响了世界发展进程。当今世界的发展表明，历史出现发生新巨变的端倪。

一是在资本主义和社会主义两种社会制度、两种意识形态的长期较量中发生了有利于社会主义的重大转变。世界近代史以17世纪英国资产阶级革命为开端，此后资本主义在人类历史上长期处于主导地位。1917年俄国十月革命的胜利，成为社会主义从理论到实践转变的标志，由此开启了两种社会制度、两种意识形态较量的历史进程。苏联曾作为世界的一极与资本主义对抗，而20世纪80年代末90年代初苏联解体、东欧剧变后，世界社会主义运动陷入低潮，"历史终结论"在国际舆论场甚嚣尘上。进入 21 世纪，随着中国特色社会主义事业不断取得成功，科学社会主义在中国焕发出新的蓬勃生机。特别是 2008 年国际金融危机爆发以来，许多资本主义国家经济持续低迷、政治极化不断加剧、社会矛盾日益加深。而中国特色社会主义进入新时代以来，以习近平同志为核心的党中央团结带领中国人民创造出极不寻常、极不平凡的辉煌成就，马克思主义中国化时代化不断取得成功，使马克思主义以崭新形象展现在世界上，使世界范围内社会主义和资本主义两种意识形态、两种社会制度的历史演进及其较量发生了有利于社会主义的重大转变。这一态势清晰地表明，社会主义是人类全新的事业，代表着人类社会发展的大趋势和方向。

二是世界力量对比"东升西降"，人类文明发展形成新形态。进入 21 世纪以来，由于西方国家整体实力的相对衰落，"西方中心"开始动摇，特别是 2008 年爆发的国际金融危机给"西方中心"沉重一击。反观中国，中国共产党领导中国人民成功走出中国式现代化道路，创造了人类文明新形态，打破了对现代化模式狭窄化的理解，以新道路和新形态展现出人类文明的多姿多彩。历史之变的引发因素是多方面、多层次的，而其中的关键因素之一，就是中国空前增强的综合实力和巨大潜力。中国人民和中华民族在中国共产党的领导下取得的一系列重大成就，以及为世界贡献的中国智慧、中国方案、中国力量，对推进历史之变发挥了重要作用。

总之，中国共产党关于世界之变、时代之变、历史之变的重大判断，科学回答了"世界怎么了"这一战略问题，表明我们对中国式现代化面临的外部环境的新认知。

二、中国式现代化的内部环境

中国式现代化的内部环境，与中国发展所处的发展阶段有着极为密切的联系。准确认识我国发展阶段，是推进中国式现代化必须回答的基础性问题，是制定中国式现代化发展战略的基本依据。经过长期努力，中国特色社会主义进入了新时代。新时代十多年来党和国家事业取得历史性成就、发生历史性变革，推动我国进入向第二个百年奋斗目标进军的新发展阶段，实现中华民族伟大复兴进入了不可逆转的历史进程。当然，我国继续发展具有多方面的优势和条件，也面临不少困难和挑战，需要用全面、辩证、长远的眼光看问题，不断拓展发展新空间。

（一）中国特色社会主义进入新时代

中国特色社会主义进入了新时代，是我国发展新的历史方位。这一重大判断是从中华文明5000多年的历史赓续中、从中华民族伟大复兴一个多世纪的奋斗进程中、从近代以来中国与世界180多年的关系互动中、从社会主义与资本主义两种制度100多年的力量消长中得出的科学结论。中国特色社会主义进入新时代，以其全新的历史方位、时代使命和崭新面貌，标注了中华民族伟大复兴历史进程的新高度。

新时代的内涵十分丰富。首先，这是续写事业新篇章的时代。中国特色社会主义站到了承前启后、继往开来的历史起点上。在新的历史条件下，夺取中国特色社会主义伟大胜利，谱写新的伟大篇章，已经成为这一代中国共产党人责无旁贷的历史使命。其次，这是奋进强国新征程的时代。进入新时代的中国，决胜全面建成小康社会、全面建设社会主义现代化国家，赋予了中国式现代化以新的理论内涵和实践特色，为中华民族由大向强铺平了道路。再次，这是国家综合实力崛起的时代。综合崛起意味着中国的发展不单单是某一领域的发展，而是全方位的整体发展。中华民族伟大复兴的梦想可望可及，已经进入新的阶段。中国共产党人在领导人民奋力实现伟大梦想的同时，以推动人类命运共同体为己任，自觉承担起为人类谋进步、为世界谋大同的责任。

中国特色社会主义进入新时代，我国社会主要矛盾已经发生了变化。以习近平同志为核心的党中央审时度势，明确了社会主要矛盾由"人民日益增长的物质文化需要同落后的社会生产之间的矛盾"，转化为"人民日益增长的美好生活需要和不平衡不充分的发展之间的矛盾"。这是我们党根据我国社会主义初级阶段不断变化的新特点作出的重大战略判断，反映了我国社会发展的客观实际，明确了解决当代中国发展问题的根本着力点。从社会需求来看，经过长期发展，我国人民生活水平和质量得到大幅度提高，对美好生活的向往更加强烈、需要日益广泛，不仅对物质文化生活提出了更高要求，而且对民主、法治、公平、正义、安全、环境等方面的要求日益增长，期盼得到更好的教育、更稳定的工作、更满意的收入、更可靠的社会保障、更高水平的医疗卫生服务、更舒适的居住条件、更优美的环境、更丰富的精神文化生活，只讲"物质文化需要"已不能真实全面反映人民群众的愿望和要求。从社会生产来看，经过改革开放 40 多年的发展，我国社会生产力水平总体上显著提高，社会生产能力与发达国家相比在很多方面已经从"跟跑"到"并跑"甚至"领跑"，再讲"落后的社会生产"已经不符合实际，更突出的问题是发展不平衡不充分，这已经成为满足人民日益增长的美好生活需要的主要制约因素。

当前，我国发展面临的主要问题是，创新能力不适应高质量发展要求，农业基础还不稳固，城乡区域发展和收入分配差距较大，生态环保任重道远，民生保障存在短板，社会治理还有弱项，归结起来，就是发展不平衡、发展不充分。发展不平衡，主要是各区域各领域各方面存在失衡现象，制约了整体发展水平提升；发展不充分，主要是我国全面实现社会主义现代化还有相当长的路要走，发展任务仍然很重。推动解决这些问题，不可能一蹴而就，必须既积极有为，又持之以恒努力。同时，我国长期所处的短缺经济和供给不足的状况已经发生根本性改变，人民对美好生活的向往总体上已经从"有没有"转向"好不好"，呈现多样化、多层次、多方面的特点，其中有很多需求过去并不是紧迫的问题，现在人民群众要求高了，需要我们党对这些问题的认识和工作水平也相应提高。这就需要坚持在发展中保障和改善民生，解决好人民最关心最直接最现实的利益问题，更好满足人民对美好生活的向往，推动人的全面发展、社会全面进步，努力促进全体人民共同富裕取得更为明显的实质性进展。

（二）我国进入向第二个百年奋斗目标进军的新发展阶段

全面建成小康社会、实现第一个百年奋斗目标之后，乘势而上开启全面建设社会主义现代化国家新征程、向第二个百年奋斗目标进军，这标志着我国进入了一个新发展阶段。习近平总书记指出："进入新发展阶段，是中华民族伟大复兴历史进程的大跨越。"[①]进入新发展阶段明确了我国发展的历史方位，在我国发展进程中具有里程碑式意义。

新发展阶段是我国社会主义发展进程中的一个重要阶段，也是社会主义初级阶段中的一个阶段。邓小平曾指出："社会主义本身是共产主义的初级阶段，而我们中国又处在社会主义的初级阶段，就是不发达的阶段。一切都要从这个实际出发，根据这个实际来制订规划。"[②]社会主义初级阶段不是一个静态、一成不变、停滞不前的阶段，也不是一个自发、被动、不用费多大气力自然而然就可以跨过的阶段，而是一个动态、积极有为、始终洋溢着蓬勃生机活力的过程，是一个阶梯式递进、不断发展进步、日益接近质的飞跃的量的积累和发展变化的过程。我国所处的新发展阶段，是社会主义初级阶段中的一个阶段，同时是其中经过几十年积累、站到了新的起点上的一个阶段。全面建设社会主义现代化国家、基本实现社会主义现代化，既是社会主义初级阶段我国发展的要求，也是我国社会主义从初级阶段向更高阶段迈进的要求。

[①]　中共中央宣传部编：《习近平新时代中国特色社会主义思想学习纲要（2023 年版）》，学习出版社、人民出版社 2023 年版，第 77 页。

[②]　《邓小平文选》第三卷，人民出版社 1993 年版，第 252 页。

　　新发展阶段是中国特色社会主义很长历史阶段中的一个阶段，是继续推进中国特色社会主义伟大事业历史进程中的一个阶段。中国特色社会主义是在改革开放历史新时期开创的，是我们党团结带领全党全国人民历经千辛万苦、付出各种代价、接力探索取得的。中国特色社会主义的形成发展已经历多个历史阶段，巩固和发展社会主义制度还需要一个很长的历史阶段，需要几代人、十几代人甚至几十代人坚持不懈地努力。党的十八大以来，我国社会主要矛盾发生转化，但我国仍处于并将长期处于社会主义初级阶段的基本国情没有变，我国是世界最大发展中国家的国际地位没有变。发展仍然是解决我国一切问题的基础和关键。进入新时代，党团结带领人民进行伟大斗争、建设伟大工程、推进伟大事业、实现伟大梦想，我国经济实力、科技实力、综合国力和人民生活水平跃上了新的台阶，特别是如期全面建成小康社会、打赢脱贫攻坚战，使中华民族伟大复兴向前迈出新的一大步。今天，我们已经拥有开启新征程、实现新的更高目标的雄厚物质基础，正在续写全面建设社会主义现代化国家新的历史。

　　新发展阶段是中国共产党带领人民迎来从站起来、富起来到强起来历史性跨越的新阶段，也是我国现代化进程中的一个阶段。中国共产党成立一百多年来，团结带领中国人民所进行的一切奋斗，就是为了把我国建设成为社会主义现代化强国，实现中华民族伟大复兴。在新中国成立以来特别是改革开放以来的长期探索和实践基础上，经过党的十八大以来在理论和实践上的创新突破，党和人民成功推进和拓展了中国式现代化。在以中国式现代化全面推进中华民族伟大复兴的历史进程中，我国面临着其他国家都不曾遇到的各种压力和严峻挑战。人口规模巨大是我国的基本国情，未来一段时间我国人口总量仍将保持在十四亿人以上，超大规模市场优势也将长期存在，但我国人口老龄化程度不断加深，综合生育率也在下降，人口总量和结构变化对潜在增长率形成明显制约。全面建成小康社会，为我国推进共同富裕创造了多方面条件，但是城乡区域发展和收入分配差距较大，发展不平衡不充分问题仍然突出，推动全体人民共同富裕始终是一项长期艰巨的任务。我国仍处于社会主义初级阶段的基本国情没有变，这决定了我们必须继续坚持党在社会主义初级阶段的基本路线，坚持以经济建设为中心，既做大"蛋糕"又分好"蛋糕"，推动共同富裕取得更为明显的实质性进展，并随着经济发展逐步实现共同富裕。根据我国人均资源占有量少的基本国情和高质量发展的内在要求，以及应对气候变化的国际共识，必须把经济发展方式转到绿色发展、循环发展、低碳发展的道路上来。同时，要在持续追求物质文明发展的同时，不断提升精神文明水平，进一步增强全党全国各族人民文化自信，提升全社会凝聚力和向心力，为全面建设社会主义现代化国家提供坚强思想保证和强大精神力量。我国发展需要和平稳定的国际环境，越是面对外部环境深刻复杂变化带来的严峻风险挑战，越要坚定不移地走和平发展道路，把我国发展与世界发展联系起来，在与世界各国良性互动、互利共赢中不断取得新的更大发展。

（三）我国发展面临的总体形势是战略机遇和风险挑战并存

推进中国式现代化，是一项前无古人的开创性事业，必须辩证认识、全面把握国内外发展形势，增强机遇意识和风险意识，坚定不移抓住战略机遇，以发展增实力，同时做好应对各类风险挑战的充分准备。

一是我国发展面临的风险挑战可能增大，我国将在一个更加复杂严峻的战略环境中谋求和推动自身发展。社会主义中国在迈向现代化的历史进程中，必然要承受其他国家都不曾遇到的各种压力和严峻挑战。这些风险挑战，有的来自国内，有的来自国际，有的来自经济社会领域，有的来自自然界，有的是经济、社会等传统领域的安全风险，有的则是生态、生物等新兴领域的安全风险。从国际看，世纪疫情影响深远，逆全球化思潮抬头，单边主义、保护主义明显上升，全球经济治理体系面临前所未有的挑战，世界经济发展内生性、结构性矛盾日益显现。世界经济增长动能减弱、复苏乏力，外部环境动荡不安、不确定性加大，大国博弈和地缘冲突加剧全球政治经济风险，个别国家以"去风险"之名行"脱钩断链"之实，导致全球产业链加速重构，呈现收缩化、本土化、区域化等趋势，给国际产业链供应链安全稳定造成威胁。全球性问题加剧，和平赤字、发展赤字、安全赤字、治理赤字加重，传统安全与非传统安全挑战增多。我国来自外部的打压遏制随时可能升级。2022 年 10 月，美国发布的《美国国家安全战略》报告宣称，中国是最大的地缘政治挑战，是唯一一个既有重塑国际秩序的意图，同时越来越具备经济、外交、军事和技术实力来实现这一目标的竞争对手。从国内看，我国发展不平衡不充分问题仍然突出。我国改革发展稳定面临不少深层次矛盾躲不开、绕不过，推进高质量发展还有许多卡点瓶颈，科技创新能力还不强；重点领域改革还有不少硬骨头要啃，构建开放型经济新体制面临瓶颈制约；城乡区域发展和收入分配差距仍然较大；民生领域存在不少短板，在就业、教育、医疗、托育、养老、住房、生态环保等方面仍面临不少难题；确保粮食、能源、产业链供应链可靠安全和防范金融风险还需解决许多重大问题；意识形态领域存在不少挑战；党的建设特别是党风廉政建设和反腐败斗争面临不少顽固性、多发性问题；等等。

二是我国发展仍具有多方面优势和有利条件。在直面困难挑战的同时，更应该看到，和平与发展仍是各国人民的共同愿望，人类命运共同体理念日益深入人心。习近平总书记在 2013 年提出构建人类命运共同体理念，十多年来，从理念转化为行动、从愿景转化为现实，我国国际影响力、感召力、塑造力显著提升，在国际上凝聚起团结合作的广泛共识，汇聚起应对挑战的强大合力，为我们在加快推进现代化建设的同时携手各国共谋发展，营造了良好的国际环境。国际力量对比更趋均衡。以中国为代表的新兴市场国家和发展中国家国际影响力和全球治理话语权不断增强，为推动国际秩序和全球治理体系朝着更加公正合理的方向发展提供了有力支撑，为我国推进中国式现代化提供了强大助力。新一轮科技革命和产业变革加速推进。当前，全球科技创新进入密集活跃时期，人工智能大模型、互联网、大数据等技术加速迭代演进，全球资源要素加速重组整合，新产业、新业态蓬勃兴起，世界各国相互联系和彼此依存比过去任何时候都更加频繁、更加紧密，协同联动发展、共同应对挑战、共享进步成果的发展大势不可阻挡。这些都给我国发展带来新的战略机遇。与此同时，我国经济韧性强、潜力大、活力足，长期向好的基本面没有变，发展仍具有良好支撑基础和许多有利条件。党的坚强领导，我国社会主义制度能够集中力量办大事的制度优势，是实现经济行稳致远、社会安定的根本保证。长期以来，我国积累的雄厚物质基础、丰富人力资源、完整产业体系、强大科技实力，以及我国全球最大最有潜力的市场，是我们推动经济发展和抵御外部风险的根本依托。我国拥有十四亿多人口、四亿多中等收入群体，是全球超大规模且最有增长潜力市场，用足用好超大规模市场优势，我国经济增长的潜力必将不断释放。

当前，机遇与风险并存，"危"与"机"交织，能否化危为机、转危为安，最根本的是要把我们自己的事情做好。这就需要我们坚定战略自信，辩证认识和把握国内外大势，善于发现和抓住机遇，有力有效应对困难挑战，准确识变、科学应变、主动求变，勇于开顶风船，在危机中育新机、于变局中开新局。

三、把握战略机遇，应对风险挑战

党的二十届三中全会指出："当前和今后一个时期是以中国式现代化全面推进强国建设、民族复兴伟业的关键时期。"[1] 国内外环境的深刻变化既带来一系列新机遇，也带来一系列新挑战。党的二十大报告指出："我国发展进入战略机遇和风险挑战并存、不确定难预料因素增多的时期，各种'黑天鹅'、'灰犀牛'事件随时可能发

---

[1] 《中共中央关于进一步全面深化改革　推进中国式现代化的决定》，人民出版社 2024 年版，第 2 页。

生。"① 这是我们党在新的历史起点上，对我国发展所处的环境和条件作出的科学判断，是当前和今后相当长的时期内指导我们继续推进中国式现代化的重要依据。

（一）增强忧患意识，坚持底线思维

当前，我们党和国家事业正处在船到中流浪更急、人到半山路更陡的时候，处在愈进愈难、愈进愈险而又不进则退、非进不可的时候。只有增强忧患意识，做到居安思危，把防风险摆在突出位置，从最坏处着眼，做最充分的准备，朝好的方向努力，才能防患于未然。

党的十八大以来，面对波谲云诡的国际形势、复杂敏感的周边环境和艰巨繁重的改革发展稳定任务，以习近平同志为核心的党中央始终坚持底线思维，把防范化解重大风险摆在更加突出的位置。2017年10月，党的十九大把"防范化解重大风险"作为必须打好的三大攻坚战之首。2019年1月，党中央举办省部级主要领导干部研讨班，专门研究坚持底线思维着力防范化解重大风险问题，这在党的历史上尚属首次。2021年7月，习近平总书记在庆祝中国共产党成立100周年大会上的讲话中强调，"新的征程上，我们必须增强忧患意识、始终居安思危"②。2022年10月，党的二十大强调，"必须增强忧患意

① 习近平：《高举中国特色社会主义伟大旗帜　为全面建设社会主义现代化国家而团结奋斗——在中国共产党第二十次全国代表大会上的报告》，人民出版社2022年版，第26页。

② 《习近平著作选读》第二卷，人民出版社2023年版，第486页。

识，坚持底线思维，做到居安思危、未雨绸缪，准备经受风高浪急甚至惊涛骇浪的重大考验"①。在前进的道路上，我们面临的风险考验只会越来越复杂。木桶理论告诉人们，若木桶有短板就装不满水，但若木桶的底板有洞则无法装水。各类重大风险挑战，影响着国家安全和发展的底板、底线。如果发生重大风险，我们又扛不住，国家安全就可能面临重大威胁，甚至可能出现国家被侵略被颠覆被分裂、改革发展稳定大局被破坏、中国特色社会主义进程被打断的危险。中国是一个大国，决不能在根本性问题上出现颠覆性错误，一旦出现就无法挽回、无法弥补。必须始终高度警惕和重视各类重大风险挑战，做到增强忧患意识、防范风险挑战一以贯之。

当前和今后一个时期，我国发展进入各种风险挑战不断积累甚至集中显露的时期，而且各种风险往往不是孤立出现的，很可能是相互交织并形成一个风险综合体。与西方发达国家相比，我国社会转型更为复杂：西方发达国家是"串联式"转型，工业化、城镇化、农业现代化、信息化顺序发展。而我国的转型属于"并联式"，"四化"并行、叠加发展。我国地域广阔、人口众多，用几十年的时间，走过了西方发达国家数百年的转型历程。任务重、时间紧、规模大的转型特点，决定了我国社会转型期的风险更加复杂，矛盾叠加、隐患集聚。因此，这种综合性风险体，常常表现为社会问题与经济问题相互影响、内部矛盾与外部挑战相互作用、网下感染与网上激化相互联动、现实威胁与潜在威胁相互激荡。如果防范不及、应对不力，就会传导、叠

---

① 习近平：《高举中国特色社会主义伟大旗帜　为全面建设社会主义现代化国家而团结奋斗——在中国共产党第二十次全国代表大会上的报告》，人民出版社2022年版，第26页。

加、演变、升级，使小的矛盾风险挑战发展成大的矛盾风险挑战，局部的矛盾风险挑战发展成系统的矛盾风险挑战，国际上的矛盾风险挑战演变为国内的矛盾风险挑战，经济、社会、文化、生态领域的矛盾风险挑战转化为政治矛盾风险挑战，最终危及国家政权和制度安全，可能迟滞甚至中断中华民族伟大复兴进程。

面对波谲云诡的国际形势、复杂敏感的周边环境、艰巨繁重的改革发展稳定任务，我们必须始终保持清醒头脑，统筹协调、综合施策，既要有防范风险的先手，也要有应对和化解风险挑战的高招，既要打好防范和抵御风险的有准备之战，也要打好化险为夷、转危为机的战略主动战，切实做好防范化解风险挑战的各项工作，力争把风险化解在源头，不让小风险演化为大风险，不让个别风险演化为综合风险，不让局部风险演化为区域性或系统性风险。

（二）发扬斗争精神，提高斗争本领

社会主义从来都是在奋勇开拓中前进的，社会革命从来都是在伟大斗争中推进的。进入新时代，以习近平同志为核心的党中央把握历史主动、锚定奋斗目标，团结带领全党全军全国各族人民义无反顾进行具有许多新的历史特点的伟大斗争，沉着应对各个领域的重大风险挑战，不断夺取中国特色社会主义新胜利。迈进新时代新征程，我们要以中国式现代化全面推进强国建设、民族复兴伟业，必须敢于斗争、善于斗争。

一是与我们党自身存在的问题作斗争。进行伟大斗争，需充分认识党风廉政建设和反腐败斗争的长期性、复杂性、艰巨性，认识到全面从严治党已经取得显著成效，但还远未到大功告成的时候，必须强化斗争精神和斗争本领养成。始终按照新时代党的建设总要求，健全全面从严治党体系，把党的伟大自我革命进行到底，不断增强党的政治领导力、思想引领力、群众组织力、社会号召力，确保我们党永葆旺盛生命力和强大战斗力。只有坚定不移把正风肃纪反腐向纵深推进，通过与我们党自身问题作坚决斗争，坚决打赢反腐败斗争攻坚战持久战，坚决清除一切弱化党的先进性、损害党的纯洁性的因素，清除一切侵蚀党的肌体健康的病毒，才能确保党永远不变质、不变色、不变味，确保党和人民赋予的权力始终用来为人民谋幸福。

二是与我国发展中的各种风险挑战作斗争。推进中国式现代化的道路上不可能一帆风顺，必然遇到各种可以预见和难以预见的风险挑战。我们必须始终保持高度警惕，把防风险摆在更加突出位置，做好应对任何形式的矛盾风险挑战的准备，力争不出现重大风险或在出现重大风险时扛得住、过得去。现在问题的关键，已经不是我们想不想、要不要斗争的问题，而是怎么斗争、怎样提高斗争能力的问题。因此，必须常观大势、常思大局，科学预见和精准研判形势和隐藏其中的风险挑战，下好先手棋、打好主动仗，做到未雨绸缪。凡是危害中国共产党领导和我国社会主义制度的各种风险挑战，凡是危害我国主权、安全、发展利益的各种风险挑战，凡是危害我国核心利益和重大原则的各种风险挑战，凡是危害我国人民根本利益的各种风险挑战，凡是危害我国实现第二个百年奋斗目标、实现中华民族伟大复兴的各种风险挑战，只要来了，我们就必须进行坚决斗争，毫不动摇、毫不退缩，敢于出击、敢战能胜。

三是与影响国家安全的军事挑战作斗争。历史的经验教训证明，以斗争求安全则安全存，以软弱退让求安全则安全亡；以斗争谋发展则发展兴，以软弱退让谋发展则发展衰。巩固国防和强大人民军队是新时代坚持和发展中国特色社会主义、实现中华民族伟大复兴的战略支撑。国防和军队建设是国家安全的坚强后盾，军事手段是实现伟大梦想的保底手段，军事斗争是进行伟大斗争的重要方面，打赢能力是维护国家安全的战略能力。军事斗争准备是各种斗争准备中最保底、最基本的准备。这就要求增强担当意识，守土有责、守土尽责，在危险处经受斗争考验，在关键时展现血性担当；必须发扬斗争精神，增强斗争本领，加强斗争历练，面对强敌对手决不腿肚子发软，坚持以斗争取得胜利。

总之，在推进中国式现代化进程中，各种斗争不是短期的而是长期的。前进道路上，还有许多"雪山""草地"需要跨越，还有许多"娄山关""腊子口"需要征服，必须锐意进取、迎难而上，有效应对重大挑战、抵御重大风险、克服重大阻力、解决重大矛盾，依靠顽强斗争打开事业发展新天地。

第三章

中国式现代化的理论体系与开创性贡献

经过百年探索实践特别是党的十八大以来的探索实践，我们党不仅成功推进和拓展了中国式现代化，创造了经济快速发展和社会长期稳定的奇迹，更是构建了中国式现代化的理论体系。习近平总书记指出："党的十八大以来，我们党在已有基础上继续前进，不断实现理论和实践上的创新突破，成功推进和拓展了中国式现代化。我们在认识上不断深化，创立了新时代中国特色社会主义思想，实现了马克思主义中国化时代化新的飞跃，为中国式现代化提供了根本遵循。我们进一步深化对中国式现代化的内涵和本质的认识，概括形成中国式现代化的中国特色、本质要求和重大原则，初步构建中国式现代化的理论体系，使中国式现代化更加清晰、更加科学、更加可感可行。"① 中

---

① 《习近平在学习贯彻党的二十大精神研讨班开班式上发表重要讲话强调　正确理解和大力推进中国式现代化》，《人民日报》2023 年 2 月 8 日。

国式现代化的中国特色、本质要求和重大原则，是对推进中国式现代化的顶层设计。

一、中国式现代化的中国特色

党的二十大报告指出："中国式现代化，是中国共产党领导的社会主义现代化，既有各国现代化的共同特征，更有基于自己国情的中国特色。"① 中国式现代化，是人口规模巨大的现代化，是全体人民共同富裕的现代化，是物质文明和精神文明相协调的现代化，是人与自然和谐共生的现代化，是走和平发展道路的现代化。

（一）人口规模巨大的现代化

这是中国式现代化的显著特征。人口规模不同，现代化的任务就不同，其艰巨性、复杂性就不同，发展途径和推进方式也必然有自己的特点。据统计，当前世界上真正实现现代化的国家有 20 多个，这 20 多个实现现代化的国家人口加起来，人口规模在 10 亿人左右，其中美国是 3.3 亿人，日本 1.26 亿人，欧洲的欧元区有 3.4 亿人，最小的爱尔兰只有 500 多万人。如果我国 14 亿多人口实现现代化，意味

---

① 习近平：《高举中国特色社会主义伟大旗帜　为全面建设社会主义现代化国家而团结奋斗——在中国共产党第二十次全国代表大会上的报告》，人民出版社 2022 年版，第 22 页。

着它将超过现有现代化国家人口的总和，这将改变世界现代化的版图。大有大的好处，如规模经济的优势、创新应用场景的优势，更大的战略纵深和抗风险能力。特别是 14 亿多人口规模，使得我国拥有 8.8 亿劳动年龄人口和 2.18 亿具有大学文化程度的人口，还包括超过 4 亿多中等收入群体在内的超大消费市场。但大也有大的难处。一个很小的问题，乘以 14 亿，都会变成一个大问题；一个很大的总量，除以 14 亿，都会变成一个小数目。

（二）全体人民共同富裕的现代化

这是中国式现代化的本质特征，也是区别于西方现代化的显著标志。西方现代化的最大弊端，就是以资本为中心而不是以人民为中心，追求的是资本的利益最大化而不是服务绝大多数人的利益，这必然导致社会贫富差距大、两极分化严重。法国学者托马斯·皮凯蒂在《21 世纪资本论》一书里，用大量的数据深入分析了西方富裕国家内部不平等加剧的原因。他认为，近几十年来，西方国家巨大的财富日益向顶层集中，中产阶层财富份额正在减少，底层基本上一无所有。导致这一现象的主要原因就在于资本的收益率大于经济增长率（r>g），顶级富豪的财富年均增速达到 7%—8%，而世界 GDP 年均增长率约为 2%—3%。习近平总书记在哲学社会科学工作座谈会上专门提到了这本书，认为"该书用翔实的数据证明，美国等西方国家的不平等程度已经达到或超过了历史最高水平，认为不加制约的资本主义加剧了财富不平等现象，而且将继续恶化下去。作者的分析主要是从分配领域进行的，没有过多涉及更根本的所有制问题，但使用的方法、得出的结论值得深思"①。同西方现代化不同，中国式现代化始终坚持发展为了人民、发展依靠人民、发展成果由人民共享，不仅在推动全体人民共同富裕上取得重要进展，更是形成了一套促进全体人民共同富裕的思想理念、制度安排、政策举措。比如，通过持续不断的努力，我国按时打赢了脱贫攻坚战，使近 1 亿农村贫困人口脱贫，创造了人类脱贫史上的奇迹。

（三）物质文明和精神文明相协调的现代化

这是中国式现代化的崇高追求。无论是社会主义现代化还是资本主义现代化，都追求物质性的现代化，都强调要加强物质文明建设。但两者的区别在于资本主义把物质文明上升到终极目标的位置并因此忽略甚至销蚀了人的精神追求，而社会主义既强调物质富足也强调精神富有。西方早期的现代化，一边是物质财富的积累，一边是物欲横流、拜物主义的盛行。恩格斯曾经振聋发聩地提出问题："它把丑恶的物质享受提到了至高无上的地位，毁掉了一切精神内容。这会造成什么后果呢？"②"它使人和人之间除了赤裸裸的利害关系，除了冷酷无情的'现金交易'，就再也没有任何别的联系了。它把宗教虔诚、骑士热忱、小市民伤感这些情感的神圣发作，淹没在利己主义打算的冰水之中。它把人的尊严变成了交换价值，用一种没有良心的贸易

---

① 习近平：《在哲学社会科学工作座谈会上的讲话》，人民出版社 2016 年版，第 15 页。
② 《马克思恩格斯全集》第 1 卷，人民出版社 1956 年版，第 636 页。

自由代替了无数特许的和自力挣得的自由。"① 可以说在资本主义现代化的视野中，"物质"才是一切。而中国式现代化在重视物质文明建设的同时，始终重视精神文明建设。改革开放以来，我们党围绕精神文明已经召开了三次中央全会，分别是：1986 年 9 月召开的党的十二届六中全会，通过了《中共中央关于社会主义精神文明建设指导方针的决议》；1996 年 10 月召开的党的十四届六中全会，通过了《关于加强社会主义精神文明建设若干重要问题的决议》；2011 年 10 月召开的党的十七届六中全会，通过了《中共中央关于深化文化体制改革推动社会主义文化大发展大繁荣若干重大问题的决定》。党的十八大以来，习近平总书记围绕精神文明建设发表了一系列重要讲话，反复强调"实现中国梦，是物质文明和精神文明均衡发展、相互促进的结果。没有文明的继承和发展，没有文化的弘扬和繁荣，就没有中国梦的实现"②。党的二十届三中全会再次强调："中国式现代化是物质文明和精神文明相协调的现代化。"③ 这些都彰显了我们党对精神文明建设的重视和对社会主义现代化建设规律的把握。

（四）人与自然和谐共生的现代化

人与自然关系是人类社会发展必须面对和处理的重大关系。尊

---

① 《马克思恩格斯选集》第 1 卷，人民出版社 2012 年版，第 403 页。
② 中共中央党史和文献研究院编：《习近平关于社会主义精神文明建设论述摘编》，中央文献出版社 2022 年版，第 19 页。
③ 《中共中央关于进一步全面深化改革 推进中国式现代化的决定》，人民出版社 2024 年版，第 32 页。

重自然、顺应自然、保护自然，促进人与自然和谐共生，是中国式现代化的鲜明特点。在西方资本主义社会，对资本的过度放纵和对剩余价值的无限追求，不仅异化了人与人的关系，也异化了人与自然的关系。回顾西方现代化的历程可以发现，他们虽然率先实现了现代化，但这种现代化是以"透支自然"为代价的。马克思在《1844 年经济学哲学手稿》中鲜明地指出：异化使自然界与人相脱离，"对于工人来说，甚至对新鲜空气的需要也不再成其为需要了。人又退回到洞穴中居住，不过这洞穴现在已被文明的污浊毒气所污染"①。1952 年 12 月 5 日至 9 日，伦敦上空被大量工厂生产和居民燃煤取暖排出的废气笼罩，直接导致 4000 多人死亡。中国式现代化，是植根中华文化并以马克思主义为指导的社会主义现代化。从哪个角度讲，中国式现代化都是坚持人与自然和谐共生的现代化。中华文化历来推崇"天人合一"，马克思则把共产主义定义为"人和自然界之间、人和人之间的矛盾的真正解决"②。在推进社会主义现代化进程中，生态文明建设是"五位一体"总体布局中的一位，坚持人与自然和谐共生是新时代坚持和发展中国特色社会主义基本方略中的一条，绿色是新发展理念中的一个，污染防治是三大攻坚战中的一大攻坚战。这"四个一"符合人类社会发展规律，顺应人民群众对蓝天碧水的期盼，已经成为全党全社会的思想共识和行动自觉。

---

① 《马克思恩格斯文集》第 1 卷，人民出版社 2009 年版，第 225 页。
② 《马克思恩格斯文集》第 1 卷，人民出版社 2009 年版，第 185 页。

（五）走和平发展道路的现代化

和平发展是人类社会发展的首要条件，也是人类追求的共同目标。坚持和平发展，在坚定维护世界和平发展中谋求自身发展，又以自身发展更好维护世界和平与发展，推动构建人类命运共同体，是中国式现代化的突出特点。西方国家虽然率先实现了现代化，但它们的现代化是通过战争、殖民、掠夺等方式实现的，是损人利己、充满血性罪恶的现代化。亨廷顿认为："15 世纪结束时摩尔人最终重新征服了伊比利亚半岛，葡萄牙人开始了对亚洲的渗透，西班牙人开始了对美洲的渗透。在其后的 250 年间，整个西半球和亚洲的重要部分都被置于欧洲的统治和控制之下。"① 到 19 世纪中后叶，西方文明最终确立了其在世界政治经济格局中的主导地位，但"西方赢得世界，并不是通过其思想、价值或宗教的优势（其他文明中几乎没有多少人皈依它们），而是通过它运用有组织的暴力方面的优势"②。这是任何曾经遭到西方势力侵略的美洲、亚洲和非洲各民族的共同感受和认识。与西方现代化不同，中国式现代化始终高举和平、发展、合作、共赢的旗帜，在坚定维护世界和平与发展中谋求自身发展，又以自身发展更好维护世界和平与发展。走和平发展道路，是中华文化基因使然，也是社会主义制度使然。在中华民族五千多年的悠久文化传统中，"和合"

---

① ［美］塞缪尔·亨廷顿：《文明的冲突与世界秩序的重建》，周琪等译，新华出版社 2002 年版，第 36 页。

② ［美］塞缪尔·亨廷顿：《文明的冲突与世界秩序的重建》，周琪等译，新华出版社 2002 年版，第 27 页。

文化始终居于主导地位。今天，坚持和平发展，不仅被写入党章、宪法，成为我们处理对外关系的基本准则，更是被写入联合国宪章，成为各国处理国际关系的基本准则。

二、中国式现代化的本质要求

党的二十大报告指出："中国式现代化的本质要求是：坚持中国共产党领导，坚持中国特色社会主义，实现高质量发展，发展全过程人民民主，丰富人民精神世界，实现全体人民共同富裕，促进人与自然和谐共生，推动构建人类命运共同体，创造人类文明新形态。"① 这个概括是我们党深刻总结我国和世界其他国家现代化建设的历史经验，对我国这样一个东方大国如何加快实现现代化在认识上不断深入、战略上不断成熟、实践上不断丰富而形成的思想理论结晶。

（一）坚持中国共产党领导

这是对中国式现代化领导力量的本质要求。党的二十届三中全会再次强调："党的领导是进一步全面深化改革、推进中国式现代化的根

---

① 习近平：《高举中国特色社会主义伟大旗帜　为全面建设社会主义现代化国家而团结奋斗——在中国共产党第二十次全国代表大会上的报告》，人民出版社 2022 年版，第23—24 页。

本保证。"①坚持党对一切工作的领导，是党和国家的根本所在、命脉所在，是全国各族人民的利益所在、幸福所在。历史地看，中国对现代化的追寻开启于鸦片战争以后，但直至中国共产党的成立、新中国的成立，中国的现代化才开始了崭新一页。以毛泽东同志为主要代表的中国共产党人在深刻总结近代中国改良、革命经验教训的基础上，通过艰辛的探索，最终找到了一条通过"革命化"解决政权和主权问题，进而实现"现代化"的发展道路。经过二十八年的艰苦奋斗，我们取得了新民主主义革命的胜利，建立了新中国，实现了国家主权独立，我国现代化建设迎来了光明前景。在社会主义革命和建设时期，我们党团结带领人民进行社会主义革命，消灭了在中国延续几千年的封建制度，确立社会主义基本制度，实现了中华民族有史以来最为广泛而深刻的社会变革，为现代化建设奠定了根本政治前提和制度基础。在改革开放和社会主义现代化建设新时期，我们党作出把党和国家工作中心转移到经济建设上来、实行改革开放的历史性决策，开启了中国现代化建设的新征程。中国特色社会主义新时代，我们党在已有基础上继续前进，坚持问题导向，围绕解决现代化建设中存在的突出矛盾和问题，全面深化改革，不断实现理论和实践上的创新突破，成功推进和拓展了中国式现代化。可以说，中国式现代化，是中国共产党领导全国各族人民在长期探索和实践中历经千辛万苦、付出巨大代价取得的重大成果，必须由中国共产党来领导，也只能由中国共产党来领导，这直接关系中国式现代化的根本方向、前途命运、最终成败。

---

① 《中共中央关于进一步全面深化改革　推进中国式现代化的决定》，人民出版社 2024 年版，第 43 页。

（二）坚持中国特色社会主义

这是对中国式现代化社会制度的本质要求。中国式现代化，是社会主义的现代化，不是资本主义的现代化，也不是其他什么主义的现代化。历史地看，中国特色社会主义是在改革开放四十多年的伟大实践中得来的，是在新中国成立七十多年的持续探索中得来的，是在我们党领导人民进行伟大社会革命一百多年的实践中得来的，是在近代以来中华民族由衰到盛一百八十多年的历史进程中得来的，是在世界社会主义五百多年波澜壮阔的发展历程中得来的，是在对中华文明五千多年的传承发展中得来的。改革开放以来，我国现代化建设取得的一切成绩和进步的根本原因，归结起来就是：开辟了中国特色社会主义道路，形成了中国特色社会主义理论体系，确立了中国特色社会主义制度，发展了中国特色社会主义文化。中国特色社会主义道路是实现途径，中国特色社会主义理论体系是行动指南，中国特色社会主义制度是根本保障，中国特色社会主义文化是精神力量，四者统一于中国特色社会主义伟大实践。因此，中国式现代化必须坚持中国特色社会主义，是历史的结论、人民的选择，是被实践证明了的能够引导中华民族走向伟大复兴、实现建成社会主义现代化强国目标的唯一正确道路，我们必须倍加珍惜、长期坚持、永不动摇。习近平总书记指出："只有社会主义才能救中国，只有坚持和发展中国特色社会主义才能实现中华民族伟大复兴。"[①]面对前进道路中可能遇到的风险挑

---

① 习近平：《在第十三届全国人民代表大会第一次会议上的讲话》，《人民日报》2018 年 3 月 21 日。

战，只有坚持和发展中国特色社会主义，始终不渝地坚定道路自信、理论自信、制度自信、文化自信，才能牢牢掌握自己的前途和命运，才能不断开辟新天地、创造新奇迹。

（三）实现高质量发展

这是对中国式现代化经济建设的本质要求。党的二十大和党的二十届三中全会都提出，高质量发展是全面建设社会主义现代化国家的首要任务。所谓高质量发展，就是能够很好满足人民日益增长的美好生活需要的发展，是体现新发展理念的发展，是创新成为第一动力、协调成为内生特点、绿色成为普遍形态、开放成为必由之路、共享成为根本目的的发展。经过几十年的快速发展，新时代我国经济发展的重要特征是，由高速增长转向高质量发展、从量的扩张转向质的提升。现实也表明，过去那种依靠资源等要素投入推动经济增长和规模扩张的粗放型发展方式，不仅质效不高，更不具有可持续性。推动高质量发展，根本在于完整准确全面贯彻新发展理念，关键在于推动创新成为发展的第一动力，实现高水平科技自立自强。党的二十大首次把科教兴国战略、人才强国战略和创新驱动发展战略放在一起统筹部署、一体安排，就是为了强化创新发展、科技自立自强在全面建设社会主义现代化国家中的地位。推动高质量发展，还要在不断提高发展质效的基础上，保持我国经济运行在合理的区间，实现合理的经济增长、充分的就业、稳定的物价和基本平衡的国际收支，只有这样才能推动经济发展和人民生活不断迈上新台阶。按照"两个阶段"战略安排，我国人均收入到 2035 年要达到中等发达国家的水平。即使按照现有的标准，要达到中等发达国家的人均收入水平，也要求在未来的十余年中我国经济要保持 5% 左右的增长率。

（四）实现全过程人民民主

这是对中国式现代化政治建设的本质要求。人民民主是社会主义的生命，是全面建设社会主义现代化国家的应有之义。没有民主就没有社会主义，就没有社会主义现代化，就没有中华民族伟大复兴。党的二十大报告指出："全过程人民民主是社会主义民主政治的本质属性，是最广泛、最真实、最管用的民主。"①民主不是装饰品，不是用来摆设的。如果人民只有在投票时被唤醒、投票后就进入了休眠期，只有竞选时聆听各种天花乱坠的口号、竞选后就毫无发言权，只有拉票时受宠、选举后被冷落，这样的民主并不是真正的民主。同西方资本主义民主不同，我国全过程人民民主是全链条、全方位、全覆盖的民主，不仅有完整的制度程序，而且有完整的参与实践，形成了全面、广泛、有机衔接的人民当家作主制度体系，构建了多样、畅通、有序的民主渠道，实现了过程民主和成果民主、程序民主和实质民主、直接民主和间接民主、人民民主和国家意志相统一。面对西方打着民主旗号推销"普世价值论"、煽动"颜色革命"的行径，我们

---

① 习近平：《高举中国特色社会主义伟大旗帜　为全面建设社会主义现代化国家而团结奋斗——在中国共产党第二十次全国代表大会上的报告》，人民出版社 2022 年版，第 37 页。

必须在坚定政治自信、坚定不移地走中国特色社会主义政治发展道路的同时，积极引导国际社会树立正确的民主观，捍卫各国正当民主权利。面对人民群众日益增长的民主权利诉求，我们要继续推进全过程人民民主建设，把人民当家作主具体地、现实地体现到党治国理政的政策措施上来，具体地、现实地体现到党和国家机关各个方面各个层级工作上来，具体地、现实地体现到实现人民对美好生活向往的工作上来。

（五）丰富人民精神世界

这是对中国式现代化文化建设的本质要求。人无精神则不立，国无精神则不强。如果说物质是一个民族赖以发展的血脉，精神则是一个民族赖以长久生存的灵魂，唯有精神上达到一定的高度，这个民族才能在历史的洪流中屹立不倒、奋勇向前。习近平总书记指出："一个民族的复兴需要强大的物质力量，也需要强大的精神力量。没有先进文化的积极引领，没有人民精神世界的极大丰富，没有民族精神力量的不断增强，一个国家、一个民族不可能屹立于世界民族之林。"[1] 世界文明发展史也表明，一个信仰缺失、道德低下、精神萎靡的民族必然会陷于衰亡，根本谈不上振兴。实现中华民族伟大复兴、全面建成社会主义现代化强国的目标，既离不开社会物质财富的不断增长，也离不开人民精神世界的极大丰富。我们要坚持马克思主义在意识形态领

---

① 中共中央文献研究室编：《习近平关于社会主义文化建设论述摘编》，中央文献出版社2017 年版，第 7 页。

域指导地位的根本制度，坚持为人民服务、为社会主义服务，坚持百花齐放、百家争鸣，坚持创造性转化、创新性发展，以社会主义核心价值观为引领，发展社会主义先进文化，弘扬革命文化，传承中华优秀传统文化，满足人民日益增长的精神文化需求。特别是要大力实施公民道德建设工程，弘扬中华传统美德，加强家庭家教家风建设，加强和改进未成年人思想道德建设，推动明大德、守公德、严私德，不断提高人民思想觉悟、道德水准、文明素养，提高全社会文明程度。

（六）实现全体人民共同富裕

　　这是对中国式现代化社会建设的本质要求。毛泽东曾指出："现在我们实行这么一种制度，这么一种计划，是可以一年一年走向更富更强的，一年一年可以看到更富更强些。而这个富，是共同的富，这个强是共同的强，大家都有份。"①1990 年 12 月，邓小平在同几位中央负责同志谈话时指出："共同致富，我们从改革一开始就讲，将来总有一天要成为中心课题。社会主义不是少数人富起来、大多数人穷，不是那个样子。社会主义最大的优越性就是共同富裕，这是体现社会主义本质的一个东西。"②党的二十大报告指出："共同富裕是中国特色社会主义的本质要求，也是一个长期的历史过程。"③ 一方面，共

① 《毛泽东文集》第六卷，人民出版社 1999 年版，第 495 页。
② 《邓小平文选》第三卷，人民出版社 1993 年版，第 364 页。
③ 习近平：《高举中国特色社会主义伟大旗帜　为全面建设社会主义现代化国家而团结奋斗——在中国共产党第二十次全国代表大会上的报告》，人民出版社 2022 年版，第 22 页。

同富裕是社会主义的本质要求，我们必须把实现共同富裕作为现代化建设的出发点和落脚点。我们之所以花费那么大的精力、财力、人力去实施脱贫攻坚战略，解决绝对贫困问题，说到底是社会主义本质决定的。另一方面，共同富裕是一个目标要求，实现它需要经历一个历史过程。比如，城乡居民收入差距 2022 年是 2.45：1，实现共同富裕的目标应该是降到 2：1 以内。再如，现在我国中等收入群体人口有 4 亿多，这个数量比美国的总人口都多，但这个人口总数只占到我国总人口的 30%，下一步的目标是中等收入群体要超过总人口的 50% 以上。所以，实现共同富裕是一个长期的历史过程，不可能一蹴而就，必须久久为功，咬定青山不放松，不断取得新进展。

（七）促进人与自然和谐共生

这是对中国式现代化生态文明建设的本质要求。大自然是人类赖以生存发展的基本条件，人与自然关系是人类社会最基本的关系。生态兴则文明兴，生态衰则文明衰。人类历史教训表明，在推进现代化的过程中，对自然界不能只讲索取不讲投入，不能只讲发展不讲保护，不能只讲利用不讲修复。改革开放以来，我国经济发展取得了巨大成就，但也积累了大量生态环境问题，成为明显短板，甚至在一个时期内成为民生之患、民心之痛。伴随着社会主要矛盾的变化，人民群众从"求生存"到"求生态"，从"盼温饱"到"盼环保"，对干净水质、绿色食品、清新空气、优美环境等生态的需求日益迫切。回应人民群众期盼，党的十八大报告首次把生态文明建设纳入社会主义现代化建设总体布局，提出要"把生态文明建设放在突出地位，融入经济建设、政治建设、文化建设、社会建设各方面和全过程，努力建设美丽中国，实现中华民族永续发展"①。在中国特色社会主义新时代，党中央更是把生态文明建设作为关系中华民族永续发展的根本大计，坚持绿水青山就是金山银山的理念，全方位、全地域、全过程加强生态环境保护，推动我国生态环境保护发生历史性、转折性、全局性变化。党的二十大报告进一步指出："尊重自然、顺应自然、保护自然，是全面建设社会主义现代化国家的内在要求。必须牢固树立和践行绿水青山就是金山银山的理念，站在人与自然和谐共生的高度谋划发展。"② 在推进中国式现代化的过程中，我们必须坚持可持续发展，坚持节约优先、保护优先、自然恢复为主的方针，像保护眼睛一样保护自然和生态环境，坚定不移走生产发展、生活富裕、生态良好的文明发展道路，实现中华民族永续发展。

（八）推动构建人类命运共同体

这是对中国式现代化对外交往的本质要求。当前，世界之变、时代之变、历史之变正以前所未有的方式展开。一方面，和平、发展、

---

① 胡锦涛：《坚定不移沿着中国特色社会主义道路前进　为全面建成小康社会而奋斗——在中国共产党第十八次全国代表大会上的报告》，人民出版社 2012 年版，第 39 页。

② 习近平：《高举中国特色社会主义伟大旗帜　为全面建设社会主义现代化国家而团结奋斗——在中国共产党第二十次全国代表大会上的报告》，人民出版社 2022 年版，第 49—50 页。

合作、共赢的历史潮流不可阻挡；另一方面，恃强凌弱、巧取豪夺、零和博弈等霸权霸道霸凌行径危害深重，和平赤字、发展赤字、安全赤字、治理赤字加重，人类社会面临前所未有的挑战。和平、发展、进步的阳光与霸权、战争、贫穷的阴霾交错交织，共同构成了今日世界的发展图景。让阳光穿透阴霾，让世界实现共赢共享，成为各国人民的共同期待。习近平总书记指出："中国坚持走和平发展道路，奉行独立自主的和平外交政策，实行互利共赢的对外开放战略，着力点之一就是积极主动参与全球治理，构建互利合作格局，承担国际责任义务，扩大同各国利益汇合，打造人类命运共同体。"[1] 党的二十大报告强调："中国始终坚持维护世界和平、促进共同发展的外交政策宗旨，致力于推动构建人类命运共同体。"[2] 构建人类命运共同体，对于中国来说，是习近平新时代中国特色社会主义思想的重要组成部分，也是新时代中国特色社会主义必须坚持的基本方略之一；对于世界来说，不仅为人类应对当前各种风险挑战提供了路径方案，也为人类未来的发展描绘了美好蓝图。面对浩浩荡荡的世界大势、时代潮流，我们必须坚持在和平共处五项原则基础上同各国发展友好合作，推动构建新型国际关系，深化拓展平等、开放、合作的全球伙伴关系，致力于扩大同各国利益的汇合点；坚持对外开放的基本国策，坚定奉行互利共赢的开放战略，不断以中国新发展为世界提供新机遇，推动建设

---

[1] 《习近平外交演讲集》第一卷，中央文献出版社 2022 年版，第 375 页。

[2] 习近平：《高举中国特色社会主义伟大旗帜　为全面建设社会主义现代化国家而团结奋斗——在中国共产党第二十次全国代表大会上的报告》，人民出版社 2022 年版，第 60 页。

开放型世界经济，更好惠及各国人民，以实际行动推动人类命运共同体落地开花。

（九）创造人类文明新形态

这是对中国式现代化文明形态的本质要求。文明与现代化紧密相关，现代化承载着文明的发展，决定着文明的兴衰。近代中国，错过了工业革命和科技革命的历史机会，逐步成为半殖民地半封建社会，国家蒙辱、人民蒙难、文明蒙尘。在中国共产党的领导下，中华民族不仅走上了民族复兴的伟大历程，更是探索形成了中国的现代化建设道路。习近平总书记指出："中国式现代化，深深植根于中华优秀传统文化，体现科学社会主义的先进本质，借鉴吸收一切人类优秀文明成果，代表人类文明进步的发展方向，展现了不同于西方现代化模式的新图景，是一种全新的人类文明形态。"[1] 这一人类文明新形态，既是对中华传统文明和传统社会主义文明的超越，也是对资本主义文明的超越。中国式现代化蕴含的独特世界观、价值观、历史观、文明观、民主观、生态观等及其伟大实践，不仅把中华文明、社会主义文明推到了新高度，更是打破了"现代化就是西方化、西方文明就是现代文明"的迷思，打破了"东方从属于西方"的旧文明格局，拓展了发展中国家走向现代化的路径选择，为人类对更好社会制度的探索提供了中国方案。在全面建设社会主义现代化国家的历史进程中，我们

---

[1]《习近平在学习贯彻党的二十大精神研讨班开班式上发表重要讲话强调 正确理解和大力推进中国式现代化》，《人民日报》2023年2月8日。

既要一如既往、始终不渝地坚持和拓展中国式现代化，也要承担起大国责任，为人类文明进步贡献更多中国智慧和中国力量。当然，这绝不意味着我们要向世界输出中国式现代化、"中国模式"，而只是为发展中国家的现代化建设提供有益借鉴。实现现代化是世界各国人民的权利和必然选择，关键是找到符合国情、符合人类社会发展规律的发展道路，这既是中国式现代化的精髓所在，也是广大发展中国家迈向现代化必须遵循的规律性要求。

三、中国式现代化必须把握的重大原则

全面建设社会主义现代化国家，是一项伟大而艰巨的事业，前途光明，任重道远。在推进中国式现代化的道路上，必须牢牢把握以下重大原则。

（一）坚持和加强党的全面领导

党政军学民，东西南北中，党是领导一切的。党的领导直接关系中国式现代化的根本方向、前途命运、最终成败。党的二十大报告指出："坚决维护党中央权威和集中统一领导，把党的领导落实到党和国家事业各领域各方面各环节，使党始终成为风雨来袭时全体人民最可靠的主心骨，确保我国社会主义现代化建设正确方向，确保拥有团结奋斗的强大政治凝聚力、发展自信心，集聚起万众一心、共克时艰的磅礴力量。"① 坚持和加强党的全面领导，不是空洞的、抽象的，必须体现到经济建设、政治建设、文化建设、社会建设、生态文明建设和国防军队、祖国统一、外交工作、党的建设等各方面。哪个领域、哪个方面、哪个环节缺失了弱化了，都会削弱党的力量，损害党和国家事业。坚持和加强党的全面领导，还必须坚决维护党中央权威和集中统一领导。事在四方，要在中央。习近平总书记指出："我们这么大一个党、这么大一个国家，如果党中央不能实行坚强有力的集中统一领导，就会出现各自为政、自行其是的局面，那就什么事情也干不成。"② 在世界现代化的历史上，之所以有那么多的国家倒在现代化的门槛上，一个重要的原因就是缺乏强有力政党的领导。亨廷顿在总结第三次世界现代化浪潮时，专门就发展中国家政党力量与经济社会发展的关系进行了深入阐述："凡达到目前和预料的高水平政治安定的发展中国家，莫不至少拥有一个强有力的政党；同有强大的政党的政治体系相比，在没有强有力政党的政治体系中，更容易出现暴乱、骚动和其他形式的政治不安定。"③ 当前，全面建设社会主义现代化国家的蓝图已经擘画，时间表、路线图已经确定。能否按照既定的战略部署和目标任务顺利推进社会主义现代化建设，能否有效抵御各种风险

---

① 习近平：《高举中国特色社会主义伟大旗帜　为全面建设社会主义现代化国家而团结奋斗——在中国共产党第二十次全国代表大会上的报告》，人民出版社 2022 年版，第 26—27 页。

② 《中共中央政治局召开民主生活会强调　坚持团结奋斗　贯彻落实好党的二十大重大决策部署　中共中央总书记习近平主持会议并发表重要讲话》，《人民日报》2022 年 12 月 28 日。

③ ［美］塞缪尔·亨廷顿：《变革社会中的政治秩序》，李盛平、杨玉生等译，华夏出版社 1988 年版，第 396 页。

挑战，确保不偏向、不变通、不走样，关键在能否坚定维护党中央权威和集中统一领导。我们必须始终坚持党中央集中统一领导，坚定维护党中央权威，深刻领悟"两个确立"的决定性意义，增强"四个意识"、坚定"四个自信"、做到"两个维护"。

（二）坚持中国特色社会主义道路

道路关乎党的命脉，关乎国家前途、民族命运、人民幸福。推进中国式现代化，必须坚持正确的方向和道路。党的二十大报告指出："坚持以经济建设为中心，坚持四项基本原则，坚持改革开放，坚持独立自主、自力更生，坚持道不变、志不改，既不走封闭僵化的老路，也不走改旗易帜的邪路，坚持把国家和民族发展放在自己力量的基点上，坚持把中国发展进步的命运牢牢掌握在自己手中。"[①] 方向决定道路，道路决定命运。纵观古今中外，一切成功发展振兴的民族，都是找到了适合自己实际的道路的民族。改革开放 40 多年来，我们坚持中国特色社会主义道路，用几十年时间走完了发达国家几百年走过的工业化历程，创造了经济快速发展和社会长期稳定两大奇迹。历史雄辩地证明，中国特色社会主义道路是当代中国大踏步赶上时代、引领时代发展的康庄大道，是实现社会主义现代化、创造人民美好生活的必由之路。千磨万击还坚劲，任尔东西南北风。面

[①] 习近平：《高举中国特色社会主义伟大旗帜 为全面建设社会主义现代化国家而团结奋斗——在中国共产党第二十次全国代表大会上的报告》，人民出版社 2022 年版，第 27 页。

向未来，我们要把命运掌握在自己手中，就要有志不改、道不变的坚定。新时代新征程上，我们必须坚定不移走中国特色社会主义道路，既不走封闭僵化的老路，也不走改旗易帜的邪路，不为任何风险所惧，不为任何干扰所惑，以坚定的决心、信心、恒心，以强大的志气、骨气、底气，昂首阔步迈向未来，实现中华民族伟大复兴的中国梦。

（三）坚持以人民为中心的发展思想

江山就是人民，人民就是江山。中国共产党领导人民打江山、守江山，守的是人民的心。坚持以人民为中心，是中国式现代化与西方现代化最本质的区别。西方现代化是以资本为中心的现代化，它的一切社会活动都是围绕资本进行的，遵循的是资本逻辑。一些发展中国家在现代化过程中曾接近发达国家的门槛，却掉进了中等收入陷阱，长期处于停滞状态，甚至严重倒退，一个重要原因就是没有解决好为谁发展的问题，引发两极分化、阶层固化等问题。中国式现代化必须坚持以人民为中心的发展思想，是中国共产党的性质宗旨决定的，也是社会主义的本质要求。当然，以人民为中心的发展思想，不是一个抽象的、玄奥的概念，不能只停留在口头上，止步于思想环节，而要体现在经济社会发展各个环节。列宁曾指出："大多数人是根据实际生活得出自己的信念的，他们不相信书本和空话。"[1] 党的二十大报告

---

[1]　《列宁全集》第 35 卷，人民出版社 2017 年版，第 374 页。

指出："维护人民根本利益，增进民生福祉，不断实现发展为了人民、发展依靠人民、发展成果由人民共享，让现代化建设成果更多更公平惠及全体人民。"[①]当前，伴随着社会主要矛盾的变化，人民群众不再满足于一般性的物质文化生活需要，而是期盼有更好的教育、更稳定的工作、更满意的收入、更可靠的社会保障、更高水平的医疗卫生服务、更舒适的居住条件、更优美的环境。必须通过深化改革、创新驱动，提高经济发展质量和效益，生产出更多更好的物质精神产品，不断满足人民日益增长的美好生活需要。必须大力发展全过程人民民主，推进人权法治保障，坚决维护社会公平正义，让人民享有更加广泛、更加充分、更加全面的民主权利。必须调整收入分配格局，完善以税收、社会保障、转移支付等为主要手段的再分配调节机制，解决好收入差距问题，使发展成果更多更公平惠及全体人民。

（四）坚持深化改革开放

改革开放是决定当代中国命运的关键抉择，是党和人民事业大踏步赶上时代的重要法宝。进入中国特色社会主义新时代，我们党以巨大的政治勇气全面深化改革，打响改革攻坚战，解决了许多长期想解决而没有解决的难题，办成了许多过去想办而没有办成的大

[①] 习近平：《高举中国特色社会主义伟大旗帜　为全面建设社会主义现代化国家而团结奋斗——在中国共产党第二十次全国代表大会上的报告》，人民出版社 2022 年版，第 27 页。

事；实行更加积极主动的开放战略，提出"一带一路"倡议，积极参与全球治理体系改革和建设，推动形成了更大范围、更宽领域、更深层次对外开放格局。但我们也必须看到，无论是改革还是开放，只有进行时，没有完成时。党的二十届三中全会指出："中国式现代化是在改革开放中不断推进的，也必将在改革开放中开辟广阔前景。"①回望历史，我们依靠改革开放，创造了人类历史上少有的发展奇迹，在富起来、强起来的征程上迈出了决定性步伐。展望未来，我们继续深化改革开放，着力破解发展难题、增强发展活力、厚植发展优势，为经济持续健康发展提供强大动力。党的二十大报告指出："深入推进改革创新，坚定不移扩大开放，着力破解深层次体制机制障碍，不断彰显中国特色社会主义制度优势，不断增强社会主义现代化建设的动力和活力，把我国制度优势更好转化为国家治理效能。"②面对各种制约高质量发展的体制机制障碍，必须坚持社会主义市场经济改革方向，必须着力构建高水平的社会主义市场经济体制；面对不断抬头的逆全球化思潮和甚嚣尘上的单边主义、保护主义，既要旗帜鲜明地反对保护主义，反对"筑墙设垒""脱钩断链"，反对单边制裁、极限施压，又要坚定奉行互利共赢的开放战略，着力推进更高水平对外开放，不断以中国新发展为世界提供新机遇，推动建设开放型世界经济。

---

① 《中共中央关于进一步全面深化改革　推进中国式现代化的决定》，人民出版社 2024 年版，第 2 页。

② 习近平：《高举中国特色社会主义伟大旗帜　为全面建设社会主义现代化国家而团结奋斗——在中国共产党第二十次全国代表大会上的报告》，人民出版社 2022 年版，第 27 页。

（五）坚持发扬斗争精神

敢于斗争、敢于胜利是党和人民不可战胜的强大精神力量。中国共产党的建立、中华人民共和国的成立、改革开放的实行、新时代中国特色社会主义事业的推进，都是在斗争中诞生、在斗争中发展、在斗争中壮大的。通过斗争，我们取得了政权；通过斗争，我们赢得了国际社会的尊重；通过斗争，我们走近了世界舞台的中央。没有伟大斗争，就没有新时代历史性成就、历史性变革。当前，世界百年未有之大变局加速演进，世界之变、时代之变、历史之变的特征更加明显。我国发展面临新的战略机遇、新的战略任务、新的战略阶段、新的战略要求、新的战略环境，需要应对的风险和挑战、需要解决的矛盾和问题比以往更加错综复杂。习近平总书记指出："推进中国式现代化，是一项前无古人的开创性事业，必然会遇到各种可以预料和难以预料的风险挑战、艰难险阻甚至惊涛骇浪，必须增强忧患意识，坚持底线思维，居安思危、未雨绸缪，敢于斗争、善于斗争，通过顽强斗争打开事业发展新天地。"①以斗争求安全则安全存，以软弱退让求安全则安全亡；以斗争谋发展则发展兴，以软弱退让谋发展则发展衰。要增强全党全国各族人民的志气、骨气、底气，不信邪、不怕鬼、不怕压，知难而进、迎难而上，统筹发展和安全，全力战胜前进道路上各种困难和挑战，依靠顽强斗争打开事业发展新天地。各级领导干部要增强斗争本领，科学预见形势发展的未来走势、蕴藏其中

---

① 《习近平在学习贯彻党的二十大精神研讨班开班式上发表重要讲话强调　正确理解和大力推进中国式现代化》，《人民日报》2023 年 2 月 8 日。

的机遇和挑战、有利因素和不利因素，透过现象看本质，抓好战略谋划，牢牢掌握斗争主动权。

四、中国式现代化的开创性贡献

习近平总书记指出："中国式现代化，深深植根于中华优秀传统文化，体现科学社会主义的先进本质，借鉴吸收一切人类优秀文明成果，代表人类文明进步的发展方向，展现了不同于西方现代化模式的新图景，是一种全新的人类文明形态。中国式现代化，打破了'现代化＝西方化'的迷思，展现了现代化的另一幅图景，拓展了发展中国家走向现代化的路径选择，为人类对更好社会制度的探索提供了中国方案。中国式现代化蕴含的独特世界观、价值观、历史观、文明观、民主观、生态观等及其伟大实践，是对世界现代化理论和实践的重大创新。"[①] 正是在此意义上，可以说中国式现代化是前无古人的开创性事业。

（一）打破了"现代化＝西方化"的迷思

在人类发展史上，现代化起源于西方，取得成功的主要是西方国家。现代化在西方的成功，使得一些人在什么是现代化、如何实

---

① 《习近平在学习贯彻党的二十大精神研讨班开班式上发表重要讲话强调　正确理解和大力推进中国式现代化》，《人民日报》2023 年 2 月 8 日。

现现代化的问题上，逐渐形成了"现代化＝西方化"的思维定式。美国学者库马在《社会的剧变》一书中指出："由于战后经济的持续繁荣以及拥抱工业主义的全球性狂热，在50年代里，工业主义与进步理念的重新结合，几乎达到了百年之前的程度。而最重要的一点是，未来基本上是根据西方工业发展模型拟想的；西方工业文明乃是它的终点。发展乃是对已发展的史实模仿。"[1] 特别是20世纪80年代初新一轮西方经济的增长进一步强化了西方中心主义倾向，并形成了以新自由主义为核心的"华盛顿共识"。在美西方国家的推动下，"华盛顿共识"一时风靡世界，俄罗斯及拉丁美洲、东南亚、中东欧的一些国家视"华盛顿共识"为推动自身经济发展的"灵丹妙药"，纷纷按"方"抓药，进行新自由主义改革。但事与愿违，新自由主义倾向的改革不仅没有给这些国家带来预想的繁荣，反而引发经济社会发展的停滞。俄罗斯推行"休克疗法"差一点让自己国家"崩溃"，拉美国家作为美西方国家推销"华盛顿共识"的重点区变成了"重灾区"。阿根廷在1900年时人均国内生产总值一度高居世界第13位，但是到2000年的时候，已经下降到世界前40名以外。2008年国际金融危机的爆发，标志着"华盛顿共识""新自由主义"的彻底失败。

而与此同时，伴随着中国改革开放的推进和经济社会的快速发展，世界开始注意中国的现代化进程以及背后的原因。2004年5月，时任美国《时代》周刊高级编辑乔舒亚·库珀·雷默提出了"北京共

---

① 转引自罗荣渠：《现代化新论：中国的现代化之路》，华东师范大学出版社2013年版，第24—25页。

识"概念，认为中国通过艰苦努力摸索出了一个适合本国国情的发展模式。"北京共识"概念的提出，拉开了世界对"中国模式"高度关注的序幕。如果说"北京共识"概念的提出反映的是世界对中国现代化成功实践的关注，"中国式现代化"概念的正式提出，则意味着我们党对我国现代化建设的理论总结实现了从自发到自觉的升华。这无论是在中国的现代化历史上，还是在世界现代化的历史上，都具有重大历史意义。一方面充分反映了中国共产党的理论自觉、理论自信；另一方面则丰富了世界现代化理论，为发展中国家走向现代化提供了中国智慧，打破了"现代化＝西方化"的迷思。南非约翰内斯堡大学非洲—中国研究中心主任戴维·蒙亚埃认为，"对南非和其他非洲国家来说，中国式现代化已经证明了替代性现代化模式的存在。它表明现代化并不意味着西化，同时不管中国式现代化对非洲多么有吸引力，它也不应被全盘照搬"①。

（二）打破了"国强必霸"的陈旧逻辑

"中国威胁论"是西方国家抹黑歪曲中国的一个论调，而这个论调的底层逻辑则是西方国家认为"国强必霸"。西方国家之所以会形成"国强必霸"的逻辑，同它们的发展历史、文化基因是分不开的。西方现代化的历史，是一部由农业文明向工业文明进化的历史，也是

---

① 《南非专家热议中国式现代化：打破"现代化就是西方化"发展迷思》，2022 年 12 月 12 日，见 http://news.china.com.cn/2022-12/12/content_85007371.htm，访问时间 2025 年 2 月 11 日。

一部对外侵略扩张、霸凌霸道的历史。在这个过程中，虽然西方霸主几经易位，但它们无一例外地都走上了"国强必霸"的道路。

一是通过殖民掠夺积累发展资本。马克思在《资本论》中曾深刻指出："在现实历史的编年史中，征服、奴役、劫掠，总之，暴力统治占优势。但是在恬静的政治经济学教科书中，从来就是田园诗占统治地位。按照这些教科书的说法，除了当前这一年以外，劳动和权利从来就是唯一的致富手段。事实上，原始积累的方法绝不是田园诗式的东西。"① 比如日本逼迫清政府签订的《马关条约》，要求赔偿白银二亿两。这笔赔款不仅为日本扩充军备提供了经费，也为日本币制改革提供了准备金、工业发展提供了资金，使日本在20世纪初就完成了资本主义工业化，成了亚洲的经济强国。二是通过战争角逐世界霸权。"战争"在西方文明观中并不是一个贬义词，而是西方文明维护和拓展自身利益边界最有效和最常用的手段。马基雅维里认为："与人争雄，世间有两种方法：一种用法律，另一种凭暴力……不过第一种方法会时常觉得不足的，必须借助于第二种。"② 斯宾格勒在其名著《西方的没落》中认为："诸如腐化轮回、军国主义、价值转换、权力意志，皆深植于西方文明的本质之中，且对于分析西方文明，有着决定性的重要意义。"③1789—2022年间，美国在海外发动了469次军事干预行动。美国240多年的历史上，只有16年没有打过仗。三是通过霸权维护自身特权。在西

---

① 《马克思恩格斯全集》第43卷，人民出版社2016年版，第768—769页。

② ［意］尼科洛·马基雅维里：《君王论》，惠泉译，海南出版社2001年版，第100页。

③ ［德］斯宾格勒：《西方的没落》，陈晓林译，黑龙江教育出版社1988年版，第22页。

方文化中，虽然也曾经出现过理想主义的光芒，但总体而言，"权力优先于正义"一直是西方处理不同国家之间关系的基本准则。古希腊哲学家修昔底德在《伯罗奔尼撒战争史》中指出："正义的标准是以同等的强迫力量为基础的；同时也知道，强者能够做他们有权力做的一切，弱者只能接受他们必须接受的一切。"① 回顾西方现代化的历史可以看出，西方的现代化固然离不开其内部的资产阶级革命、启蒙运动所激发的发展动能，但更离不开疯狂的对外侵略、扩张和霸凌霸道。

同重利轻义、推崇战争的西方文明相比，中华文明是一种重义轻利、以和为贵的内敛型文化。在西方人眼里，权力是正义的边界，战争是谋取利益的手段；而在中国人眼里，战争则是"凶器"，不到生死存亡之际，一般不动用战争手段。因此，对于西方不断捏造的"中国威胁论"，习近平总书记指出，"中华民族的血液中没有侵略他人、称霸世界的基因，中国人民不接受'国强必霸'的逻辑"②。党的二十大报告也指出："我国不走一些国家通过战争、殖民、掠夺等方式实现现代化的老路，那种损人利己、充满血腥罪恶的老路给广大发展中国家人民带来深重苦难。"③ 一方面，中国所取

---

① ［古希腊］修昔底德：《伯罗奔尼撒战争史》，谢德风译，商务印书馆 2018 年版，第466 页。

② 习近平：《在中国国际友好大会暨中国人民对外友好协会成立 60 周年纪念活动上的讲话》，《人民日报》2014 年 5 月 16 日。

③ 习近平：《高举中国特色社会主义伟大旗帜　为全面建设社会主义现代化国家而团结奋斗——在中国共产党第二十次全国代表大会上的报告》，人民出版社 2022 年版，第23 页。

得的成就是依靠一代代中国人艰苦奋斗干出来的。1954 年 5 月 10 日，陈云出席全国各大区财委副主任会议时指出："我国工业化与资本主义工业化不同，资本主义工业化是长期的过程，我们是突击；资本主义可以去掠夺殖民地，我们要靠自己。"① 另一方面，依靠自身力量发展起来的中国又以自身的实际行动，维护和推动了世界和平发展。国家统计局发布的数据表明，中国在 2013—2021 年间对全球经济增长的平均贡献率达 38.6%，而 G7 国家加起来才达到 25.7%。② 比较中西方对于战争、利益和发展中国家的态度，我们可以清晰地发现东西方文明在世界观、价值观、历史观、文明观上的差异。所以我们才理直气壮地说，中国式现代化走的是和平发展道路，展现的是人类文明发展的新图景。

（三）打破了"东方从属于西方"的历史境遇

在人类发展的历史长河中，中华文明曾长期领先于世界。然而，进入近代以后，中国在内外因素共同作用下国家蒙辱、人民蒙难、文明蒙尘。而依托工业革命带来的现代化先发优势，西方文明不仅实现了自身发展的飞跃，更是走到了世界舞台的中央，并实现了对世界的主导。马克思、恩格斯在《共产党宣言》中指出："资产阶级，由于

---

① 中共中央文献研究室编：《陈云年谱》中卷，中央文献出版社 2015 年版，第 317 页。

② 《2013—2021 年，对世界经济增长平均贡献率 38.6%，我国成世界经济增长第一动力》，2022 年 10 月 3 日，见 https://finance.sina.com.cn/wm/2022-10-03/doc-imqqsmrp1398560.shtml?cref=cj。

一切生产工具的迅速改进，由于交通的极其便利，把一切民族甚至最野蛮的民族都卷入到文明中来了。……正像它使农村从属于城市一样，它使未开化和半开化的国家从属于文明的国家，使农民的民族从属于资产阶级的民族，使东方从属于西方。"[1]

　　进入 20 世纪后半期特别是 21 世纪以来，国际力量对比在均衡化的方向上不断发展。伴随着西方国家整体实力的相对下降，西方价值理念、西方发展模式的影响力感召力吸引力也呈现下降的态势。第一，2017 年以来西方政治大选中频频出现的"黑天鹅"事件，意味着西方普通民众对西方政治制度怀疑的加剧；第二，美西方国家保守主义、民粹主义的盛行，意味着西方社会内部凝聚力、对外包容性的下降；第三，美军仓促撤离阿富汗的行为，意味着美国所谓反恐战略的失利；第四，乌克兰危机的爆发，意味着美西方国家主导的国际安全体系失衡的加剧。特别是乌克兰危机的外溢，更是将世界之变、时代之变、历史之变以前所未有的方式展开。所以，马克龙提出，"我们已经习惯了一种自 18 世纪以来以西方霸权为基础的国际秩序。……法国、英国、美国，让西方伟大 300 年。法国是文化，英国是工业，美国是战争。我们习惯了这种伟大，它让我们对全球经济和政治掌控着绝对的支配权。但事情正在起变化。有些危机来自于我们西方国家自身的错误，而有些，则来自于新兴国家的挑战"[2]。

---

[1]　《马克思恩格斯选集》第 1 卷，人民出版社 2012 年版，第 404—405 页。

[2]　《法国总统马克龙闭门演讲：西方世界霸权已近终结》，2019 年 10 月 14 日，见 https://ishare.ifeng.com/c/s/7qmDBHi7JcN。

在"东升西降"的文明格局演变过程中，西方自身的衰落是重要原因，而新兴市场国家和发展中国家的崛起特别是中国式现代化的成功实践则是另外一个重要条件。世界现代化史表明，大国的崛起从来都不仅仅意味着国家经济政治的发展、国际权力地位的提升，也意味着一种新文明形态的形成。习近平总书记指出："我们党领导人民不仅创造了世所罕见的经济快速发展和社会长期稳定两大奇迹，而且成功走出了中国式现代化道路，创造了人类文明新形态。"① 将"中国式现代化"与"人类文明新形态"并列提出，是从人类文明演进的高度赋予了中国式现代化更高的历史意义。对于一种发展道路或发展模式来说，其最外在的意义莫过于推动经济社会的发展，而其最高意义莫过于对人类文明演进的意义。对于中国式现代化而言，其成功首先表现在推动中国经济的崛起，即中国已经成为世界第二大经济体，对世界经济增长的贡献率多年保持在30%以上；更深层次是推动中华文明的复兴，而这一条往往被人们忽略了。美国学者熊玠在《大国复兴：中国道路为什么如此成功》一书的开篇就写道："中国不仅是一个国家，更是一个文明，因此可称为'文明大国'。许多关于中国的论著仅仅将中国视为普通国家，却忽略了其延绵至今的文明及其对当代的影响。"② 中国式现代化的人类文明意义在于：从世界文明力量对比变化看，推动了中华文明的伟大复兴；从制度文明历史演进的角度看，推动了社会主义文明的复苏；从文明的构成来看，克服了西方

---

① 习近平：《以史为鉴、开创未来，埋头苦干、勇毅前行》，《求是》2022年第1期。
② [美]熊玠：《大国复兴：中国道路为什么如此成功》，湖北教育出版社2016年版，第1页。

现代化"单向度"的局限，展现了物质文明、政治文明、精神文明、社会文明、生态文明等协调发展的新境界。可以说，中国式现代化的成功实践，不仅打破了"东方从属于西方"的旧文明格局，让"向东看"成为一种世界潮流，也为发展中国家走向现代化提供了有益借鉴。

第四章

中国式现代化的党的领导和建设战略

新时代新征程，中国共产党的中心任务就是团结带领全国各族人民全面建成社会主义现代化强国、实现第二个百年奋斗目标，以中国式现代化全面推进中华民族伟大复兴。党的二十届三中全会指出："党的领导是进一步全面深化改革、推进中国式现代化的根本保证。"[1]我们党肩负着新的历史使命，执政的艰巨性、复杂性、繁重性世所罕见、史所罕见，对党的领导和建设提出了更高要求。党的二十届三中全会指出："聚焦提高党的领导水平和长期执政能力，创新和改进领导方式和执政方式，深化党的建设制度改革，健全全面从严治党体系。"[2]

---

[1]《中共中央关于进一步全面深化改革　推进中国式现代化的决定》，人民出版社2024年版，第43页。

[2]《中共中央关于进一步全面深化改革　推进中国式现代化的决定》，人民出版社2024年版，第5页。

一、毫不动摇坚持和加强党的全面领导

党的二十大报告深刻阐明了前进道路上必须牢牢把握的五条重大原则，其中第一条原则就是"坚持和加强党的全面领导"。新时代新征程，只有坚持和加强党的全面领导，不断增强党的创造力、凝聚力、战斗力，才能更好凝聚起以中国式现代化全面推进中华民族伟大复兴的磅礴力量。

（一）坚持和加强党的全面领导是历史和人民的选择

坚持和加强党的全面领导符合历史发展规律，符合人民根本利益，是历史的选择、人民的选择，是坚持和发展中国特色社会主义的必由之路。

第一，坚持和加强党的全面领导，是马克思主义建党学说的重大原则。无产阶级革命必须由无产阶级政党领导，这是科学社会主义的基本原则。19 世纪中叶，马克思、恩格斯创立了科学社会主义，揭示了无产阶级必然战胜资产阶级、共产主义必然代替资本主义的历史规律，指明了社会历史发展的方向并找到了实现这一目标的正确道路和现实力量，强调无产阶级政党是无产阶级革命事业的领导者和组织者，坚持党的领导是无产阶级实现解放的首要条件。马克思、恩格斯在《共产党宣言》等著作中反复阐述一个基本观点：为推翻资本主义、建设社会主义、最终实现共产主义的伟大历史使命，无产阶级必须建立起属于自己的独立的革命政党，并在整个革命过程中充分发挥其领导作用，"在无产阶级和资产阶级的斗争所经历的各个发展阶段上，共产党人始终代表整个运动的利益"[①]；共产党人的最近目的是"使无产阶级形成为阶级，推翻资产阶级的统治，由无产阶级夺取政权"[②]。因此，共产党的领导是科学社会主义最本质的规定性，也是世界社会主义运动所必须遵循的一个首要的、根本性的原则。

第二，坚持和加强党的全面领导，是总结党的一百多年奋斗历史得出的最基本、最重要的结论。党的历史是最生动、最有说服力的教科书。坚持和加强党的全面领导，是中国革命、建设、改革从胜利走向胜利的制胜密码。中华民族是世界上古老而伟大的民族，为人类文明进步作出了不可磨灭的贡献。1840 年鸦片战争以后，"由于西方列强入侵和封建统治腐败，中国逐步成为半殖民地半封建社会，国家蒙辱、人民蒙难、文明蒙尘，中华民族遭受了前所未有的劫难"[③]。实现中华民族伟大复兴，成为近代以来中国人民最伟大的梦想。中国共产党成立以来，义无反顾肩负起带领中国人民谋求民族独立、人民解放和实现国家富强、人民幸福的历史重任，完成了中华民族有史以来最为广泛而深刻的社会变革。新中国成立后，我们党在社会主义建设上进行了长期探索，积累了正反两方面丰富经验。党的十一届三中全会以后，我们党领导人民走出了一条中国特色社会主义道路，形成了许

---

① 《马克思恩格斯选集》第 1 卷，人民出版社 2012 年版，第 413 页。
② 《马克思恩格斯选集》第 1 卷，人民出版社 2012 年版，第 413 页。
③ 《中共中央关于党的百年奋斗重大成就和历史经验的决议》，人民出版社 2021 年版，第 3 页。

多规律性认识。可以说，没有共产党就没有新中国，就没有中国特色社会主义，人民当家作主地位就不能实现，不仅国家发展进步无从谈起，而且国家还会出现一盘散沙甚至动荡不安的局面。这是基于中国社会发展的事实得出的结论。党的十九届六中全会通过的第三个历史决议，总结了中国共产党百年奋斗的十条历史经验，第一条就是"坚持党的领导"。事实雄辩地证明："历史和人民选择中国共产党领导中华民族伟大复兴的事业是正确的，必须长期坚持、永不动摇。"① 这是中国人民从长期奋斗中得出的最基本、最重要的结论。

第三，坚持和加强党的全面领导，是新时代伟大变革的根本原因。新时代以来，在以习近平同志为核心的党中央掌舵领航下，在习近平新时代中国特色社会主义思想科学指引下，我们党团结带领全国各族人民全面贯彻党的基本路线、基本方略，采取一系列战略性举措，推进一系列变革性实践，实现一系列突破性进展，取得一系列标志性成果，经受住了来自政治、经济、意识形态、自然界等方面的风险挑战考验，攻克了一个个看似不可攻克的难关险阻，创造了一个个令人刮目相看的人间奇迹，推动我国迈上全面建设社会主义现代化国家新征程，中华民族进入了不可逆转的历史进程。党和国家事业取得历史性成就、发生历史性变革，根本上就体现在坚持党的全面领导上，"中国人民和中华民族之所以能够扭转近代以后的历史命运、取得今天的伟大成就，最根本的是有中国共产党的坚强领导。历史和现实都证明，没有中国共产党，就没有新中国，就没有中华民族伟大复

① 习近平：《论中国共产党历史》，中央文献出版社 2021 年版，第 119 页。

兴"①。无论遇到多么大的风险挑战、什么样的危局险局，只要始终坚持和加强党的全面领导，党和国家事业就一定能不断从胜利走向新的胜利。这是党的十八大以来取得的最重要成就之一，是中国特色社会主义事业取得成功的根本政治保证。

（二）中国共产党是中国最高政治领导力量

习近平总书记指出："在当今中国，没有大于中国共产党的政治力量或其他什么力量。党政军民学，东西南北中，党是领导一切的，是最高的政治领导力量。"② 新时代新征程，要牢牢把握坚持和加强党的全面领导这一重大原则，确保我国社会主义现代化建设正确方向，确保全党全国拥有团结奋斗的强大政治凝聚力、发展自信心，为全面建成社会主义现代化强国、实现第二个百年奋斗目标提供根本保证。

第一，中国特色社会主义最本质的特征是中国共产党领导，中国特色社会主义制度的最大优势是中国共产党领导。中国特色社会主义制度是当代中国发展进步的根本制度保障，中国共产党的领导是中国特色社会主义制度的核心内容，也是中国特色社会主义制度的最大优势。中国特色社会主义作为实现社会主义现代化的必由之路，是在党的领导下开创和发展起来的，承载着几代中国共产党人的理想和探索，凝聚着千万共产党人的奋斗和牺牲。党的领导不仅是中国特色社

---

① 《中共中央关于党的百年奋斗重大成就和历史经验的决议》，人民出版社 2021 年版，第 65 页。

② 习近平：《中国共产党领导是中国特色社会主义最本质的特征》，《求是》2020 年第 14 期。

会主义内在规定的应有之义，而且是中国特色社会主义内在规定中最内核、最重要、最根本的属性，直接影响和决定着中国特色社会主义其他特征的存亡。如果丢掉党的领导，中国特色社会主义其他特征将失去依托，中国特色社会主义也将不复存在。

第二，坚持中国共产党领导是中国式现代化的本质要求之一。中国式现代化是中国共产党领导、推动、开创的现代化。坚持中国共产党领导作为中国式现代化的本质要求之一，不仅是中国式现代化最鲜明的特征和最突出的优势，更是推进中国式现代化必须坚持的首要原则，是以中国式现代化全面推进中华民族伟大复兴的根本保证。近代以后，实现中国的现代化，是中国人民矢志不移的梦想和追求，但在中国共产党诞生之前，没有任何政治力量能够承担起这一历史使命。中国共产党诞生，解决了中国现代化事业的领导力量问题，为中国现代化指明了正确方向，开辟了符合国情的发展道路。党的十八大以来，以习近平同志为核心的党中央团结带领全国各族人民，自信自强、守正创新，创造了新时代中国特色社会主义的辉煌成绩，为实现中华民族伟大复兴提供了更为完善的制度保证、更为坚实的物质基础、更为主动的精神力量，我们党成功推进和拓展了中国式现代化，使中华民族迎来了从站起来、富起来到强起来的伟大飞跃。历史和现实都充分证明，中国共产党的领导是党和国家的根本所在、命脉所在，是全国各族人民的利益所系、命运所系。只有始终坚持和加强党的全面领导，坚决维护党中央权威和集中统一领导，把党的领导落实到党和国家事业各领域各方面各环节，社会主义现代化建设才能确保正确方向，才能集聚起万众一心、共克时艰的磅礴力量，中国式现代化道路才能越走越宽广，全面建设社会主义现代化国家的重大任务才能顺利完成。没有中国共产党，就没有中华民族伟大复兴，就没有中国式现代化。

第三，坚持中国共产党领导是应对风险挑战的必然要求。坚持党的领导是当代中国的最高政治原则，党的领导是战胜一切困难和风险的"定海神针"。当前，中华民族伟大复兴战略全局和世界百年未有之大变局深度互动，我国作为仍处于社会主义初级阶段的发展中大国，正经历广泛而深刻的社会变革。从国际形势来看，新一轮科技革命和产业变革深入发展，国际力量对比深刻调整，国际环境日趋复杂，世界经济低迷，发展鸿沟日益突出，地区冲突频繁发生，单边主义、保护主义、霸凌行径明显上升，恐怖主义、难民危机、生物安全、气候变化、重大传染病等全球性挑战此起彼伏，大国战略博弈竞争日趋激烈，全球治理变革逐步加快，世界进入新的动荡变革期。从国内形势来看，我国经济已经由高速增长阶段转向高质量发展阶段，改革发展稳定面临不少深层次矛盾，各种"黑天鹅""灰犀牛"事件随时可能发生，我国进入了战略机遇和风险挑战并存，不稳定性不确定性明显增多的时期，前进道路上必然会遇到各种可以预见和难以预见的风险挑战甚至是惊涛骇浪。新时代新征程，我们只有坚持党的领导，才能准确判断复杂形势，精心运筹内政外交，更好统筹国内国际两个大局，更好统筹发展和安全两件大事，才能拥有防范风险挑战的先手和应对化解风险挑战的高招，也才能打好防范抵御风险的有准备之战和化险为夷、转危为机的战略主动战。

（三）坚持中国共产党领导是实现民族复兴的必由之路

党的二十大报告指出："全面建设社会主义现代化国家、全面推进中华民族伟大复兴，关键在党。"[1] 实践充分证明，中国共产党是民族复兴使命的合格担当者，只有中国共产党才能带领人民实现中华民族伟大复兴的梦想。

第一，把党的领导落实到党和国家事业各领域各方面各环节。坚持和加强党的全面领导，关系党和国家前途命运，我们的全部事业都建立在这个基础之上，都根植于这个最本质特征和最大优势。党的二十大报告指出："党的领导是全面的、系统的、整体的，必须全面、系统、整体加以落实。"[2] 无论哪个领域、哪个方面、哪个环节缺失了弱化了，都会削弱党的力量，损害党和人民的事业。当然，党领导一切并不是说党要包办包揽一切，并不是事无巨细都抓在手上，要防止越俎代庖，陷入事务主义。习近平总书记鲜明指出："在国家治理体系的大棋局中，党中央是坐镇中军帐的'帅'，车马炮各展其长，一盘棋大局分明。"[3] 党、政、军、民、学在党中央集中统一领导下，既各司其职、各负其责又相互配合，这样治国理政才有方向、有章法、有力量。否则就会出现各自为政、一盘散沙的局面，不仅我们确定的目标不能实现，而且必定会产生灾难性后果。历史已经并将继续证

---

[1] 习近平：《高举中国特色社会主义伟大旗帜　为全面建设社会主义现代化国家而团结奋斗——在中国共产党第二十次全国代表大会上的报告》，人民出版社 2022 年版，第 63 页。

[2] 习近平：《高举中国特色社会主义伟大旗帜　为全面建设社会主义现代化国家而团结奋斗——在中国共产党第二十次全国代表大会上的报告》，人民出版社 2022 年版，第 64 页。

[3] 习近平：《中国共产党领导是中国特色社会主义最本质的特征》，《求是》2020 年第 14 期。

明，没有中国共产党的领导，民族复兴必然是空想。新的伟大征程上，我们必须毫不动摇坚持和加强党的全面领导，把党的领导落实到党和国家事业各领域各方面各环节，使党始终成为风雨来袭时全体人民最可靠的主心骨。

第二，坚持党中央集中统一领导是最高政治原则。事在四方，要在中央。坚持党中央集中统一领导是最高政治原则，更是一个成熟的马克思主义政党必须坚持的根本要求，是全党共同的政治责任，任何时候、任何情况下都不能含糊和动摇。党的任何组织和成员必须以实际行动维护党中央一锤定音、定于一尊的权威，必须服从党中央集中统一领导。党中央集中统一领导，是风雨来袭时全党和全国人民的坚实依托，是战胜前进道路上一切艰难险阻和风险挑战的可靠保证，是党保持团结统一和强大战斗力、不断取得胜利的关键所在。党的历史、新中国发展的历史表明，要治理好我们这个大党、治理好我们这个大国，保证党的团结和集中统一至关重要，维护党中央权威至关重要。什么时候党中央有权威，党就有力量。如果党中央没有权威，党的理论和路线方针政策可以随意不执行，党就会变成一盘散沙，就会成为自行其是的"私人俱乐部"，党的领导就会成为一句空话。习近平总书记指出："维护党中央权威，决不是一般问题和个人的事，而是方向性、原则性的问题，是党性，是大局，关系党、民族、国家前途命运。"[1] 新时代新征程，我们坚持和加强党中央集中统一领导，必须健全总揽全局、协调各方的党的领导制度体系，完善党中央重大

---

[1] 中共中央文献研究室编：《习近平关于全面从严治党论述摘编》，中央文献出版社2016年版，第84页。

决策部署落实机制，确保全党在政治立场、政治方向、政治原则、政治道路上同党中央保持高度一致，确保党的团结统一。

第三，坚持党的领导就要坚决拥护"两个确立"、做到"两个维护"。"两个确立""两个维护"是党的十八大以来全党在革命性锻造中形成的共同意志，是新时代伟大实践取得的最重要的政治成果和宝贵经验，是最根本的政治纪律和政治规矩，是检验党员、干部理想信念、政治立场、党性修养和能力作风的试金石。"两个确立""两个维护"具有根本性、全局性、战略性、持久性意义，决定道路方向，决定事业成败，决定国家和民族前途命运。实践充分证明，一个国家、一个政党，领导核心至关重要。我们这样一个有着十四亿多人口的大国，必须有一个众望所归的领袖；我们这样一个有着近一亿名党员的大党，必须有一个坚强的领导核心。没有党中央的核心、全党的核心，就没有党中央权威和集中统一领导，就会导致各自为阵、各自为政，那就什么事情都干不成。拥护"两个确立"，做到"两个维护"，不能只停留在口头表态上，要体现在坚决贯彻习近平总书记重要指示批示精神和党中央决策部署的行动上，体现在履职尽责、做好本职工作的实效上，体现在党员、干部的日常言行上。任何时候任何情况下都要坚持同党中央保持高度一致，在党中央统一指挥的合奏中形成和声，决不能荒腔走板、变味走调；任何时候任何情况下都要坚持以党的旗帜为旗帜、以党的方向为方向、以党的意志为意志，做到党中央提倡的坚决响应，党中央决定的坚决照办，党中央禁止的坚决不做，时常对标对表，及时校正偏差；任何时候任何情况下都要与党中央同心同德，真心爱党、时刻忧党、坚定护党、全力兴党。只要我们坚持党的全面领导不动摇，坚决维护党的核心和党中央权威，充分发挥党的领导政治优势，就一定能够确保全党全军全国各族人民团结一致向前进，实现中国式现代化的宏伟目标。

二、以党的自我革命引领社会革命

以党的自我革命来推动伟大社会革命，这不仅是我们党作为马克思主义执政党建设发展的内在要求，也是我们党领导人民实现新的历史使命的客观需要，更是我们党区别于其他政党最显著的标志。

（一）勇于自我革命是我们党最鲜明的品格和最大的政治优势

自我革命就是补钙壮骨、排毒杀菌，壮士断腕、去腐生肌，不断清除侵蚀党的健康肌体的病毒，不断提高自身免疫力，防止人亡政息。一百多年来，我们党外靠发展人民民主、接受人民监督，内靠全面从严治党、推进自我革命，勇于坚持真理、修正错误，勇于刀刃向内、刮骨疗毒，保证了党长盛不衰、不断发展壮大。

第一，勇于自我革命是我们党区别于其他政党的显著标志。我们党之所以能够穿越一百多年的风风雨雨，多次在危难之际重新奋起、失误之后拨乱反正，成为打不倒、压不垮的马克思主义政党，根本上就在于我们党具有自我革命这种独有的政治品格。习近平总书记指出："我们党没有任何自己特殊的利益，这是我们党敢于自我革命的勇气之源、底气所在。"① 我们党之所以伟大，不在于不犯错误，而在于从不讳疾忌医，敢于直面问题，勇于自我革命。"坚持自我革命"充分揭示了中国共产党坚持真理的政治信仰、直面问题的政治勇气，深刻反映了中国共产党牢记初心使命的政治自觉、永葆青春活力的政治密码，对于我们进一步增强思想和行动自觉，确保党始终不变质、不变色、不变味，确保党在新时代坚持和发展中国特色社会主义的历史进程中始终成为坚强领导核心具有重大而深远的意义。

第二，勇于自我革命是跳出历史周期率的第二个答案。跳出历史周期率问题是关系党千秋伟业的一个重大问题，关系党的生死存亡，关系我国社会主义制度的兴衰成败。党的二十大报告鲜明指出："经过不懈努力，党找到了自我革命这一跳出治乱兴衰历史周期率的第二个答案，自我净化、自我完善、自我革新、自我提高能力显著增强，管党治党宽松软状况得到根本扭转，风清气正的党内政治生态不断形成和发展，确保党永远不变质、不变色、不变味。"② 事实上，对于如何跳出历史周期率，我们党始终在思索，一直在探索。毛泽东同志在延安的窑洞里给出了第一个答案，这就是"让人民来监督政府"。经过百年奋斗特别是党的十八大以来新的实践，党又给出了第二个答案，这就是自我革命。先进的马克思主义政党从来不是天生的，而是在认识错误、解决问题的过程中不断成长成熟的。这两个答案既一脉

---

① 《习近平著作选读》第二卷，人民出版社 2023 年版，第 559 页。

② 习近平：《高举中国特色社会主义伟大旗帜　为全面建设社会主义现代化国家而团结奋斗——在中国共产党第二十次全国代表大会上的报告》，人民出版社 2022 年版，第 14 页。

相承又与时俱进，集中体现了中国共产党人对建设什么样的长期执政的马克思主义政党、怎样建设长期执政的马克思主义政党的规律性认识的不断深化。一百多年来，中国共产党的伟大就在于总是能够以实事求是的原则直面问题、以刀刃向内的勇气揭露问题，以迎难而上、刮骨疗毒的决心解决问题，不掩饰缺点、不回避问题、不文过饰非，有缺点克服缺点、有问题解决问题，有错误承认并纠正错误，坚决同一切影响党的先进性、弱化党的纯洁性、危害党的生机活力的现象作坚决的斗争。正是依靠自我革命，中国共产党一次次重整行装再出发，一次次校正方向再奋进，一步步成长为打不倒、压不垮的马克思主义政党。

第三，勇于自我革命是引领社会革命根本所在。中国共产党能够带领人民进行伟大的社会革命，也能够进行伟大的自我革命。党的二十大报告指出："必须持之以恒推进全面从严治党，深入推进新时代党的建设新的伟大工程，以党的自我革命引领社会革命。"① 党的自我革命是推进伟大社会革命的强大动力，决定着社会革命推进的深度。党强才能国强，党自身的管党治党水平与党的治国理政活动是紧密相连、不可分割的。实现中华民族伟大复兴，千钧重担关键在党，关键在党要管党、全面从严治党。回望党的百年历史，自我革命是推动党从不够成熟到坚定成熟、从不够有力到坚强有力的重要武器。当前国际环境日趋复杂，不稳定性不确定性明显增加，经济全球化进程

---

① 习近平：《高举中国特色社会主义伟大旗帜　为全面建设社会主义现代化国家而团结奋斗——在中国共产党第二十次全国代表大会上的报告》，人民出版社 2022 年版，第 64 页。

深刻调整，国际格局加速演变。实现中华民族伟大复兴，必须面对这一系列世情国情党情的新问题、新挑战、新变化。党只有始终践行初心使命，适应新形势新要求，在自觉接受外部监督的同时，以高度的政治自觉和使命担当，持续用力、久久为功，将自我革命进行到底，才能不断于危机中育新机、在变局中开新局，推动党领导的伟大社会革命向前发展，带领全国人民创造出新的伟业。

（二）党的自我革命永远在路上

习近平总书记在党的二十大报告中指出，"全党必须牢记，全面从严治党永远在路上，党的自我革命永远在路上，决不能有松劲歇脚、疲劳厌战的情绪"[1]。在二十届中央纪委三次全会上更是明确强调了在深入推进党的自我革命实践中需要把握好九个问题，即"以坚持党中央集中统一领导为根本保证，以引领伟大社会革命为根本目的，以新时代中国特色社会主义思想为根本遵循，以跳出历史周期率为战略目标，以解决大党独有难题为主攻方向，以健全全面从严治党体系为有效途径，以锻造坚强组织、建设过硬队伍为重要着力点，以正风肃纪反腐为重要抓手，以自我监督和人民监督相结合为强大动力"[2]。这些重要论断，深刻揭示了我们党历经百年依然风华正茂的奥秘所

---

[1]　习近平：《高举中国特色社会主义伟大旗帜　为全面建设社会主义现代化国家而团结奋斗——在中国共产党第二十次全国代表大会上的报告》，人民出版社 2022 年版，第64 页。

[2]　《习近平在二十届中央纪委三次全会上发表重要讲话强调　深入推进党的自我革命　坚决打赢反腐败斗争攻坚战持久战》，《人民日报》2024 年 1 月 9 日。

在，充分彰显了我们党一以贯之坚持自我革命、确保永远不变质不变色不变味的政治决心，标志着我们党对建设长期执政的马克思主义政党的规律性认识达到新高度。

第一，这是保持马克思主义政党先进性纯洁性的内在要求。一个政党的先进性纯洁性并不会自然生成，也不会自动获得。勇于自我革命是马克思主义政党自我锻造、自我完善的重要方式。马克思、恩格斯在《共产党宣言》中宣告："无产阶级的运动是绝大多数人的，为绝大多数人谋利益的独立的运动。"① 中国共产党作为马克思主义执政党，同时是马克思主义革命党，除了国家、民族、人民的利益，没有任何自己的特殊利益，为了党和人民的事业能够以最长远的战略眼光谋划解决发展中的矛盾问题，能够以最无私无畏的胸襟攻克自身存在的弱点问题，能够以最勇于担当的精神境界承载人民赋予的历史使命。在领导中国革命、建设、改革一百多年的奋斗历程中，我们党领导人民取得了一个又一个伟大成就、战胜一个又一个艰难险阻，历经千锤百炼仍朝气蓬勃，得到人民群众支持和拥护，原因就在于党敢于直面自身存在的问题，勇于自我革命，始终保持先进性和纯洁性，不断增强创造力、凝聚力、战斗力。新时代新征程，唯有敢于刀刃向内，敢于刮骨疗伤，敢于壮士断腕，才能防止祸起萧墙，让自身始终过硬，始终成为时代先锋、民族脊梁，永葆马克思主义政党本色。

第二，这是长期执政条件下解决我们这样大党独有难题，确保党始终赢得人民拥护的根本途径。治国必先治党，党兴才能国强。

---

① 《马克思恩格斯选集》第 1 卷，人民出版社 2012 年版，第 411 页。

习近平总书记在党的二十大报告中指出："我们党作为世界上最大的马克思主义执政党，要始终赢得人民拥护、巩固长期执政地位，必须时刻保持解决大党独有难题的清醒和坚定。"① 这是我们党从所处的历史方位、肩负的使命任务、面临的复杂环境出发，深刻把握党的根本性质和党情发展变化，对新时代新征程全面从严治党提出的新的重大命题。特别是如何始终不忘初心、牢记使命，如何始终统一思想、统一意志、统一行动，如何始终具备强大的执政能力和领导水平，如何始终保持干事创业精神状态，如何始终能够及时发现和解决自身存在的问题，如何始终保持风清气正的政治生态，都是我们这个大党必须解决的独有难题。解决这些难题，是实现新时代新征程党的使命任务必须迈过的一道坎，是我们党自我革命必须啃下的硬骨头。

第三，这是有效应对风险挑战、走好实现第二个百年奋斗目标新的赶考之路的客观需要。当前，世界百年未有之大变局加速演进，我们比历史上任何时期都更接近、更有信心和能力实现中华民族伟大复兴的目标。但同时我们党面临的执政考验、改革开放考验、市场经济考验、外部环境考验将长期存在，精神懈怠危险、能力不足危险、脱离群众危险、消极腐败危险将长期存在。因此，我们必须准备经受风高浪急甚至惊涛骇浪的重大考验。这就决定了全面从严治党永远在路上，党的自我革命永远在路上。我们只有始终保持党的自我革命永远在路上的精神状态和责任担当，坚决克服松劲歇脚、疲劳厌战的情

---

① 习近平：《高举中国特色社会主义伟大旗帜　为全面建设社会主义现代化国家而团结奋斗——在中国共产党第二十次全国代表大会上的报告》，人民出版社 2022 年版，第 63 页。

绪，坚决防止转变风向、降调变调的错误期待，始终坚持问题导向，保持战略定力，发扬彻底的自我革命精神，永远吹冲锋号，坚持不懈推进党的自我革命，才能团结带领全国各族人民战胜前进道路上的一切困难挑战，引领和保障中国特色社会主义这艘巨轮乘风破浪、行稳致远。

（三）完善党的自我革命制度规范体系

制度带有根本性、全局性、稳定性、长期性特征。党要管党、全面从严治党，必须有系统完备的制度体系作为支撑。新时代新征程，我们要不断完善党的自我革命制度规范体系，勇于从制度层面解决问题，依靠制度管党治党，更加突出党的各方面建设有机衔接、联动集成、协同协调，更加突出体制机制的健全完善和法规制度的科学有效。

第一，持续深化党的自我革命制度改革。党的自我革命作为自我净化、自我完善、自我革新、自我提高完整体系，是具有严密内在逻辑关系的系统工程。我们要强化党的自我革命制度保障，持续深化党的自我革命制度改革，制定更加科学完备、切实可行、具体实在的规章守则，继续扎紧织密制度笼子。深化党的建设制度改革，加强党内法规建设，不断健全完善党中央重大决策部署落实机制，加强党中央对重大工作的集中统一领导。坚持不懈地用习近平新时代中国特色社会主义思想武装头脑，常态化长效化开展党史学习教育，健全不忘初心、牢记使命的制度，筑牢推进自我革命的思想根基。坚持以党章为根本，不断完善内容科学、程序严密、配套完备、运行有效的党内法规制度体系，增强党内法规权威性和执行力，更好发挥制度的引领保障作用。健全全面从严治党体系，坚持制度治党、依规治党，更加突出党的各方面建设有机衔接、联动集成、协同协调，更加突出体制机制的健全完善和法规制度的科学有效，更加突出运用治理的理念、系统的观念、辩证的思维管党治党建设党。

第二，健全党统一领导、覆盖全面、权威高效的监督体系。党和国家监督体系是党在长期执政条件下实现自我净化、自我完善、自我革新、自我提高的重要制度保障。党要管党、从严治党，要不断完善权力监督制约机制，以党内监督为主导，促进各类监督贯通协调，让权力在阳光下运行。要在党中央集中统一领导下，坚持党内监督没有禁区、没有例外，强化自上而下的组织监督，改进自下而上的民主监督，发挥同级相互监督作用，让日常管理监督与党员领导干部如影随形、不留空当。做实做强党委党组全面监督，加强对各类监督主体的领导和统筹，把党内监督同国家机关监督、民主监督、司法监督、群众监督、舆论监督贯通起来，增强监督合力，使监督工作在决策部署指挥、资源力量整合、措施手段运用上更加协同，推动党的领导和监督一贯到底。要推进政治监督具体化、精准化、常态化，推动党组织和党员干部不断提高政治判断力、政治领悟力、政治执行力，坚持党中央决策部署到哪里，结合实际的监督检查就跟进到哪里，确保党中央决策部署和工作要求落实见效。要增强对"一把手"和领导班子的监督实效，充分发挥政治巡视利剑作用，压实被巡视党组织整改主体责任和纪检机关、组织部门日常监督责任，持续深化纪检监察体制改

革，做实专责监督，完善纪律监督、监察监督、派驻监督、巡视监督
"四个全覆盖"的权力监督格局。

第三，增强党内法规权威性和执行力。制定制度很重要，更重要
的是抓落实。如果不抓落实，只是写在纸上、贴在墙上、锁在抽屉
里，制度就会成为"稻草人"。要坚持制度面前人人平等，制度执行
没有特权，制度约束没有例外，坚决维护制度的严肃性和权威性，坚
决纠正有令不行、有禁不止的行为，形成坚持真理、修正错误，发现
问题、纠正偏差的机制，使制度成为硬约束而不是橡皮筋。扎实抓
好现有党内法规制度的贯彻落实，对违规违纪、破坏法规制度踩"红
线"、越"底线"、闯"雷区"的，要坚决严肃查处，不以权势大而破规，
不以问题小而姑息，不以违者众而放任，不留"暗门"、不开"天窗"，
坚决防止"破窗效应"，充分发挥党内法规制度的约束和规范作用。

三、深入推进新时代党的建设新的伟大工程

党的十八大以来，以习近平同志为核心的党中央把全面从严治党
作为新时代党的建设的鲜明主题，深入探索新时代加强执政党建设的
基本规律，以前所未有的勇气和定力推进党风廉政建设和反腐败斗
争，刹住了一些长期没有刹住的歪风，纠治了一些多年未除的顽瘴痼
疾，消除了党、国家、军队内部存在的严重隐患，管党治党宽松软状
况得到根本扭转，风清气正的党内政治生态不断形成和发展。新的征
程上，我们要持之以恒推进全面从严治党，深入推进新时代党的建设

新的伟大工程，落实新时代党的建设总要求，健全全面从严治党体系，全面推进党的自我净化、自我完善、自我革新、自我提高，使我们党始终坚守初心使命，永远成为中国特色社会主义事业的坚强领导核心。

（一）坚持不懈用习近平新时代中国特色社会主义思想凝心铸魂

思想建设是党的基础性建设，用党的创新理论武装全党是党的思想建设的根本任务。党的十八大以来，以习近平同志为主要代表的中国共产党人，坚持把马克思主义基本原理同中国具体实际相结合、同中华优秀传统文化相结合，科学回答了新时代坚持和发展什么样的中国特色社会主义、怎样坚持和发展中国特色社会主义等重大时代课题，创立了习近平新时代中国特色社会主义思想。习近平新时代中国特色社会主义思想是当代中国马克思主义、二十一世纪马克思主义，是中华文化和中国精神的时代精华，实现了马克思主义中国化时代化新的飞跃。习近平新时代中国特色社会主义思想，在新时代伟大实践中创立，随新时代伟大变革而发展，是新时代中国共产党的思想旗帜，是全党全国人民为实现中华民族伟大复兴而奋斗的行动指南，是新时代党和国家事业发展的根本遵循。深入推进新时代党的建设新的伟大工程，要坚持用习近平新时代中国特色社会主义思想统一思想、统一意志、统一行动，学会运用马克思主义立场观点方法，特别是习近平新时代中国特色社会主义思想的世界观和方法论来观察和解决问题，把理想信念建立在对科学理论的理性认同上，建立在对历史规律的正确认识上，使广大党员始终牢记全心全意为人民服务的宗旨，永葆共产党人的政治本色，解决好世界观、人生观、价值观这个总开关问题，自觉做共产主义远大理想和中国特色社会主义共同理想的坚定信仰者和忠实实践者，推动全党更加自觉地为实现新时代党的历史使命不懈奋斗。

（二）建设堪当民族复兴重任的高素质干部队伍

党的干部是党和国家事业的中坚力量。党的二十大报告指出："全面建设社会主义现代化国家，必须有一支政治过硬、适应新时代要求、具备领导现代化建设能力的干部队伍。"[①] 我们党历来高度重视选贤任能，始终把选人用人作为关系党和人民事业的关键性、根本性问题来抓。党的二十届三中全会提出："深化干部人事制度改革，鲜明树立选人用人正确导向，大力选拔政治过硬、敢于担当、锐意改革、实绩突出、清正廉洁的干部，着力解决干部乱作为、不作为、不敢为、不善为问题。"[②] 新时代新征程，坚持党管干部原则，坚持德才兼备、以德为先、五湖四海、任人唯贤，把新时代好干部标准落到实处。树立选人用人正确导向，选拔忠诚干净担当的高素质专业化干部，选优配强各级领导班子。坚持把政治标准放在首位，做深做实干

---

① 习近平：《高举中国特色社会主义伟大旗帜　为全面建设社会主义现代化国家而团结奋斗——在中国共产党第二十次全国代表大会上的报告》，人民出版社 2022 年版，第66 页。

② 《中共中央关于进一步全面深化改革　推进中国式现代化的决定》，人民出版社 2024年版，第 44—45 页。

部政治素质考察，突出把好政治关、廉洁关。加强实践锻炼、专业训练，注重在重大斗争中磨砺干部，增强干部推动高质量发展本领、服务群众本领、防范化解风险本领。加强干部斗争精神和斗争本领养成，着力增强防风险、迎挑战、抗打压能力，带头担当作为，做到平常时候看得出来、关键时刻站得出来、危难关头豁得出来。坚持严管和厚爱相结合，加强对干部全方位管理和经常性监督，落实"三个区分开来"，激励干部敢于担当、积极作为。

（三）增强党组织政治功能和组织功能

党的二十大报告指出："严密的组织体系是党的优势所在、力量所在。"[①] 各级党组织要履行党章赋予的各项职责，把党的路线方针政策和党中央决策部署贯彻落实好，把各领域广大群众组织凝聚好。坚持大抓基层的鲜明导向，健全基层组织，优化组织设置，理顺隶属关系，创新活动方式，推动党建传统优势与信息技术深度融合，不断扩大党组织教育和管理的覆盖面，推进以党建引领基层治理，持续整顿软弱涣散基层党组织，把基层党组织建设成为有效实现党的领导的坚强战斗堡垒。推进国有企业、金融企业在完善公司治理中加强党的领导，加强混合所有制企业、非公有制企业党建工作，加强新经济组织、新社会组织、新就业群体党的建设。把党的全面领导落实到各类社会

---

① 习近平：《高举中国特色社会主义伟大旗帜　为全面建设社会主义现代化国家而团结奋斗——在中国共产党第二十次全国代表大会上的报告》，人民出版社 2022 年版，第 67 页。

基层组织，注重提升党组织的政治领导力、组织覆盖力、群众凝聚力、社会号召力、发展推动力、自我革新力，落实党内民主制度，保障党员权利，激励党员发挥先锋模范作用，保持党员队伍先进性和纯洁性。

（四）坚持以严的基调强化正风肃纪

党风问题是党的性质、宗旨的外化，关系执政党的生死存亡。坚持和加强党的全面领导，要以全面从严治党为保证。在二十届中央纪委二次全会上，习近平总书记指出："把全面从严治党作为党的长期战略、永恒课题，始终坚持问题导向，保持战略定力，发扬彻底的自我革命精神，永远吹冲锋号，把严的基调、严的措施、严的氛围长期坚持下去，把党的伟大自我革命进行到底。"[①] 在二十届中央纪委三次全会上，习近平总书记进一步强调："新征程反腐败斗争，必须在铲除腐败问题产生的土壤和条件上持续发力、纵深推进。总的要求是，坚持一体推进不敢腐、不能腐、不想腐，深化标本兼治、系统施治，不断拓展反腐败斗争深度广度，对症下药、精准施治、多措并举，让反复发作的老问题逐渐减少，让新出现的问题难以蔓延，推动防范和治理腐败问题常态化、长效化。"[②] 新时代新征程，全面建设社会主义现代化国家目标任务已经明确，关键要靠各级党组织和领导干部切实

[①] 《习近平在二十届中央纪委二次全会上发表重要讲话强调　一刻不停推进全面从严治党　保障党的二十大决策部署贯彻落实》，《人民日报》2023 年 1 月 10 日。

[②] 《习近平在二十届中央纪委三次全会上发表重要讲话强调　深入推进党的自我革命　坚决打赢反腐败斗争攻坚战持久战》，《人民日报》2024 年 1 月 9 日。

扛起责任。要以"永远在路上"的毅力韧劲，以"打铁必须自身硬"的高度自觉，深入推进全面从严治党，以自我革命的精神解决好党内存在的突出问题，坚持"严"字当头、标本兼治，采取一系列新的举措，不断攻坚克难、正本清源，坚决打赢全面从严治党这场持久仗、攻坚战。我们党来自人民、植根人民、服务人民，党员干部要不断增强对人民群众的感情，把党的群众路线转化为扎扎实实为人民谋幸福的具体行动，体现在时时事事为群众所思所盼的奋斗之中。要弘扬党的光荣传统和优良作风，促进党员干部特别是领导干部带头深入调查研究，扑下身子干实事、谋实招、求实效。锲而不舍落实中央八项规定精神，抓住"关键少数"以上率下，持续深化纠治"四风"，重点纠治形式主义、官僚主义，坚决破除特权思想和特权行为。全面加强党的纪律建设，党的纪律和规矩是党的各级组织、全体党员必须遵守的行为准则。督促领导干部特别是高级干部严于律己、严负其责、严管所辖，对违反党纪的问题，发现一起坚决查处一起。坚持党性党风党纪一起抓，从思想上固本培元，提高党性觉悟，增强拒腐防变能力，涵养富贵不能淫、贫贱不能移、威武不能屈的浩然正气，不断增强党自我净化、自我完善、自我革新、自我提高的能力，才能提高党驾驭全局、推动发展、化解矛盾、应对危机的能力，承担起历史赋予的崇高使命，确保党始终成为中国特色社会主义事业的坚强领导核心。

（五）坚决打赢反腐败斗争攻坚战持久战

党的二十大报告指出："腐败是危害党的生命力和战斗力的最大

毒瘤，反腐败是最彻底的自我革命。只要存在腐败问题产生的土壤和条件，反腐败斗争就一刻不能停，必须永远吹冲锋号。"①党的十八大以来，我们党开展了史无前例的反腐败斗争，以"得罪千百人、不负十四亿"的使命担当祛疴治乱，一体推进不敢腐、不能腐、不想腐，反腐败斗争取得压倒性胜利并全面巩固。同时，反腐败斗争形势依然严峻复杂，遏制增量、清除存量的任务依然艰巨。只要存在腐败问题产生的土壤和条件，反腐败斗争就一刻不能停，必须将反腐败斗争进行到底。只有以反腐败永远在路上的坚韧和执着，深化标本兼治，保证干部清正、政府清廉、政治清明，才能跳出历史周期率，巩固党的长期执政，做到打铁必须自身硬。习近平总书记在二十届中央纪委四次全会上强调："要始终保持反腐败永远在路上的坚韧执着，保持战略定力和高压态势，一步不停歇、半步不退让，一体推进不敢腐、不能腐、不想腐，坚决打好这场攻坚战、持久战、总体战。"②要坚持不敢腐、不能腐、不想腐一体推进，同时发力、同向发力、综合发力。要持续保持惩治腐败高压态势。面对依然严峻复杂的形势，反腐败绝对不能回头、不能松懈、不能慈悲，必须永远吹冲锋号。以零容忍态度反腐惩恶，更加有力遏制增量，更加有效清除存量，要持续盯住"七个有之"问题，把严惩政商勾连的腐败作为攻坚战重中之重，坚决打击以权力为依托的资本逐利行为，坚决防止各种利益集团、权势

① 习近平：《高举中国特色社会主义伟大旗帜　为全面建设社会主义现代化国家而团结奋斗——在中国共产党第二十次全国代表大会上的报告》，人民出版社2022年版，第69页。
② 《习近平在二十届中央纪委四次全会上发表重要讲话强调　坚持用改革精神和严的标准管党治党　坚决打好反腐败斗争攻坚战持久战总体战》，《人民日报》2025年1月7日。

团体向政治领域渗透，坚决查处政治问题和经济问题交织的腐败，坚决防止领导干部成为利益集团和权势团体的代言人、代理人。要健全不正之风和腐败问题同查同治机制，深化整治权力集中、资金密集、资源富集领域腐败，严肃查处政商勾连破坏政治生态和经济发展环境问题，完善对重点行贿人的联合惩戒机制，丰富防治新型腐败和隐性腐败的有效办法。要进一步健全反腐败法规制度。围绕一体推进不敢腐、不能腐、不想腐等完善基础性法规制度，健全加强对"一把手"和领导班子监督配套制度。要加强新时代廉洁文化建设，教育引导广大党员、干部增强不想腐的自觉，清清白白做人、干干净净做事，使严厉惩治、规范权力、教育引导紧密结合、协调联动，不断取得更多制度性成果和更大治理效能，通过不懈努力换来海晏河清、朗朗乾坤。

第五章

中国式现代化的经济发展战略

　　党的二十大报告指出："发展是党执政兴国的第一要务。没有坚实的物质技术基础，就不可能全面建成社会主义现代化强国。"[①] 只有推动经济持续健康发展，才能筑牢国家繁荣富强、人民幸福安康、社会和谐稳定的物质基础，才能有力推进中国式现代化发展进程。当前，我国已开启全面建设社会主义现代化国家新征程，高质量发展是全面建设社会主义现代化国家的首要任务。实现什么样的经济发展战略、怎样实现高质量发展，是必须要回答的重要课题，关系我国社会主义现代化建设全局。新时代新征程，必须深刻理解我国经济发展战略的深远考量，贯彻新发展理念，构建新发展格局，推动高质量发展，不断推进中国式现代化向前发展。为此，党的二十届三中全会指

---

① 习近平：《高举中国特色社会主义伟大旗帜　为全面建设社会主义现代化国家而团结奋斗——在中国共产党第二十次全国代表大会上的报告》，人民出版社 2022 年版，第 28 页。

出："聚焦构建高水平社会主义市场经济体制，充分发挥市场在资源配置中的决定性作用，更好发挥政府作用，坚持和完善社会主义基本经济制度，推进高水平科技自立自强，推进高水平对外开放，建成现代化经济体系，加快构建新发展格局，推动高质量发展。"[1]

一、坚持新发展理念

理念是行动的先导，发展实践都是由发展理念来引领的。党的二十届三中全会指出："必须以新发展理念引领改革，立足新发展阶段，深化供给侧结构性改革，完善推动高质量发展激励约束机制，塑造发展新动能新优势。"[2]创新、协调、绿色、开放、共享的新发展理念回答了关于发展的目的、动力、方式、路径等一系列理论和实践问题，阐明了我们党关于发展的政治立场、价值导向、发展模式、发展道路等重大政治问题。

（一）贯彻新发展理念是新时代我国发展壮大的必由之路

党的十八大以来，我们党对经济社会发展提出了许多重大理论和

---

[1] 《中共中央关于进一步全面深化改革　推进中国式现代化的决定》，人民出版社 2024 年版，第 4 页。

[2] 《中共中央关于进一步全面深化改革　推进中国式现代化的决定》，人民出版社 2024 年版，第 10 页。

理念，其中新发展理念是最重要的、最主要的，引导我国经济发展取得了历史性成就、发生了历史性变革。贯彻新发展理念是新时代我国发展壮大的必由之路，是习近平总书记在 2023 年全国两会上提出"五个必由之路"重大论断中的重要一条。这一论断，既是对党的十八大以来我国经济社会发展经验的科学总结，也是对新发展理念与我国发展壮大内在联系的深刻揭示，为全面建设社会主义现代化国家应该秉持什么发展理念提供了根本遵循。

第一，新发展理念是对现代化建设规律的深刻总结。发展是人类社会永恒的主题，也是解决世界一切问题的关键。在现代化的世界大潮中，一些国家在发展的道路上昂首前行，不断迈上新台阶，留下了成功的经验；也有一些国家在发展的道路上步履蹒跚，甚至停滞倒退，留下了深刻的教训。成功与失败的理由虽然不一，但发展理念是否对头始终是一个关键性因素。习近平总书记指出："理念是行动的先导，一定的发展实践都是由一定的发展理念来引领的。发展理念是否对头，从根本上决定着发展成效乃至成败。"[①] 改革开放以来，我国发展之所以不断迈上新台阶、取得新成就，既在于我们党探索出了一条符合国情的发展道路，也在于我们党深刻总结国内外发展经验教训，不断提出与时代发展要求相适应的发展理念。

习近平总书记多次在公开讲话中阐述新发展理念的内涵，并强调在中国特色社会主义建设中要全面贯彻落实新发展理念。2015 年 10

---

① 中共中央文献研究室编：《习近平关于社会主义经济建设论述摘编》，中央文献出版社 2017 年版，第 20 页。

月 29 日，习近平总书记在党的十八届五中全会第二次全体会议讲话中深入阐述了新发展理念注重解决的问题，并指出："坚持创新发展、协调发展、绿色发展、开放发展、共享发展，是关系我国发展全局的一场深刻变革。这五大发展理念相互贯通、相互促进，是具有内在联系的集合体，要统一贯彻，不能顾此失彼，也不能相互替代。"①2016年 10 月 21 日，习近平总书记在纪念红军长征胜利 80 周年大会上发表重要讲话，指出："发展对坚持和发展中国特色社会主义具有决定性意义，我们必须坚持以经济建设为中心，坚持以新发展理念引领经济发展新常态，破解发展难题，厚植发展优势，不断为坚持和发展中国特色社会主义奠定强大物质基础。"②2017 年 10 月 18 日，习近平总书记在党的十九大上提出，必须坚定不移"贯彻新发展理念，建设现代化经济体系"③。2021 年 1 月 28 日，习近平总书记主持中央政治局集体学习时强调：完整准确全面贯彻新发展理念，确保"十四五"时期我国发展开好局起好步。从提出"发展是硬道理"到形成"新发展理念"，我们党对发展理念的每一次调整，都给中国的发展标注新的方向、注入新的动力。

第二，新发展理念是推动高质量发展的科学指南。高质量发展是"体现新发展理念的发展，是创新成为第一动力、协调成为内生特点、绿色成为普遍形态、开放成为必由之路、共享成为根本目的的发

---

① 习近平：《论把握新发展阶段、贯彻新发展理念、构建新发展格局》，中央文献出版社2021 年版，第 42—43 页。
② 习近平：《在纪念红军长征胜利 80 周年大会上的讲话》，人民出版社 2016 年版，第17 页。
③ 《习近平谈治国理政》第三卷，外文出版社 2020 年版，第 23 页。

展"①。"必须完整、准确、全面贯彻新发展理念，始终以创新、协调、绿色、开放、共享的内在统一来把握发展、衡量发展、推动发展"②。发展理念是否对头，从根本上决定着高质量发展成效乃至成败。新发展理念是推动高质量发展的指挥棒、红绿灯，为高质量发展注入了灵魂。正如习近平总书记强调的，"党的十八大以来我们对经济社会发展提出了许多重大理论和理念，其中新发展理念是最重要、最主要的"③。

"创新、协调、绿色、开放、共享"的新发展理念，每一条都对应着高速增长阶段存在的发展短板，围绕发展动力、发展不平衡、人与自然和谐共生、发展内外联动、社会公平正义等我国经济发展中的重要着力点而一一展开，回答了新时代我国高质量发展的发展动力、发展方式、发展目的等一系列问题，明确了高质量发展阶段发展动力由"要素驱动"转向"创新驱动"、发展方式由"规模速度型"转向"质量效率型"、发展目的由"满足物质文化需要"转向"满足美好生活需要"。相比高速增长阶段，高质量发展是创新成为第一动力、协调成为内生特点、绿色成为普遍形态、开放成为必由之路、共享成为根本目的的发展，是更高质量、更有效率、更加公平、更可持续的发展。"更明确地说，高质量发展，就是从'有没有'转向'好不好'。"④

① 习近平：《论把握新发展阶段、贯彻新发展理念、构建新发展格局》，中央文献出版社2021年版，第215页。
② 《习近平在参加江苏代表团审议时强调　牢牢把握高质量发展这个首要任务》，《人民日报》2023年3月6日。
③ 《习近平谈治国理政》第四卷，外文出版社2022年版，第170页。
④ 《习近平谈治国理政》第三卷，外文出版社2020年版，第239页。

正是由于始终坚持新发展理念的指引，高质量发展才从根本上区别于过去的发展模式。

第三，新发展理念是破解发展难题的根本遵循。新发展理念不是凭空得来的，而是在深刻总结国内外发展经验教训的基础上形成的，在深刻分析国内外发展大势的基础上形成的。换言之，新发展理念是立足中国经济发展实践、奔着解决中国经济发展问题而去的。坚持创新、协调、绿色、开放、共享发展，就是要让创新成为引领发展的第一动力，让协调成为持续健康发展的内在要求，让绿色成为永续发展的必要条件和人民对美好生活追求的重要体现，让开放成为国家繁荣发展的必由之路，让共享成为中国特色社会主义的本质要求。

创新发展注重的是解决发展动力问题，必须把创新摆在国家发展全局的核心位置，让创新贯穿党和国家一切工作；协调发展注重的是解决发展不平衡问题，必须正确处理发展中的重大关系，不断增强发展整体性；绿色发展注重的是解决人与自然和谐共生问题，必须实现经济社会发展和生态环境保护协调统一、人与自然和谐共生，为人民创造良好生产生活环境；开放发展注重的是解决发展内外联动问题，必须实行高水平对外开放，以扩大开放推进改革发展；共享发展注重的是解决社会公平正义问题，必须坚持全民共享、全面共享、共建共享、渐进共享，不断推进全体人民共同富裕。

（二）完整、准确、全面贯彻新发展理念

新发展理念是一个系统的理论体系，回答了关于发展的目的、动

力、方式、路径等一系列理论和实践问题，阐明了我们党关于发展的政治立场、价值导向、发展模式、发展道路等重大政治问题。推进全面建设社会主义现代化国家，必须完整、准确、全面贯彻新发展理念。

牢记根本宗旨。"天地之大，黎元为本。"为人民谋幸福、为民族谋复兴，是新发展理念的"根"和"魂"。纵观人类历史，发展为了谁，发展依靠谁，发展成果由谁享有，历来是一个国家推动经济发展必须思考的问题，也是检验一个政党、一个政权的试金石。"人民对美好生活的向往，就是我们的奋斗目标"，这是我们党对人民的庄严承诺。以新发展理念引领当代中国社会经济发展，必须始终坚持党的根本宗旨，牢记江山就是人民，人民就是江山，坚持发展为了人民，发展依靠人民，发展成果由人民共享，坚定不移走全体人民共同富裕道路。要把切实提高人民生活福祉、促进人的全面发展始终作为发展的出发点和落脚点，注重落实共享发展理念，深化收入分配改革，扎实推动全体人民共同富裕取得更加明显的实质性进展，更好促进社会公平正义，让发展成果更多更公平惠及全体人民，不断增强全体人民获得感、幸福感、安全感。

坚持问题导向。坚持问题导向是马克思主义的鲜明特点，也是我们党推进工作的重要法宝。历史总是在不断解决问题中前进的。问题指引着发展的方向，也标明了发展的着力点。新发展理念的形成，既源于对马克思主义发展观的传承，也源于对现实发展问题的反思；贯彻落实新发展理念，既贵在对马克思主义发展观的理论把握，又贵在对现实问题的深入剖析和积极应对。全面准确把握新发展理念的精髓要义，必须坚持问题导向，不回避掩饰矛盾，善于找准问题，敢于直面短板，勇于破解难题，围绕增强创新能力、推动平衡发展、改善生态环境、提高开放水平、促进共享发展等重点领域和关键环节，精准发力，不断深化改革，用更加务实的举措贯彻落实新发展理念，真正推动高质量发展。

保持忧患意识。"备豫不虞，为国常道。"保持忧患意识，做到居安思危，是我们党治国理政始终坚持的一个重大原则。当前党和人民的事业正处于新的历史方位和新的发展阶段，我们正乘势而上开启全面建设社会主义现代化国家新征程、向第二个百年奋斗目标进军。同时，随着社会主要矛盾变化和国际力量对比深刻调整，我国发展面临的内外部风险空前上升。发展是安全的基础，安全是发展的条件。贯彻新发展理念，必须增强忧患意识、坚持底线思维，统筹好发展与安全两件大事，既要善于运用发展成果夯实国家安全的基础，又要善于塑造有利于经济社会发展的安全环境。同时，要积极发扬斗争精神，对于可能危害我国主权、安全、发展利益的各种行为，必须敢于斗争、善于斗争。

（三）提高领导贯彻新发展理念的能力和水平

坚持新发展理念是关系我国发展全局的一场深刻变革。各级领导干部要心怀"国之大者"，不断提高把握新发展阶段、贯彻新发展理念、构建新发展格局的政治能力、战略眼光、专业水平，敢于担当、善于作为，把党中央决策部署贯彻落实好。

提高政治能力。政治能力就是把握方向、把握大势、把握全局的能力，就是保持政治定力、驾驭政治局面、防范政治风险的能力。习近平总书记指出："在领导干部的所有能力中，政治能力是第一位的。大家都担任领导职务，负责一方面工作，必须做到观察分析形势要把握政治因素，筹划推动工作要落实政治要求，处理解决问题要防范政治风险。"① 完整、准确、全面贯彻新发展理念，既是经济社会发展的工作要求，也是十分重要的政治要求。提高贯彻新发展理念的政治能力，很重要一条就是要善于从政治上看待经济发展问题。要看到，经济工作从来都不是抽象的、孤立的，而是具体的、联系的，要提高政治敏锐性和政治鉴别力，善于洞察经济活动的政治后果，坚守住政治立场，把握住政治方向，对符合新发展理念要求的要坚决支持，对不符合新发展理念要求的该放弃就要坚决放弃。

提高战略眼光。不谋全局者不足以谋一域，不谋万世者不足以谋一时。新发展理念具有很强的战略性、纲领性、引领性，是我国发展思路、发展方向、发展着力点的集中体现，是管全局、管根本、管长远的导向。提高领导贯彻新发展理念的能力和水平，各级领导干部必须具备高屋建瓴、统揽全局的宏观视野，强化战略思维，保持战略定力，把谋事和谋势、谋当下和谋未来统一起来，因应情势发展变化，及时调整战略，加强对中远期的战略谋划，牢牢掌握战略主动权。党的二十届三中全会明确提出要"完善国家战略规划体系和政策统筹协调机制"②。正确的战略还需要正确的策略来落实，策略是在战略指导

---

① 习近平：《论坚持党对一切工作的领导》，中央文献出版社 2019 年版，第 221 页。
② 《中共中央关于进一步全面深化改革　推进中国式现代化的决定》，人民出版社 2024 年版，第 17 页。

下为战略服务的。各级领导干部在贯彻新发展理念的过程中，既要无条件地执行党中央作出的战略决策，也要根据地方部门实际情况确定工作思路、工作部署、政策举措，把战略的坚定性和策略的灵活性有机结合起来。

提高专业水平。贯彻落实新发展理念，既涉及利益关系调整和体制机制创新，也涉及发展观念转变和知识能力提升。新发展理念反映了当代社会经济发展一般规律和新时代中国特色社会主义发展的特殊规律，包含大量充满时代气息的新知识、新经验、新信息、新要求。如果我们对科技发展趋势不掌握，对新兴领域发展情况不了解，总是处于盲人摸象或者追风少年的状态，是无法领导社会主义现代化建设的。对于各级领导干部来说，贯彻落实好新发展理念，必须加强对新知识、新技术、新理论的学习，构建与新发展理念相适应的知识体系，不断提高把握和运用市场经济规律、自然规律、社会发展规律能力，提高科学决策、民主决策能力，不断增强作决策、做工作、抓管控的原则性、系统性、预见性、创造性，使自身真正成为推动经济高质量发展的行家里手。

二、构建新发展格局

当今世界正经历百年未有之大变局，新一轮科技革命和产业变革深入发展。以前，在经济全球化深入发展的外部环境下，市场和资源"两头在外"对我国快速发展发挥了重要作用。在当前保护主义上升、世界经济低迷、全球市场萎缩的外部环境下，我们必须充分发挥国内超大规模市场优势，通过繁荣国内经济、畅通国内大循环为我国经济发展增添动力。也只有加快构建新发展格局，才能增强发展的安全性稳定性，才能在各种可以预见和难以预见的狂风暴雨、惊涛骇浪中增强我国的生存力、竞争力、发展力、持续力，确保中华民族伟大复兴进程不被迟滞甚至中断，胜利实现全面建成社会主义现代化强国目标。构建以国内大循环为主体、国内国际双循环相互促进的新发展格局，需要重点把握好以下两个方面。

（一）增强国内大循环的动力和可靠性

构建新发展格局的关键在于实现经济循环的畅通无阻，能否实现，主要取决于供给和需求两端是否动力强劲、总体匹配，动态平衡、良性互动。这就需要把扩大内需战略同深化供给侧结构性改革有机结合起来，供需两端同时发力、协调配合，形成需求牵引供给、供给创造需求的更高水平动态平衡，实现国民经济良性循环。

一方面，要充分发挥我国内需市场作用。我国已经成为全球第二大经济体和第一制造业大国，国内经济循环同国际经济循环的关系客观上早有调整的要求。市场规模、范围决定分工广度和深度。超大规模的国内市场给我国经济发展带来显著的规模经济优势、创新发展优势和抗冲击能力优势。要增强合理消费能力，改善消费条件，创新消费场景，使我国内需市场的消费潜力充分释放出来。同时，"加快培育完整内需体系，建立政府投资支持基础性、公益性、长远性重大项目建设长效机制，健全政府投资有效带动社会投资体制机制，深化投资审批制度改革，完善激发社会资本投资活力和促进投资落地机制，形成市场主导的有效投资内生增长机制"[1]。另一方面，要坚持以深化供给侧结构性改革为主线。经济发展最终靠供给推动，从长期看是供给创造需求。发展永无止境，供给端质量提升和结构升级也永无止境。党的十八大以来，我国经济发展进入新常态，面临"三期叠加"的复杂局面，前期大规模经济刺激政策不可避免造成产能过剩、债务累积、成本上升等问题，人口、劳动力、技术等影响经济长期发展的供给侧要素发生深刻变化，经济运行主要矛盾从总需求不足转变为供给结构不适应需求结构的变化，矛盾的主要方面转到供给侧。深化供给侧结构性改革，必须重点围绕去产能、去库存、去杠杆、降成本、补短板五大重点任务，通过大力推动"破、立、降"，使供需结构失衡得到矫正。

（二）推进高水平对外开放，提升国际循环质量和水平

习近平总书记反复强调要"坚定不移全面扩大开放"。党的二十届三中全会也指出："开放是中国式现代化的鲜明标识。"[2] 我们要依托我国超大规模市场优势，以国内大循环吸引全球资金、技术、人才等

---

① 《中共中央关于进一步全面深化改革　推进中国式现代化的决定》，人民出版社 2024 年版，第 9 页。

② 《中共中央关于进一步全面深化改革　推进中国式现代化的决定》，人民出版社 2024 年版，第 25 页。

优质要素和产品，既要把优质存量外资留下来，还要把更多高质量外资吸引过来，提升贸易投资合作质量和水平。要发挥好开放对拓展循环空间的作用，深度参与全球产业分工和合作，维护多元稳定的国际经济格局和经贸关系，与外部世界良性互动，打破外部对我国的围堵打压。要发挥我国产业配套能力强、部分产业国际领先的优势，积极参与推动全球和区域产业链供应链优化布局，建立更为紧密的经济联系。重点要推动共建"一带一路"高质量发展，推进人类命运共同体建设，提升全球发展倡议、全球安全倡议、全球文明倡议的影响力，在经济上走出去的同时，推动政治、外交、军事、文化影响力全方位向周边辐射，全方位提升国家的国际影响力。

三、推动高质量发展

发展是党执政兴国的第一要务，是解决我国一切问题的总钥匙。党的二十届三中全会指出："高质量发展是全面建设社会主义现代化国家的首要任务。"[①] 党的十八大以来，习近平总书记围绕什么是高质量发展、为什么要推动高质量发展、怎样推动高质量发展等问题发表一系列重要讲话，为我们深刻理解高质量发展的核心要义、充分认识推动高质量发展的深远考量、准确把握实现高质量发展的战略要求提供了根本遵循。

---

① 《中共中央关于进一步全面深化改革　推进中国式现代化的决定》，人民出版社 2024 年版，第 10 页。

（一）高质量发展的核心要义

习近平总书记指出："高质量发展，就是能够很好满足人民日益增长的美好生活需要的发展，是体现新发展理念的发展，是创新成为第一动力、协调成为内生特点、绿色成为普遍形态、开放成为必由之路、共享成为根本目的的发展。"[①]

第一，高质量发展是能够很好满足人民日益增长的美好生活需要的发展。习近平总书记强调"必须以满足人民日益增长的美好生活需要为出发点和落脚点"[②]，把发展成果不断转化为生活品质，不断增强人民群众的获得感、幸福感、安全感。

一方面，满足人民日益增长的美好生活需要是解决我国当前社会主要矛盾的必然要求，也是推动高质量发展的出发点和逻辑起点。毛泽东在《矛盾论》中曾指出："矛盾是普遍的、绝对的，存在于事物发展的一切过程中，又贯串于一切过程的始终。"[③] 要推动国家经济社会的发展，必须先抓住当前的社会主要矛盾。这既是唯物史观的基本观点，也是我们党治国理政的重要经验。党的十九大报告明确提出我国社会主要矛盾已经转变为人民日益增长的美好生活需要和不平衡不充分的发展之间的矛盾，并且首次提出我国经济已由高速增长阶段转向高质量发展阶段。社会主要矛盾的变化，决定了我国发展阶段的

[①] 习近平：《论把握新发展阶段、贯彻新发展理念、构建新发展格局》，中央文献出版社2021年版，第215页。

[②] 《习近平在参加江苏代表团审议时强调　牢牢把握高质量发展这个首要任务》，《人民日报》2023年3月6日。

[③] 《毛泽东选集》第一卷，人民出版社1991年版，第307页。

变化。从"人民日益增长的物质文化需要"到"人民日益增长的美好生活需要"的转变，意味着人民对美好生活需要的品质更高、范围更广，期盼有更好的教育、更稳定的工作、更满意的收入、更可靠的社会保障、更高水平的医疗卫生服务、更舒适的居住条件、更优美的环境。满足人民日益增长的美好生活需要，就是要让人民群众过上物质富足、环境优美、发展平衡、繁荣开放、共同富裕的高质量生活。因此，新时代我国社会主要矛盾，也可以看作人民群众对美好生活的高质量需求与当前经济社会发展质量较低的矛盾。要解决这一主要矛盾，必须要转变发展方式，推动经济发展质量变革、效率变革、动力变革，实现高质量发展。

另一方面，满足人民日益增长的美好生活需要，是推动高质量发展的落脚点，也是评价高质量发展成效的目标终点。高质量发展搞得成功不成功，关键看人民满意不满意。必须把高质量发展同满足人民的美好生活需要紧密结合起来。人民幸福安康是推动高质量发展的最终目的。高质量发展必须是能够满足这一条标准的发展。反过来说，凡是不满足这一标准的，就不是高质量发展。所以，我们推动经济社会发展，归根到底是为了不断满足人民群众对美好生活的需要。要始终把人民安居乐业、安危冷暖放在心上，用心用情用力解决群众关心的就业、教育、社保、医疗、住房、养老、食品安全、社会治安等实际问题，一件一件抓落实，一年接着一年干，努力让群众看到变化、得到实惠。

第二，高质量发展是管全局、管长远的发展。高质量发展不只是一个经济要求，而是对经济社会发展方方面面的总要求；不是只对经济发达地区的要求，而是所有地区发展都必须贯彻的要求；不是一时一事的要求，而是必须长期坚持的要求。高质量发展是全面建设社会主义现代化国家新征程上全领域、全地域、全时域的总要求。

从领域来看，高质量发展不只是一个经济要求，而是对经济社会发展方方面面的总要求。从党的十九大报告提出的"我国经济已由高速增长阶段转向高质量发展阶段"到党的十九届五中全会指出的"我国已转向高质量发展阶段"，高质量发展的定语从"我国经济"变成"我国"，充分表明高质量发展不能只是局限于经济领域，社会、文化、生态、国防等各领域都要体现高质量发展的要求。木桶能盛多少水，取决于最短的那块板。这意味着，走高质量发展之路不能有"短板"，而是要着眼长远、把握大势、科学布局，推动各领域实现高质量发展。

从地域来看，高质量发展不是只对经济发达地区的要求，而是所有地区发展都必须贯彻的要求。要纠正高质量发展与经济欠发达地区关系不大的错误观念，摒除欠发达地区先做到"GDP快速增长"再考虑高质量发展的落后思想。我国国内各地区之间的发展基础、资源禀赋、比较优势各不相同，要结合实际，因地制宜、扬长补短，走出适合本地区实际的高质量发展之路。如果把高质量发展仅仅视为经济发达地区的事，而欠发达地区靠透支资源、破坏生态来实现所谓"区域均衡""弯道超车"，无疑是南辕北辙，欲速不达。各地区只有因地制宜、扬长补短，才能走出适合本地区实际的高质量发展之路。

从时域来看，高质量发展不是一时一事的要求，而是必须长期坚持的要求。推动高质量发展绝不是不得已而为之的权宜之计，而是党中央站在实现"两个一百年"奋斗目标的历史交汇点上,胸怀中华民族伟大复兴战略全局作出的重大判断。作为全面建设社会主义现代化国家的首要任务,在"十四五"乃至更长时期,都必须保持战略定力,坚持高质量发展这一主题,久久为功,一张蓝图绘到底,在全面建设社会主义现代化国家的新征程上砥砺奋进。

第三,高质量发展是质的有效提升和量的合理增长相统一的发展。党的二十大报告强调,推动经济实现质的有效提升和量的合理增长。从发展中的质和量的辩证关系看,质的有效提升是量的合理增长的重要动力,量的合理增长是质的有效提升的重要基础。经济没有"质"就不会有"量",离开了"量"也谈不上"质"。高质量发展要坚持"质的有效提升"和"量的合理增长"相统一。

"质"是指经济发展的结构、效益。质的提升是高质量发展的必然要求,意味着发展模式的变革,既包括生产方式的转型升级,也包含新业态新模式的加速迸发。党中央作出我国经济已由高速增长阶段转向高质量发展阶段的重大判断,提质增效成为经济社会发展的重要目标任务。可以说,新时代的发展必须是高质量发展,低水平重复建设和单纯数量扩张没有出路,只有以质取胜、不断塑造新的竞争优势,以效率变革、动力变革促进质量变革,才能继续保持量的稳定增长。

"量"是指经济发展的规模、速度。量的增长是我国进入高质量发展阶段的前提。改革开放以来,我国经济总量连续跃升,已经成为世界第二大经济体、第一大工业国、第一大货物贸易国,谷物总产量、制造业规模、外汇储备稳居世界第一,拥有了全球规模最大、最具成长性的中等收入群体。正是几十年以来发展中"量"的累积，才夯实了今天高质量发展的基础。在高质量发展阶段，合理的量的增长是推动高质量发展的基础。从中长期来看，到2035年我国人均国内生产总值要达到中等发达国家水平，实现这一目标，要求我们在提高质量效益的基础上必须要保持合理的量的增长。当前，我国经济面临的压力仍然较大，必须坚持稳字当头、稳中求进，保持经济运行在合理区间，保持社会大局稳定。从经济发展能力和条件看，我国经济有希望、有潜力保持长期平稳发展。通过不懈努力，我们完全能够在提高质量效益的基础上，推动经济运行整体好转，以量变的积累实现质变。

（二）推动高质量发展的深远考量

当前，我国已开启全面建设社会主义现代化国家新征程，我们要充分认清推动高质量发展的必要性和紧迫性，体会党中央推动高质量发展的深远考量，切实把高质量发展的要求贯彻到经济社会发展全过程各领域。

第一，推动高质量发展是遵循经济规律发展的必然要求。经济发展是一个螺旋式上升的过程，上升不是线性的，量积累到一定阶段，必须转向质的提升。人类社会的发展总是一个阶段接着一个阶段的，不同发展阶段必须要有与之相适应的发展方式。从经济发展规律看，没有哪一种发展模式可以包打天下、一劳永逸。必须根据世情、国情变化不断提升发展动力、优化经济结构、创新发展理念。

工业革命以来，大部分国家在经历高速增长阶段，达到中等收入水平后，会突然遇到发展瓶颈，各类问题集中爆发，普遍表现为经济增速放缓、经济结构失调、环境污染严重、社会贫富差距扩大、经济泡沫严重等，这就是所谓"中等收入陷阱"。截至目前，全球二百多个国家和地区最终只有少数国家成功越过"中等收入陷阱"，进入发达国家行列。西欧各国、美国、日本、韩国、新加坡等发达国家虽然崛起时代不一样，发展路径也不完全相同，但有一个共同经验，就是都实现了发展方式的换挡转型。这些国家在高速增长过后，把发展重心从追求速度转向追求质量，更加注重科技、教育、环境、能耗和社会公平。这充分说明，一个国家进入工业化中后期，只有实现发展方式从规模速度型转向质量效益型，推动高质量发展，才能顺利实现现代化。

当前，我国经过改革开放四十多年的发展，实现了从农业国到工业国的跨越，完成了全面建成小康社会的宏伟目标，并开启了全面建设社会主义现代化国家新征程。但是也要看到，传统的粗放型高速增长模式的弊端已经越来越凸显，同时，我们还正处在从中等收入水平向高收入阶段跨越的关键时期，"中等收入陷阱"的风险挑战依然存在。对我们来说，只有突破经济增长的传统路径，完成经济发展方式的根本转变，实现经济发展质的飞跃，才能顺应经济发展规律，跨越"中等收入陷阱"，顺利实现高质量发展目标。

第二，推动高质量发展是化解新时代社会主要矛盾的必然选择。社会主要矛盾是在社会诸多矛盾中处于支配地位并对社会发展起决定作用的矛盾。1981年党的十一届六中全会提出的我国社会主要矛盾是：人民日益增长的物质文化需要同落后的社会生产之间的矛盾。随着改革开放的推进，我国经济社会建设取得巨大成就，我国的社会生产力显著提高，成为世界第二大经济体，甚至在一些领域进入世界前列，落后生产力已经得到充分改善，人民生活实现了从贫困到温饱再到全面小康的重大跨越。基于经济社会的快速发展和人民生活水平的提高，党的十九大报告指出，中国特色社会主义进入新时代，我国社会主要矛盾已经转化为人民日益增长的美好生活需要和不平衡不充分的发展之间的矛盾。我国社会主要矛盾的转变规定了新时代党和国家的工作中心和行动指南，即如何解决发展不平衡不充分的问题，以满足人民日益增长的美好生活需要。

"发展中不平衡不充分"已经取代"落后的社会生产"成为社会主要矛盾的主要方面。发展中不平衡不充分的问题相互掣肘、相互交织，已经成为满足人民日益增长的美好生活需要的主要制约。因此，要有效解决我国社会主要矛盾，必须改变发展不平衡不充分的状况，根据社会主要矛盾的转化，大力建设现代化经济体系，促进城乡、区域、经济社会协调发展，处理好经济发展和环境保护的关系，促进国内发展和对外开放良性互动，更好满足人民在经济、政治、文化、社会、生态文明等方面日益增长的需要。总之，发展不平衡不充分是当前中国发展格局和生产状况中比较突出的结构性矛盾，已成为满足人民日益增长的美好生活需要的主要制约因素，它既表现为城乡、区域发展不平衡不充分，又表现为经济发展与社会发展不平衡不充分、经济发展和社会发展本身不平衡不充分。这就要求我们必须推动高质量发展，从发展方式上彻底化解发展不充分不平衡问题。

第三，推动高质量发展是在日益激烈的国际竞争中赢得主动的战略抉择。当今世界正面临百年未有之大变局，世界经济格局、全球经贸环境、全球产业链分布正在发生深刻变化。制约世界经济的深层次结构性矛盾并未得到有效解决，收入分配不平等加剧，贸易保护主义上升、世界经济低迷、全球市场萎缩，经济全球化遭遇前所未有的巨大挑战，世界进入动荡变革期，今后一个时期我们将面对更多逆风逆水的外部环境。同时，新一轮科技革命和产业变革深入发展，以互联网、大数据、人工智能等为代表的新科技革命正在不断催生新产品、新模式和新产业，抢占新一轮国际经济制高点的竞争异常激烈。当前和今后一个时期，既是世界经济格局变化、波折和动荡时期，也是充满危机、挑战和机遇的时期；既是一些先进国家由盛到衰的转折期，也是一些后进国家实现后来居上、追赶超越的机遇期。我国只有充分发挥改革开放四十多年积累起来的综合优势，紧紧抓住新科技革命带来的"变轨超越"机会，推动经济高质量发展，抢占世界科技和经济竞争的制高点，着力推进科技进步和产业优化升级，不断提升我国在国际分工中的地位，不断塑造我国在国际竞争中的新优势，不断扩大我国经济对全球的影响力，才能在激烈的国际竞争中赢得主动，最终实现后来居上、超越引领。

（三）实现高质量发展的战略要求

要更好推动高质量发展，必须多管齐下，多措并举，加快实现发展方式的转型升级。

第一，加快形成新发展动力。党的二十届三中全会指出："教育、科技、人才是中国式现代化的基础性、战略性支撑。"[1]要实施科教兴国战略、人才强国战略、创新驱动发展战略有效联动，坚持教育发展、科技创新、人才培养一体推进，推动构建高水平社会主义市场经济体制，塑造发展新优势，确保高质量发展具备强劲动能。

当前，大数据、云计算、人工智能、清洁能源、生物医药、空天海洋等科技与产业发展日新月异，全球经济格局正在发生新变化。世界科技革命与产业变革为我国创新发展提供了新机遇。在激烈的国际竞争中，我们要开辟发展新领域新赛道、塑造发展新动能新优势，从根本上说，还是要依靠科技创新。创新是引领发展的第一动力。中国如果不走创新驱动发展道路，新旧动能不能顺利转换，就不能真正强大起来。要加快实施创新驱动发展战略，强化基础研究，强化前瞻布局，营造创新氛围，推动科技创新和经济社会发展深度融合，塑造更多依靠创新驱动的引领型发展。要进一步深化科技体制改革。"坚持面向世界科技前沿、面向经济主战场、面向国家重大需求、面向人民生命健康，优化重大科技创新组织机制，统筹强化关键核心技术攻关，推动科技创新力量、要素配置、人才队伍体系化、建制化、协同化。"[2]

大力推进人才强国战略，形成人才红利。高质量发展需要依靠更

①《中共中央关于进一步全面深化改革　推进中国式现代化的决定》，人民出版社 2024 年版，第 13 页。

②《中共中央关于进一步全面深化改革　推进中国式现代化的决定》，人民出版社 2024 年版，第 14 页。

高的生产效率而非投入更多的传统生产要素。在人口"少子老龄化"趋势下，要重视劳动力质量，把"人口红利"转化为高质量发展的"人才红利"。创造人才红利，要提高人口健康素质。要注重劳动者身心素质和综合素质的培养，大力实施"健康中国"战略，积极推动医疗卫生体制改革，改善学校体育教育和健康教育，促进青少年德智体美劳全面发展。在这一过程中，既要注重新增劳动者素质，又要注重提高在职劳动者素质，让人们健康成长、健康工作，推动人口和经济社会持续、协调、健康发展。创造人才红利，还要优化教育质量。要推动各级各类教育协调发展，注重教育资源的公平性，培养更多高素质劳动者。根据 2020 年第七次全国人口普查结果，我国 16—59 岁劳动年龄人口平均受教育年限达到 10.75 年，比 2010 年的 9.67 年提高了 1.08 年，文盲率下降至 2.67%，每十万人中拥有受教育水平在大专及以上的人口 15467 人，大专及以上受教育程度人口 2.08 亿人，占劳动年龄人口的比重达到 23.61%，比 2010 年大幅提高了 11.27 个百分点。人才规模比重上升了超过 10 个百分点，翻了近一倍。受教育水平的显著提高，促进我国经济发展方式加快转变、产业结构优化升级、全要素生产率不断提高，为经济高质量发展提供新的人才红利支撑。

构建高水平社会主义市场经济体制，形成新制度红利。经济高质量发展，不仅是生产力的现代化，而且是经济关系和经济体制的现代化。要深化经济体制改革，完善经济高质量发展的制度保障，坚决破除各方面体制机制弊端，激发全社会创新创业活力。坚持和完善社会主义基本经济制度，毫不动摇巩固和发展公有制经济，毫不动摇鼓励、支持、引导非公有制经济发展，充分发挥市场在资源配置中的决定性作用，更好发挥政府作用。要着力构建市场机制有效、微观主体有活力、宏观调控有度的经济体制。

第二，营造良好营商环境。党的二十届三中全会明确提出要"营造市场化、法治化、国际化一流营商环境"[①]。营造良好营商环境，是推动经济发展质量变革、效率变革、动力变革的重要抓手，也是推动经济高质量发展的必要条件。良好营商环境能够显著降低制度性交易成本，有效稳定投资者预期，广泛聚集经济资源要素。要扫除阻碍高质量发展的利益羁绊，破除妨碍生产要素市场化配置和商品服务流通的体制机制障碍，形成高效规范、公平竞争、充分开放的国内统一大市场，形成高标准的市场化、法治化、国际化营商环境，构建高水平社会主义市场经济体制。

完善统一的产权保护制度。完善依法平等保护各种所有制经济产权的制度体系。健全统一规范的涉产权纠纷案件执法司法体系，强化执法司法部门协同，进一步规范执法领域涉产权强制措施规则和程序，进一步明确和统一行政执法、司法裁判标准，健全行政执法与刑事司法双向衔接机制，依法保护企业产权及企业家人身财产安全。推动知识产权诉讼制度创新，完善知识产权法院跨区域管辖制度，畅通知识产权诉讼与仲裁、调解的对接机制。

实行统一的市场准入制度。严格落实"全国一张清单"管理模式，严禁各地区各部门自行发布具有市场准入性质的负面清单，维护市

---

① 《中共中央关于进一步全面深化改革　推进中国式现代化的决定》，人民出版社2024年版，第26页。

场准入负面清单制度的统一性、严肃性、权威性。研究完善市场准入效能评估指标，稳步开展市场准入效能评估。依法开展市场主体登记注册工作，建立全国统一的登记注册数据标准和企业名称自主申报行业字词库，逐步实现经营范围登记的统一表述。制定全国通用性资格清单，统一规范评价程序及管理办法，提升全国互通互认互用效力。

维护统一的公平竞争制度。坚持对各类市场主体一视同仁、平等对待。健全公平竞争制度框架和政策实施机制，建立公平竞争政策与产业政策协调保障机制，优化完善产业政策实施方式。健全反垄断法律规则体系，加快推动修改反垄断法、反不正当竞争法，完善公平竞争审查制度，研究重点领域和行业性审查规则，健全审查机制，统一审查标准，规范审查程序，提高审查效能。

健全统一的社会信用制度。编制出台全国公共信用信息基础目录，完善信用信息标准，建立公共信用信息同金融信息共享整合机制，形成覆盖全部信用主体、所有信用信息类别、全国所有区域的信用信息网络。建立健全以信用为基础的新型监管机制，全面推广信用承诺制度，建立企业信用状况综合评价体系，以信用风险为导向优化配置监管资源，依法依规编制出台全国失信惩戒措施基础清单。健全守信激励和失信惩戒机制，将失信惩戒和惩治腐败相结合。完善信用修复机制。加快推进社会信用立法。

第三，加快发展新质生产力。习近平总书记指出："高质量发展需要新的生产力理论来指导，而新质生产力已经在实践中形成并展示出对高质量发展的强劲推动力、支撑力，需要我们从理论上进行总结、概括，用以指导新的发展实践。"① 新质生产力是创新起主导作用，摆脱传统经济增长方式、生产力发展路径，具有高科技、高效能、高质量特征，符合新发展理念的先进生产力质态。它由技术革命性突破、生产要素创新性配置、产业深度转型升级而催生，以劳动者、劳动资料、劳动对象及其优化组合的跃升为基本内涵，以全要素生产率大幅提升为核心标志，特点是创新，关键在质优，本质是先进生产力。

党的二十届三中全会明确指出："健全因地制宜发展新质生产力体制机制。"② 发展新质生产力，科技创新是核心要素，关键是完善现代化产业体系，底色是绿色创新。同时，还要进一步全面深化改革，形成与之相适应的新型生产关系；进一步深化人才强国战略，畅通教育、科技、人才的良性循环，完善人才培养、引进、使用、合理流动的工作机制。

（四）加快建设现代化经济体系

高质量发展的核心就是建设现代化经济体系。现代化经济体系，是由社会经济活动各个环节、各个层面、各个领域的相互关系和内在联系构成的一个有机整体。只有建立起现代化经济体系，才能真正转

---

① 《习近平在中共中央政治局第十一次集体学习时强调　加快发展新质生产力　扎实推进高质量发展》，《人民日报》2024 年 2 月 2 日。

② 《中共中央关于进一步全面深化改革　推进中国式现代化的决定》，人民出版社 2024 年版，第 10 页。

变经济发展方式，使经济结构得到优化升级，找到新的经济增长动能，构建起新发展格局。建设现代化经济体系，这是党中央从党和国家事业全局出发，着眼于实现建设社会主义现代化强国、顺应中国特色社会主义进入新时代的新要求作出的重大决策部署。国家强，经济体系必须强。只有建设现代化经济体系，才能更好顺应现代化发展潮流和赢得国际竞争主动，也才能为其他领域现代化提供有力支撑。建设现代化经济体系，需要扎实管用的政策举措和行动。要突出抓好以下几方面工作。

第一，建设现代化产业体系，筑牢现代化经济体系的坚实基础。坚持把发展经济的着力点放在实体经济上，推进新型工业化，加快建设制造强国、质量强国、航天强国、交通强国、网络强国、数字中国。要深化供给侧结构性改革，加快发展先进制造业，推动互联网、大数据、人工智能同实体经济深度融合，推动资源要素向实体经济集聚、政策措施向实体经济倾斜、工作力量向实体经济加强，营造脚踏实地、勤劳创业、实业致富的发展环境和社会氛围。同时，还要着重优化基础设施布局、结构、功能和系统集成，构建现代化基础设施体系。

第二，加快实现高水平科技自立自强。党的二十大报告指出，坚持面向世界科技前沿、面向经济主战场、面向国家重大需求、面向人民生命健康，加快实现高水平科技自立自强。要看到，建设现代化经济体系，推动质量变革、效率变革、动力变革，都需要强大科技支撑。要加强国家创新体系建设，强化战略科技力量，推动科技创新和经济社会发展深度融合，塑造更多依靠创新驱动、更多发挥先发优势的引领型发展。经过长期努力，我国科技发展成就显著，一些重大科技成果进入世界先进行列。但是，我国科技创新能力与经济实力还不相称，与现代化经济体系和人民美好生活的需求还不适应。必须坚定不移贯彻新发展理念，深入实施科教兴国战略、人才强国战略、创新驱动发展战略，努力实现到 2035 年跻身创新型国家前列的目标。

　　第三，要促进区域协调发展，优化现代化经济体系的空间布局。党的二十大报告指出："深入实施区域协调发展战略、区域重大战略、主体功能区战略、新型城镇化战略，优化重大生产力布局，构建优势互补、高质量发展的区域经济布局和国土空间体系。"① 我国幅员辽阔、人口众多，各地区自然资源禀赋差别之大在世界上是少有的，统筹区域发展从来都是一个重大问题。党的十八大以来，党中央把促进区域协调发展摆在更加重要的位置，推动了京津冀协同发展、长江经济带发展、粤港澳大湾区建设、长三角一体化发展、黄河流域生态保护和高质量发展等一系列区域重大战略。同时，西部大开发、东北振兴、中部崛起、东部率先发展四大区域板块战略进一步完善，我国区域协调发展呈现出分工合理、优势互补、相得益彰的崭新局面。党的二十届三中全会指出："城乡融合发展是中国式现代化的必然要求。"② 必须始终把解决"三农"问题作为全党工作重中之重，建立健全城乡融合发展体制机制和政策体系，加快推进农业农村现代化，深化农业

---

①　习近平：《高举中国特色社会主义伟大旗帜　为全面建设社会主义现代化国家而团结奋斗——在中国共产党第二十次全国代表大会上的报告》，人民出版社 2022 年版，第 31—32 页。

②　《中共中央关于进一步全面深化改革　推进中国式现代化的决定》，人民出版社 2024 年版，第 22 页。

供给侧结构性改革。

第四，要推进高水平对外开放，提升现代化经济体系的国际竞争力。依托我国超大规模市场优势，以国内大循环吸引全球资源要素，增强国内国际两个市场两种资源联动效应，提升贸易投资合作质量和水平。要更好利用全球资源和市场，继续积极推进"一带一路"框架下的国际交流合作。必须统筹国内国际两个大局，贯彻开放发展理念，坚持对外开放的基本国策，发展更高层次的开放型经济。一是以"一带一路"建设为重点，坚持引进来和走出去并重，形成陆海内外联动、东西双向互济的开放格局。二是拓展对外贸易，培育外贸新业态新模式，优化进出口结构。三是全面实行准入前国民待遇加负面清单管理制度，大幅度放宽市场准入，扩大服务业对外开放，优化区域开放布局。四是创新对外投资方式，促进国际产能合作，形成面向全球的贸易、投资、生产、服务网络。

第五，构建高水平社会主义市场经济体制，完善现代化经济体系的制度保障。党的二十届三中全会指出："高水平社会主义市场经济体制是中国式现代化的重要保障。"[①] 要加快完善社会主义市场经济体制，坚决破除各方面体制机制弊端，激发全社会创新创业活力。必须以完善产权制度和要素市场化配置为重点深化经济体制改革，坚决破除制约发展活力和动力的体制机制障碍。一是坚持和完善社会主义基本经济制度，毫不动摇巩固和发展公有制经济，毫不动摇鼓励支持引导非公有制经济发展，完善国有资产管理体制，深化国有企业改

---

① 《中共中央关于进一步全面深化改革 推进中国式现代化的决定》，人民出版社 2024 年版，第 6 页。

革，支持民营企业发展。二是营造良好营商环境。要构建全国统一大市场，实现人才、资源、技术全国优化配置，协调发展。形成高标准的市场化、法治化、国际化营商环境。全面实施市场准入负面清单制度，加快要素价格市场化改革，完善市场监管体制。三是创新和完善宏观调控。党的二十届三中全会指出："科学的宏观调控、有效的政府治理是发挥社会主义市场经济体制优势的内在要求。"① 充分发挥国家发展规划战略性导向作用，健全财政、货币、产业、区域、消费、投资等经济政策协调机制，加快建立现代财政制度，健全现代预算制度，优化税制结构，完善财政转移支付体系。深化金融体制改革，建设现代中央银行制度，加强和完善现代金融监管，强化金融稳定保障体系。

---

① 《中共中央关于进一步全面深化改革　推进中国式现代化的决定》，人民出版社 2024 年版，第 17 页。

第六章

中国式现代化的政治发展战略

改革开放以来，我们党团结带领全国各族人民在发展社会主义民主政治方面取得了重大进展，成功开辟和坚持了中国特色社会主义政治发展道路，明确了中国式现代化的政治发展战略。党的二十大报告指出："必须坚定不移走中国特色社会主义政治发展道路，坚持党的领导、人民当家作主、依法治国有机统一，坚持人民主体地位，充分体现人民意志、保障人民权益、激发人民创造活力。"[①]这是坚持党的本质属性、践行党的根本宗旨的必然要求，为巩固党的执政地位、实现最广泛的人民民主确立了正确方向。为此，党的二十届三中全会明确未来五年的改革目标，其中之一就是"聚焦发展全

---

① 习近平：《高举中国特色社会主义伟大旗帜　为全面建设社会主义现代化国家而团结奋斗——在中国共产党第二十次全国代表大会上的报告》，人民出版社 2022 年版，第37 页。

过程人民民主，坚持党的领导、人民当家作主、依法治国有机统一，推动人民当家作主制度更加健全、协商民主广泛多层制度化发展、中国特色社会主义法治体系更加完善，社会主义法治国家建设达到更高水平"①。

一、坚持党的领导、人民当家作主、依法治国有机统一

在我国，发展社会主义民主政治，保证国家政治生活既充满活力又安定有序，关键是要坚持党的领导、人民当家作主、依法治国有机统一。党的领导是人民当家作主和依法治国的根本保证，人民当家作主是社会主义民主政治的本质特征，依法治国是党领导人民治理国家的基本方式，三者统一于我国社会主义民主政治伟大实践。这已经成为新时代中国特色社会主义政治发展战略最鲜明的特征、最显著的优势。

（一）党的领导是人民当家作主和依法治国的根本保证

办好中国的事情，关键在党。中国共产党作为最高政治领导力量，承担着推进中国式现代化政治发展的领导者、组织者和推动者的历史重任。习近平强调指出，"中国特色社会主义最本质的特征是中

---

① 《中共中央关于进一步全面深化改革　推进中国式现代化的决定》，人民出版社 2024年版，第 4 页。

国共产党领导，中国特色社会主义制度的最大优势是中国共产党领导，中国共产党是最高政治领导力量"①。

中国共产党的领导，是全国各族人民的利益所系、幸福所系，更是实现人民当家作主的政治前提和根本保证。中国共产党作为中国社会主义事业的领导核心，是中国工人阶级的先锋队，同时是中国人民和中华民族的先锋队，没有任何特殊的利益要求，而是以全心全意为人民服务为自己的根本宗旨。没有共产党，就没有新中国，人民当家作主地位就不能实现，不仅发展社会主义民主无从谈起，而且国家还会出现一盘散沙甚至动荡不安的局面，这是被中国近代以来历史证明的客观真理。在我国，党领导人民通过艰苦斗争建立人民共和国的历史逻辑，和国家十四亿多人口，人民利益具有广泛性、多样性、复杂性等特点的现实国情都决定了唯有中国共产党，而不可能有其他任何政治团体拥有强大的威望和能力能够统筹好中国社会的各方利益和诉求，稳步推进我国的政治发展进步，进而从根本上保证人民当家作主。

党的领导和社会主义法治是一致的。党和法的关系是一个根本问题，这个问题处理得好，则法治兴、党兴、国家兴；处理得不好，则法治衰、党衰、国家衰。社会主义法治必须坚持党的领导，党的领导必须依靠社会主义法治。在我国，法是党的主张和人民意愿的统一体现，党既领导人民制定宪法法律，也领导人民执行宪法法律，通过法定程序使党的主张成为国家意志、形成法律，通过法律保障党的政策

---

① 《中共中央关于党的百年奋斗重大成就和历史经验的决议》，人民出版社 2021 年版，第 24 页。

有效实施，确保党发挥总揽全局、协调各方的领导核心作用。党的政策成为国家法律后，实施法律就是贯彻党的意志，依法办事就是执行党的政策。同时，党自身必须在宪法法律范围内活动，做到党领导立法、保证执法、支持司法、带头守法。

（二）人民当家作主是社会主义民主政治的本质特征

人民民主是社会主义的生命，人民当家作主是社会主义民主政治的本质特征。没有民主就没有社会主义，就没有社会主义的现代化，就没有中华民族伟大复兴。党的二十大报告明确指出："人民民主是社会主义的生命，是全面建设社会主义现代化国家的应有之义。"[①] 中国特色社会主义民主政治，其本质是保证和坚持人民当家作主，保证人民依法有效行使管理国家事务、管理经济和文化事业、管理社会事务的权力。

马克思主义国家学说认为，民主作为一种国家形式、一种国家形态，具有鲜明的阶级性。自从阶级和国家产生以来，人类社会先后经历了奴隶社会、封建社会、资本主义社会和社会主义社会，并产生了与之相适应的民主形态。在社会主义社会出现以前，以往的民主尽管因为经济、文化、历史等原因，有很多的差异和不同点，但有着一个基本的共同点，即都是建立在生产资料私有制基础上，它所体现的民

---

① 习近平：《高举中国特色社会主义伟大旗帜 为全面建设社会主义现代化国家而团结奋斗——在中国共产党第二十次全国代表大会上的报告》，人民出版社 2022 年版，第 37 页。

主原则只能是少数人的权利，是少数人对多数人的统治。无产阶级在反对资产阶级的革命斗争中建立起来的社会主义国家，是以社会主义生产资料公有制代替资本主义私有制，从根本上否定了阶级压迫、阶级剥削的经济制度和政治制度，人民成为国家和社会的主人，社会主义民主是绝大多数人享有的民主。这与历史上任何剥削阶级占统治地位的、少数人的民主有着本质的区别。我国是工人阶级领导的、以工农联盟为基础的人民民主专政的社会主义国家，国家一切权力属于人民。中国特色社会主义民主政治，其本质是保证和支持人民当家作主，保证人民依法有效行使管理国家事务、管理经济和文化事业、管理社会事务的权力。

党的根基在人民、党的力量在人民，中国共产党领导人民实行人民民主，就是保证和坚持人民当家作主，坚持一切为了人民、一切依靠人民，充分发挥广大人民群众积极性主动性创造性。新中国成立以来，从宪法的修改完善，到推动基层群众自治，再到实现城乡"同票同权"，我们党坚定不移推进人民民主，不断巩固和完善人民代表大会制度，为的就是不断扩大人民有序政治参与，让人民实现内容广泛、层次丰富的当家作主；为的就是建设了解民情、反映民意、集中民智、珍惜民力的决策机制，增强决策透明度和公众参与度，保证决策符合人民利益和愿望。事实是最有说服力的检验标准。改革开放以来，正是在有效保证人民广泛参与国家治理和社会治理的制度安排下，中国经济实现了起飞，综合国力、人民生活水平不断跨上新台阶，社会长期保持和谐稳定。实践充分证明，中国特色社会主义民主政治具有强大生命力和显著优越性。

（三）依法治国是党领导人民治理国家的基本方式

依法治国，就是广大人民群众在党的领导下，依照宪法和法律规定，通过各种途径和形式管理国家事务，管理经济和文化事业，管理社会事务，保证国家各项工作都依法进行，逐步实现社会主义民主的制度化、法律化，使这种制度和法律不因领导人的改变而改变，不因领导人看法和注意力的改变而改变。

依法治国是坚持党对一切工作的领导的必然要求。政党活动的法治化，是现代民主政治的基本特征，也是现代政治文明的重要标志。在全面建成小康社会，开启实现第二个百年奋斗目标新征程的历史方位下，法律已经成为社会生活中秩序和公正的象征，成为最有权威性的社会规范体系。中国共产党作为执政党，全面推进依法治国，标志着我们党在领导方式和执政方式上的根本转变，党领导人民群众制定宪法和法律，并在宪法和法律范围内活动，任何组织和个人都不允许有超越宪法和法律的特权。

依法治国是实现人民当家作主原则的重要方式。法治作为现代治理原则，必定是以民主为基础、为前提的。邓小平曾指出："为了保障人民民主，必须加强法制。必须使民主制度化、法律化，使这种制度和法律不因领导人的改变而改变，不因领导人的看法和注意力的改变而改变。"① 在现代民主条件下，人民是依法治国的主体和力量源泉，要确保我国人民当家作主的实现，就需要通过法定的程序将党和

---

① 《邓小平文选》第二卷，人民出版社 1994 年版，第 146 页。

人民的意志上升为宪法和法律，进而通过宪法和法律对国家实行治理。坚持法治建设为了人民、依靠人民、造福人民、保护人民，要以保障人民根本权益为出发点和落脚点，保证人民依法享有广泛的权利和自由、承担应尽的义务，维护社会公平正义，促进共同富裕。同时，也要不断增强全社会尊法学法守法用法意识，使法律为人民所掌握、所遵守、所运用。这不仅是现代文明的重要标志，也是实现人民当家作主原则的重要方式。

（四）三者统一于我国社会主义民主政治伟大实践

坚持党的领导、人民当家作主、依法治国有机统一，不仅是社会主义民主政治发展的必然要求，也是我国社会主义政治制度区别于资本主义政治制度的本质特征，集中体现了我国社会主义政治制度的独特性和优越性。这种制度安排既保证了人民参与管理社会一切事务的统一性和稳定性，又保证了人民意愿实现的广泛性和真实性。党的领导是人民当家作主和依法治国的根本保证，必须坚持发挥党总揽全局、协调各方的领导核心作用；人民当家作主是社会主义民主政治的本质特征，必须坚持国家一切权力属于人民、服务人民；依法治国是党领导人民治理国家的基本方式，无论是党的领导，还是人民行使各项权利，都必须在宪法和法律范围内进行。党的领导、人民当家作主、依法治国紧密联系、不可分割，是一个相辅相成的有机整体，统一于我国社会主义民主政治伟大实践。

任何把党的领导、人民当家作主、依法治国割裂开来、对立起来或者相互取代的主张和做法，都不符合社会主义民主政治的根本性质、核心理念和实践要求。一段时期以来，一些别有用心者断章取义，人为地把三者割裂、对立起来，极力炒作"党大还是法大"的错误论调。针对这种论调，习近平总书记一针见血地指出，"党大还是法大"是一个政治陷阱，是一个伪命题，是醉翁之意不在酒，目的是取消共产党的领导。在我国，法是党的主张和人民意愿的统一体现，党领导人民制定宪法法律，党领导人民执行宪法法律，党自身必须在宪法法律范围内活动。党和法、党的领导和依法治国是高度统一的。因此，我们要毫不动摇地坚持党的领导、人民当家作主、依法治国有机统一，不断推进社会主义民主政治制度化、规范化、法治化、程序化，保证人民依法通过各种途径和形式管理国家事务，管理经济和文化事业，管理社会事务，巩固和发展生动活泼、安定团结的政治局面。

二、发展全过程人民民主，保障人民当家作主

我国是人民民主专政的社会主义国家，国家一切权力属于人民。我们党始终高举人民民主的旗帜，领导人民进行不懈探索和奋斗，不断发展社会主义民主，确保人民享有广泛而真实的民主权利，真正当家作主。党的十八大以来，我们党深化对民主政治发展规律的认识，提出全过程人民民主的重大理念。习近平总书记指出："全过程人民民主是社会主义民主政治的本质属性，是最广泛、最真实、最管用的

民主。"① 我国全过程人民民主不仅有完整的制度程序，而且有完整的参与实践，实现了过程民主和成果民主、程序民主和实质民主、直接民主和间接民主、人民民主和国家意志相统一，是全链条、全方位、全覆盖的民主。

（一）全过程人民民主是中国共产党的伟大创造

党的二十届三中全会明确指出："发展全过程人民民主是中国式现代化的本质要求。"② 全过程人民民主是我们党团结带领人民矢志追求民主、发展民主、实现民主的伟大创造，展现出中国共产党人崇高的政治品格、坚定的人民立场，具有鲜明特质和独特优势。

第一，全过程人民民主彰显了党的初心和使命。习近平总书记指出："人民民主是中国共产党始终高举的旗帜。"③ 在这个意义上，中国共产党一百多年发展壮大的历史，就是一部我们党团结带领广大人民不断憧憬、追求、探索、构建、发展人民民主的奋斗历史。鸦片战争后，西方国家用强力击开了古老中国封闭的大门，强制使中国改变了自身社会运动方向，实际上也开启了中国社会由传统走向现代的政治发展进程。为了挽救民族危亡、实现民族振兴，各种政治势力纷纷登

---

① 习近平：《高举中国特色社会主义伟大旗帜　为全面建设社会主义现代化国家而团结奋斗——在中国共产党第二十次全国代表大会上的报告》，人民出版社 2022 年版，第 37 页。
② 《中共中央关于进一步全面深化改革　推进中国式现代化的决定》，人民出版社 2024 年版，第 27 页。
③ 习近平：《论坚持人民当家作主》，中央文献出版社 2021 年版，第 80 页。

场，探索中国民主发展之路，但他们都没能找到正确答案，中国社会民主进程步履维艰。《共产党宣言》明确指出："工人革命的第一步就是使无产阶级上升为统治阶级，争得民主。"① 中国共产党成立以来，始终坚持以推进人民民主为己任，为实现人民当家作主进行了不懈奋斗。毛泽东指出："历史给予我们的革命任务，中心的本质的东西是争取民主。"② 在不断成长壮大过程中，我们党坚持把马克思主义同中国实际相结合，同中华优秀传统文化相结合，探索找到了中国式民主新道路，建立了人民当家作主的国家政权。新中国成立后，我国确立了社会主义制度，为巩固和保障人民当家作主奠定了根本的政治前提和制度基础。1954 年，我国第一部宪法就明确规定"中华人民共和国的一切权力属于人民"，揭示了我国国家制度的核心内容和基本准则。在不断发展过程中，我们党领导人民逐步形成了全过程人民民主这一中国式民主新模式，创造了人类政治文明新形态。全过程人民民主最鲜明的品格和最根本的价值取向就是始终坚持人民至上，始终坚信人民是决定党和国家前途命运的根本力量，从形式、内容、过程到实质都体现了广大人民的利益诉求，内在包含着对每个人自由而全面发展的终极关怀，本质上不同于历史上任何剥削阶级占统治地位的、少数人的民主，是我国民主模式探索演进到新时代所形成的更加符合时代诉求、更加符合人民需要的中国式民主新模式，彰显了中国式现代化的坚定人民性和我们党的初心和使命。

第二，全过程人民民主反映了党对中国式现代化的准确把握。

---

① 《马克思恩格斯选集》第 1 卷，人民出版社 2012 年版，第 421 页。
② 《毛泽东选集》第一卷，人民出版社 1991 年版，第 274 页。

习近平总书记指出，"没有民主就没有社会主义，就没有社会主义的现代化，就没有中华民族伟大复兴"[①]。党的二十大明确提出以中国式现代化全面推进中华民族伟大复兴的重大命题。中国式现代化作为后发超大型社会主义国家的现代化，不同于西方先发国家以经济领域现代化为先导的串联式发展路径，而是我国在走向民族复兴过程中所经历和展现出来的经济建设、政治建设、文化建设、社会建设、生态文明建设等各领域全方位共同展开的重大变革，开创了人类现代化发展的"叠加式""并联式"新模式。发展全过程人民民主作为中国式现代化的本质要求之一，是全面建成社会主义现代化强国奋斗目标在政治领域的集中体现，与实现高质量发展、丰富人民精神世界、实现全体人民共同富裕、促进人与自然和谐共生等一起构成中国式现代化的严谨逻辑链条，充分反映了我们党对人类现代化发展规律的准确把握，标志着我们党对中国特色社会主义民主政治形态的认识已经成熟和定型。

第三，全过程人民民主打破了西方民主长期以来的垄断地位。人类政治文明发展的历史过程表明：民主作为全人类的共同价值，虽然是具有普遍意义的一种政治形态，但其实际表现又都是具体和特定的，并没有固定和统一的模式。各国国情不同，民主的模式不应该、也不可能是单一的。只有扎根本国土壤、适合本国国情的民主制度，才是最可靠、最管用的。长期以来，西方资本主义民主模式曾在世界上风靡一时，被许多国家照搬照套。但资本主义民主作为资产阶级维

---

① 《习近平谈治国理政》第四卷，外文出版社 2022 年版，第 259 页。

护自身利益的产物，是在西方社会特定的经济、政治、文化和社会环境中形成和发展起来的，存在着不可克服的阶级局限性，并不是普世的，更不可能是世界其他国家民主建设的最佳模式选择。全过程人民民主作为中国共产党人带领中国人民扎根中国大地探索民主实践形成的崭新民主形式，并不是中国传统政治的"再版"，也不是简单套用马克思主义经典作家设想的"模板"，更不是西式民主的"翻版"，而是在我国历史传统、文化传承和经济社会发展的基础上经过反复比较、长期探索、实践验证、内生性演化的"原版"，是马克思主义中国化时代化的必然产物，符合我国国情、顺应时代潮流，具有鲜明中国特色、明显制度优势，不仅彰显着马克思主义的理论光辉和科学社会主义的真理魅力，更打破了世界对西方民主模式的盲目崇拜和路径依赖，为世界民主的多元化发展贡献了中国智慧和中国方案。

（二）全过程人民民主是最广泛、最真实、最管用的民主

全过程人民民主是社会主义民主政治的本质属性，内涵丰富、意蕴深远，从形式、内容、过程到实质都体现了广大人民的利益诉求，彰显了人民当家作主的本质要求和社会主义民主的显著优势，是最广泛、最真实、最管用的民主。

第一，全过程人民民主是最广泛的民主。民主作为全人类的共同价值和共同追求，是现代政治与传统政治的重要区别之一，其本质就是实现人民当家作主。但在西方资本主义社会，他们凭借着经济社会的先发优势，不仅将民主简单化为程序民主、选票民主，更在资本逻

辑的主导下抽离了民主的本质，使西方资本主义社会的民主沦为少数人的民主、政治领域的民主。全过程人民民主不同于美西方少数人的民主、政治领域的民主，而是在九百六十多万平方公里土地上，涵盖五十六个民族，十四亿多人口共同享有的全链条、全方位、全覆盖的民主。广大人民在党的领导下通过广泛的民意表达形式、完善的制度程序、完整的参与实践，不仅参与国家和社会事务管理，也参与经济和文化事业管理；不仅参与国家社会发展顶层设计的意见建议征询，也参与地方公共事务治理。全过程人民民主真正体现和还原了民主政治本应具有的公共性与普遍性，确保了广大人民享有民主选举、民主协商、民主决策、民主管理、民主监督等各项权利，包括国家政治生活和社会生活各层面，涵盖国家"五位一体"总体布局和"四个全面"战略布局各领域，展现出其他民主类型无法比拟的广泛性特质。

第二，全过程人民民主是最真实的民主。民主不是一句空话，更不是一句口号，而是要具体落实到人民生活各领域、各环节和全过程。在西方，公民只有在投票时被唤醒、投票后就进入休眠期；只有在竞选时聆听天花乱坠的口号，竞选后就毫无发言权；只有拉票时受宠，选举后就被冷落，这是一种有限的、即时性、间歇性的民主，而不是真实的民主。全过程人民民主拥有一套适合中国国情、架构完备、设置科学、有机衔接的由根本政治制度、基本政治制度、重要政治制度构成的人民当家作主制度体系，构建起了多样、畅通、有效、稳定的民主参与渠道。这些制度体系和民主参与渠道保证了人民拥有选举、投票的权利，保证广大人民能够真正地参与到国家政治社会生活的方方面面，共享发展成果，实现了过程民主和成果民主、程序民主和实质民主、直接民主和间接民主、人民民主和国家意志相统一，有效防止出现人民形式上有权、实际上无权的现象，是最真实的民主。

第三，全过程人民民主是最管用的民主。民主不是装饰品，不是用来做摆设的，而是要用来解决人民需要解决的问题的。真民主、好民主、管用的民主不仅要保证人民的意愿能够充分表达，更要保证人民的意愿能得到真切的回应和有效实现，这检验着民主的含金量。与美西方等国家存在的空谈民主、议而不决、决而难行的现实窘境形成鲜明对比，我国全过程人民民主既注重制度程序，更注重实际效果，不仅能够有效保证人民进行广泛政治参与和充分表达政治意愿，更能够有效地将人民意愿经过法定程序转化为党和国家的方针政策，"把人民当家作主具体地、现实地体现到党治国理政的政策措施上来，具体地、现实地体现到党和国家机关各个方面各个层级工作上来，具体地、现实地体现到实现人民对美好生活向往的工作上来"[1]。因此，在实践中全过程人民民主有效激发了广大人民群众投身全面建设社会主义现代化国家的强大动力，有效促进了社会生产力发展和现代化建设各项事业的进步，为党领导人民有效治理国家，创造经济快速发展和社会长期稳定两大奇迹提供了重要保障，实现了广大人民在共同思想、共同利益、共同目标基础上的团结一致，具有显著的实践优越性，是最管用的民主。

---

① 《习近平谈治国理政》第四卷，外文出版社 2022 年版，第 261 页。

（三）大力发展全过程人民民主

发展全过程人民民主是我国民主政治建设的前进方向和奋斗目标。面向未来，我们必须在对世情、国情、党情全面分析、正确判断和科学预测的基础上，坚持走中国特色社会主义政治发展道路，坚持党的领导、人民当家作主、依法治国有机统一，坚持人民主体地位，加强人民当家作主制度保障，坚持和完善我国根本政治制度、基本政治制度、重要政治制度，拓展民主渠道，丰富民主形式，确保人民依法通过各种途径和形式管理国家事务，管理经济和文化事业，管理社会事务，充分体现人民意志、保障人民权益、激发人民创造活力，努力谱写新征程上发展全过程人民民主的崭新篇章。

第一，着力推进人民代表大会制度建设。人民代表大会制度作为中国人民在人类政治制度史上的伟大创造，是中国人民翻身作主、掌握自己命运的必然选择，包含着一系列紧密联系、相互贯通的重要政治思想和理论原则，包含着一整套构建科学、运转协调的重要政治制度和行为规范，是实现我国全过程人民民主的重要制度载体。新中国成立以来的实践充分证明，人民代表大会制度是符合中国国情和实际、体现社会主义国家性质、保证人民当家作主、保障实现中华民族伟大复兴的好制度，必须长期坚持、不断完善。当前，要支持和保证人民通过人民代表大会行使国家权力，保证各级人大都由民主选举产生、对人民负责、受人民监督，保证各级国家机关都由人大产生、对人大负责、受人大监督。要支持和保证人大及其常委会依法行使职权，密切人大代表同人民群众的联系，健全代表联络机制，更好发挥人大代表作用。健全人大组织制度、选举制度和议事规则，完善论证、评估、评议、听证制度，适当增加基层人大代表数量，保证人民当家作主落实到国家政治生活和社会生活之中，凝聚起全体人民智慧和力量。

第二，全面发展协商民主。协商民主是实践全过程人民民主的重要形式，是我国社会主义民主政治的特有形式和独特优势。古人云："众力并，则万钧不足举也；群智用，则庶绩不足康也。"人民是历史的创造者，是决定党和国家前途命运的根本力量。在我们这个人口众多、幅员辽阔的社会主义国家里，关系国计民生的重大问题，要在中国共产党领导下进行广泛协商，尽可能就共同性问题取得一致意见，既有效维护多数人的利益，也合理关照少数人的利益，最大限度地凝聚共识，形成合力，让全体人民共建共享发展成果，使民主回归人民当家作主之本义。坚持有事好商量，众人的事情要众人商量，我们就能"找到最大公约数，画出最大同心圆"，就能调动一切积极因素，团结一切可以团结的力量，激励全体中华儿女不断奋进，凝聚起同心共筑中国梦的磅礴力量！当前，要坚持社会主义协商民主的独特优势，统筹推进政党协商、人大协商、政府协商、政协协商、人民团体协商、基层协商以及社会组织协商，构建程序合理、环节完整的协商民主体系，完善协商于决策之前和决策实施之中的落实机制，丰富有事好商量、众人的事情由众人商量的制度化实践，保证人民在日常政治生活中有广泛持续深入参与的权利。只要把人民的力量和智慧汇聚起来，什么困难都可以克服，什么事情都能够办好。

第三，积极发展基层民主。基层民主是全过程人民民主的重要体现，是直接体现人民当家作主的一项基本政治制度，其内涵要义就是广大人民群众在城乡基层单位和组织中，依法直接行使民主选举、民主协商、民主决策、民主管理和民主监督等各项民主权利。作为人民实现当家作主最有效、最广泛途径的基层民主，是社会主义民主政治建设的基础。新时代新征程，积极发展基层民主，就要健全基层党组织领导的基层群众自治机制，加强基层组织建设，完善基层直接民主制度体系和工作体系，增强城乡社区群众自我管理、自我服务、自我教育、自我监督的实效。完善办事公开制度，拓宽基层各类群体有序参与基层治理渠道，保障人民依法管理基层公共事务和公益事业。全心全意依靠工人阶级，健全以职工代表大会为基本形式的企事业单位民主管理制度，维护职工合法权益，从而充分调动和激发了人民群众参与民主政治建设的积极性，有效保障了人民群众的民主权利和主人翁地位，提高了人民群众的民主素质和民主管理能力，使中国特色社会主义民主充满旺盛生命力。

三、坚持全面依法治国，推进法治中国建设

法律是治国之重器。"立善法于天下，则天下治；立善法于一国，则一国治。"党的二十届三中全会明确指出："法治是中国式现代化的重要保障。"[①] 我们要实现经济发展、政治清明、文化昌盛、社会公正、生态良好，保持我国经济社会长期持续健康发展势头，不断开拓

---

① 《中共中央关于进一步全面深化改革　推进中国式现代化的决定》，人民出版社 2024年版，第 29 页。

中国特色社会主义更加广阔的发展前景，就必须夯实党和国家长治久安的法治基础，不断满足人民群众对社会主义法治的新要求，在法治轨道上全面建设社会主义现代化国家。

（一）全面依法治国是国家治理的一场深刻革命

全面依法治国是坚持和发展中国特色社会主义的本质要求和重要保障，是实现国家治理体系和治理能力现代化的必然要求。党的二十大报告指出："全面依法治国是国家治理的一场深刻革命，关系党执政兴国，关系人民幸福安康，关系党和国家长治久安。"[1] 新时代新征程，必须更好发挥法治固根本、稳预期、利长远的保障作用，在法治轨道上全面建设社会主义现代化国家。

第一，全面依法治国是深刻总结我国社会主义法治建设成功经验和深刻教训作出的重大抉择。新中国成立初期，我们党积极运用新民主主义革命时期根据地法治建设的成功经验，抓紧建设社会主义法治，初步奠定了社会主义法治的基础。后来，社会主义法治建设走过一段弯路，付出了沉重代价。党的十一届三中全会以来，我们党把依法治国确定为党领导人民治理国家的基本方略，把依法执政确定为党治国理政的基本方式，始终把法治放在党和国家工作大局中来考虑、来谋划、来推进，依法治国取得重大成就。党的十八大以来，我

---

[1]　习近平：《高举中国特色社会主义伟大旗帜　为全面建设社会主义现代化国家而团结奋斗——在中国共产党第二十次全国代表大会上的报告》，人民出版社2022年版，第40页。

们党对社会主义法治的理论认识和实践探索达到了新的历史高度。以习近平同志为核心的党中央从关系党和国家长治久安的战略高度来定位法治、布局法治、厉行法治，把全面依法治国放在党和国家事业发展全局中来谋划、来推进。经验和教训使我们党深刻认识到，法治是治国理政不可或缺的重要手段。在我们这样一个大国，必须秉持法律这个准绳、用好法治这个方式。

第二，全面依法治国是全面建设社会主义现代化国家的重要保证。当前，人民群众对法治的要求越来越高，全面依法治国在党和国家工作全局中的地位更加突出、作用更加重大。只有妥善解决经济社会发展中一系列突出矛盾和问题，密织法律之网、强化法治之力，发挥好法治的经济发展助推器、社会运行调节器的作用，才能确保全面建设社会主义现代化国家、全面推进中华民族伟大复兴的任务如期完成。要把全面依法治国摆在突出位置，把党和国家工作纳入法治轨道，坚持在法治轨道上统筹社会力量、平衡社会利益、调节社会关系、规范社会行为，依靠法治解决各种社会矛盾和问题，确保我国社会在深刻变革中既生机勃勃又井然有序。

第三，全面依法治国是实现党和国家长治久安的长远考虑。对全面推进依法治国作出部署，既是立足于解决我国改革发展稳定中的矛盾和问题的现实考量，也是着眼于长远的战略谋划。世界上一些国家虽然一度实现快速发展，但并没有顺利迈进现代化门槛，而是落入这样或那样的"陷阱"，带来社会的动荡不安，很大程度上与法治不彰密切相关。因此，维护国家政权安全和制度稳定，保证国家长治久安，要发挥法治在明晰权责、惩治犯罪、保障安全上的积极作用，加大立法执法司法力度，拓展法治在保障民权、化解民忧、改善民生上的空间，坚持依法治国、依法执政、依法行政共同推进，坚持法治国家、法治政府、法治社会一体建设，全面推进科学立法、严格执法、公正司法、全民守法，全面推进国家各方面工作法治化，为党和国家事业发展提供根本性、全局性、长期性的制度保障，确保党和国家的长治久安。

（二）坚定不移走中国特色社会主义法治道路

全面推进依法治国必须走对路。中国特色社会主义法治道路，是社会主义法治建设成就和经验的集中体现，是建设社会主义法治国家的唯一正确道路。在坚持和拓展中国特色社会主义法治道路这个根本问题上，要树立自信、保持定力。

第一，坚定不移走中国特色社会主义法治道路，必须坚持中国共产党的领导。党的领导是中国特色社会主义法治之魂，是我们的法治同西方资本主义国家的法治最大的区别。习近平总书记指出："坚持党的领导，是社会主义法治的根本要求，是全面推进依法治国题中应有之义。"[1] 离开了中国共产党的领导，中国特色社会主义法治体系、社会主义法治国家就建不起来。要坚持党领导立法、保证执法、支持司法、带头守法，把依法治国基本方略同依法执政基本方式统一起来，把党总揽全局、协调各方同人大、政府、政协、监察机关、审判

---

① 《习近平谈治国理政》第二卷，外文出版社 2017 年版，第 114 页。

机关、检察机关依法依章程履行职能、开展工作统一起来，把党领导人民制定和实施宪法法律同党坚持在宪法法律范围内活动统一起来，善于使党的主张通过法定程序成为国家意志，善于使党组织推荐的人选通过法定程序成为国家政权机关的领导人员，善于通过国家政权机关实施党对国家和社会的领导，善于运用民主集中制原则维护中央权威、维护全党全国团结统一。要把体现人民利益、反映人民愿望、维护人民权益、增进人民福祉落实到依法治国全过程，使法律及其实施充分体现人民意志。

第二，坚定不移走中国特色社会主义法治道路，必须坚持人民主体地位。全面依法治国最广泛、最深厚的基础是人民。我国社会主义制度保证了人民当家作主的主体地位，也保证了人民在全面推进依法治国中的主体地位。要始终坚持以人民为中心，坚持法治为了人民、依靠人民、造福人民、保护人民，要保证人民在党的领导下，依照法律规定，通过各种途径和形式管理国家事务，管理经济和文化事业，管理社会事务，充分调动人民群众投身依法治国实践的积极性和主动性，使全体人民都成为社会主义法治的忠实崇尚者、自觉遵守者、坚定捍卫者。要积极回应人民群众新要求新期待，把体现人民利益、反映人民愿望、维护人民权益、增进人民福祉落实到全面依法治国各领域全过程。

第三，坚定不移走中国特色社会主义法治道路，必须坚持法律面前人人平等。平等是社会主义法律的基本属性，是社会主义法治的基本要求。坚持法律面前人人平等，必须体现在立法、执法、司法、守法各个方面。任何组织和个人都必须尊重宪法法律权威，都必须在宪法法律范围内活动，都必须依照宪法法律行使权力或权利、履行职责或义务，都不得有超越宪法法律的特权。任何人违反宪法法律都要受到追究，绝不允许任何人以任何借口任何形式以言代法、以权压法、徇私枉法。

第四，坚定不移走中国特色社会主义法治道路，必须坚持依法治国和以德治国相结合。这是中国特色社会主义法治道路的鲜明特点。法安天下，德润人心。法治和德治不可分离、不可偏废，治理国家、治理社会必须一手抓法治、一手抓德治，实现法律和道德相辅相成、法治和德治相得益彰。一方面，道德是法律的基础，只有那些合乎道德、具有深厚道德基础的法律才能为更多人所自觉遵行；另一方面，法律是道德的保障，可以通过强制性规范人们行为、惩罚违法行为来引领道德风尚。要注意把一些基本道德规范转化为法律规范，使法律法规更多体现道德理念和人文关怀，通过法律的强制力来强化道德作用、确保道德底线，推动全社会道德素质提升，为全面依法治国创造良好人文环境。

（三）深化全面依法治国实践

全面依法治国是关系我们党执政兴国、关系人民幸福安康、关系党和国家长治久安的重大战略问题，是"四个全面"战略布局的重要组成部分。新时代新征程，满足人民日益增长的法治需要，就要充分发挥法治固根本、稳预期、利长远的保障作用，不断完善以宪法为核心的中国特色社会主义法律体系，扎实推进依法执政，严格公正司法，加快建设法治社会，大力深化全面依法治国实践，推进社会主义法治国家建设。

第一，完善以宪法为核心的中国特色社会主义法律体系。建设社会主义法治国家，全面依法治国，必须加快形成完备的法律规范体系、高效的法治实施体系、严密的法治监督体系、有力的法治保障体系，加快形成完善的党内法规体系，特别要完善以宪法为核心的中国特色社会主义法律体系。坚持依法治国首先要坚持依宪治国，坚持依法执政首先要坚持依宪执政，坚持宪法确定的中国共产党领导地位不动摇，坚持宪法确定的人民民主专政的国体和人民代表大会制度的政体不动摇。加强宪法实施和监督，健全保证宪法全面实施的制度体系，更好发挥宪法在治国理政中的重要作用，维护宪法权威。加强重点领域、新兴领域、涉外领域立法，统筹推进国内法治和涉外法治，以良法促进发展、保障善治。推进科学立法、民主立法、依法立法，统筹立改废释纂，增强立法系统性、整体性、协同性、时效性。完善和加强备案审查制度。坚持科学决策、民主决策、依法决策，全面落实重大决策程序制度。

第二，深入推进依法行政。党的二十大报告指出："法治政府建设是全面依法治国的重点任务和主体工程。"[①] 新时代新征程，要积极转变政府职能，优化政府职责体系和组织结构，推进机构、职能、权限、程序、责任法定化，促进政务服务标准化、规范化、便利化，提

---

① 习近平：《高举中国特色社会主义伟大旗帜　为全面建设社会主义现代化国家而团结奋斗——在中国共产党第二十次全国代表大会上的报告》，人民出版社 2022 年版，第 41 页。

高行政效率和公信力。深化事业单位改革。深化行政执法体制改革，全面推进严格规范公正文明执法，加大关系群众切身利益的重点领域执法力度，完善行政执法程序，健全行政裁量基准。强化行政执法监督机制和能力建设，严格落实行政执法责任制和责任追究制度。完善基层综合执法体制机制。

第三，严格公正司法。党的二十大报告指出："公正司法是维护社会公平正义的最后一道防线。"[1] 深化司法体制综合配套改革，全面准确落实司法责任制，加快建设公正高效权威的社会主义司法制度，努力让人民群众在每一个司法案件中感受到公平正义。规范司法权力运行，健全监察机关、公安机关、检察机关、审判机关、司法行政机关各司其职，监察权、侦查权、检察权、审判权、执行权相互配合、相互制约的体制机制，确保执法司法各环节全过程在有效制约监督下运行。强化对司法活动的制约监督，促进司法公正。完善公益诉讼制度。

第四，加快建设法治社会。党的二十大报告指出："法治社会是构筑法治国家的基础。"[2] 要切实加强和改进党对全面依法治国的领导，把党的领导贯彻到依法治国全过程和各方面，不断提高依法执政能力和水平，为全面依法治国提供有力的政治和组织保障。改革和完

---

[1] 习近平：《高举中国特色社会主义伟大旗帜　为全面建设社会主义现代化国家而团结奋斗——在中国共产党第二十次全国代表大会上的报告》，人民出版社 2022 年版，第 42 页。

[2] 习近平：《高举中国特色社会主义伟大旗帜　为全面建设社会主义现代化国家而团结奋斗——在中国共产党第二十次全国代表大会上的报告》，人民出版社 2022 年版，第 42 页。

善不符合法治规律、不利于依法治国的体制机制，为全面依法治国提供完备的制度保障。弘扬社会主义法治精神，传承中华优秀传统法律文化，引导全体人民做社会主义法治的忠实崇尚者、自觉遵守者、坚定捍卫者。坚持法律面前人人平等，必须体现在立法、执法、司法、守法各个方面。任何组织和个人都必须尊重宪法法律权威，都必须在宪法法律范围内活动，都必须依照宪法法律行使权力或权利、履行职责或义务，都不得有超越宪法法律的特权。任何人违反宪法法律都要受到追究，绝不允许任何人以任何借口任何形式以言代法、以权压法、徇私枉法。建设覆盖城乡的现代公共法律服务体系，深入开展法治宣传教育，增强全民法治观念。推进多层次多领域依法治理，提升社会治理法治化水平。加强法治专门队伍和法律服务队伍建设，加强机构建设和经费保障，为全面依法治国提供坚实人才保障和物质条件。发挥领导干部示范带头作用，努力使尊法学法守法用法在全社会蔚然成风。

第七章

中国式现代化的文化发展战略

　　文化兴国运兴，文化强民族强。党的二十大报告指出："全面建设社会主义现代化国家，必须坚持中国特色社会主义文化发展道路，增强文化自信，围绕举旗帜、聚民心、育新人、兴文化、展形象建设社会主义文化强国，发展面向现代化、面向世界、面向未来的，民族的科学的大众的社会主义文化，激发全民族文化创新创造活力，增强实现中华民族伟大复兴的精神力量。"[①] 这一论断深刻把握文化发展规律和文化在全面建设社会主义现代化国家中的地位和作用，为我们不断推进文化自信自强、铸就社会主义文化新辉煌提供了根本遵循。为此，党的二十届三中全会提出未来五年文化建设的发展目标，这就

[①] 习近平：《高举中国特色社会主义伟大旗帜　为全面建设社会主义现代化国家而团结奋斗——在中国共产党第二十次全国代表大会上的报告》，人民出版社 2022 年版，第42—43 页。

是"聚焦建设社会主义文化强国，坚持马克思主义在意识形态领域指导地位的根本制度，健全文化事业、文化产业发展体制机制，推动文化繁荣，丰富人民精神文化生活，提升国家文化软实力和中华文化影响力"①。

一、坚持党的文化领导权

在我国，党政军民学，东西南北中，党是领导一切的，自然也包括对文化的领导。坚持党的文化领导权，是推动文化繁荣发展、有效维护文化安全的根本政治保证。

（一）坚持党的文化领导权是事关党和国家前途命运的大事

所谓文化领导权，一般指一个政党通过对思想文化建设发展的领导，实现塑造社会普遍共识、赢得民众对自身认同与支持的权力。文化领导权虽然是一种软性的、非强制性的权力，但对于执政党来说，却是必须抓住的权力。

第一，坚持党的文化领导权是我们党的优良传统。文化建设归谁领导，是马克思主义文化理论的首要问题。在《德意志意识形态》中，马克思、恩格斯指出，"统治阶级的思想在每一时代都是占统治地位

---

① 《中共中央关于进一步全面深化改革　推进中国式现代化的决定》，人民出版社 2024 年版，第 4—5 页。

的思想"①，而且还强调"每一个企图取代旧统治阶级的新阶级"往往都"赋予自己的思想以普遍性的形式"②。这里已经蕴含了文化领导权的思想。我们党自成立之日起，就高度重视文化领导权问题。我们党在一大通过的《中国共产党第一个决议》中就强调了文化领导权问题："一切书籍、日报、标语和传单的出版工作，均应受中央执行委员会或临时中央执行委员会的监督。"不论中央或地方出版的一切出版物，其出版工作均应受党员的领导。改革开放和社会主义现代化建设新时期，面对全球化、西方文化的冲击，我们党既强调要大胆吸收借鉴世界特别是西方的文明成果，又强调必须坚持正确的政治方向，坚持党对思想战线的领导。针对理论界文艺界出现的"领导上的软弱涣散""资产阶级自由化倾向严重""'一切向钱看'歪风盛行"等问题，邓小平在 1983 年 10 月召开的党的十二届二中全会上指出，"必须大力加强党对思想战线的领导"，要求"思想战线的共产党员，特别是这方面担负领导责任的和有影响的共产党员，必须站在斗争的前列。……所有共产党员都要增强党性，遵守党的章程和纪律。不管是什么专家、学者、作家、艺术家，只要是党员，都不允许自视特殊，认为自己在政治上比党高明，可以自行其是"。③党的十八大以来，习近平总书记更是站在国家长治久安的战略高度，明确提出"必须把意识形态工作的领导权、管理权、话语权牢牢掌握在手中"的政治要求，强调"在意识形态斗争上，我们没有任何妥协退让的余地，必须

① 《马克思恩格斯选集》第 1 卷，人民出版社 2012 年版，第 178 页。
② 《马克思恩格斯选集》第 1 卷，人民出版社 2012 年版，第 180 页。
③ 《邓小平文选》第三卷，人民出版社 1993 年版，第 45、46 页。

把领导权牢牢掌握在手中，任何时候都不能旁落"。①历史地看，新时代我国意识形态领域形势之所以发生全局性、根本性转变，最根本的原因就是党中央全面加强了党的领导，解决了意识形态领域一度出现的党的领导弱化问题。

第二，坚持党的文化领导权是对苏共垮台教训的深刻反思。在国际共产主义运动史上，苏共垮台是一场悲剧。历史地看，苏共垮台首先是从思想混乱开始的，而思想混乱则又是从苏共放弃文化领导权开始的。在戈尔巴乔夫提出的"公开化"口号的蛊惑下，1988年苏共取消了报刊检查制度，1990年最高苏维埃颁布了《苏联报刊与其他大众传媒法》，不仅彻底放弃了报刊"把关人"制度，还允许私人办报。这样的结果有二：一是报刊失控。据报道，在当时苏联履行了登记手续的报刊中，苏共仅掌握了1.5%。二是舆论失控。各种否定苏共党史、否定列宁、否定斯大林的历史虚无主义迅速泛滥开来。没有文化的领导权就没有文化安全和政治安全，我们必须把文化领导权牢牢掌握在手中，任何时候都不能旁落。

第三，坚持党的文化领导权是维护文化安全的客观需要。文化特别是意识形态作为一定社会的观念上层建筑，以观念形态存在，但并不虚。习近平总书记指出："一个政权的瓦解往往是从思想领域开始的，政治动荡、政权更迭可能在一夜之间发生，但思想演化是个长期过程。思想防线被攻破了，其他防线就很难守住。我们必须把意识形态工作的领导权、管理权、话语权牢牢掌握在手中，任何时候都不

---

① 中共中央党史和文献研究院编：《习近平关于社会主义精神文明建设论述摘编》，中央文献出版社2022年版，第68、10页。

能旁落，否则就要犯无可挽回的历史性错误。"[1] 进入新时代，我国思想文化领域形势发生全局性、根本性转变。但也要看到，思想文化领域依然存在不少风险挑战，各种敌对势力加紧策划实施"颜色革命"、网上"文化冷战"和"政治转基因"工程，我国维护文化安全的任务依然艰巨。"颜色革命"已由潜在威胁变为现实威胁，以发展道路、国家形象、价值观念、民族精神为核心内容的国家文化软实力竞争愈加激烈，包括新自由主义、历史虚无主义以及"普世价值观"等在内的各种反主流社会思潮不时沉渣泛起。可以说，在中华民族伟大复兴进入关键时期、国际战略格局进入加速调整期的时代背景下，统一思想、凝聚力量任务之艰巨前所未有，增强国际话语权、提升国家文化软实力任务之艰巨前所未有，建设具有强大凝聚力和引领力的社会主义意识形态任务之艰巨前所未有，改进创新宣传思想文化工作任务之艰巨前所未有。应对这些风险挑战，最根本的就是要强化党对宣传思想文化工作的领导。

（二）坚持和加强党对宣传思想文化工作的全面领导

党的文化领导权是事关党和国家前途命运的大事情，必须站在维护国家长治久安、维护党的执政安全的高度，以坚定的政治自觉和政治担当坚持好、巩固好党的文化领导权。

一是全党动手、各尽其责。宣传思想文化工作是政治性强、涉及

---

[1]　中共中央文献研究室编：《习近平关于社会主义文化建设论述摘编》，中央文献出版社2017 年版，第 21 页。

面广、影响力大的系统工程，需要统筹谋划、强化协作，需要多方联动、全员参与。党的二十届三中全会提出，要"完善意识形态工作责任制"①。各级党组织是意识形态工作责任制的主体，各级党委必须负起政治责任和领导责任，加强对宣传思想文化领域重大问题的分析研判和重大战略性任务的统筹指导。特别是各级党委要选好宣传思想文化部门领导班子，关心爱护宣传思想文化干部，确保文化领导权牢牢掌握在忠于党和人民的人手里。各级党委主要负责同志是意识形态工作责任制的第一负责人，必须承担起应有的政治责任。毛泽东曾指出："各地党委的第一书记应该亲自出马来抓思想问题，只有重视了和研究了这个问题，才能正确地解决这个问题。"②"不应该只委托宣传部长、文教部长、教育和文化厅、局长这些同志去做而自己不去管它们。"③党委主要负责干部要带头把方向、抓导向、管阵地、强队伍，在重要问题、重大事件上要及时拿出态度、亮明立场。做好宣传思想文化工作，宣传思想文化部门承担着十分重要的使命，必须强化政治担当，做到守土有责、守土负责、守土尽责。事实表明，只要我们把全党动手和部门负责有机结合起来，就能牢牢把握住党的文化领导权，切实维护好文化安全。

二是自觉承担新时代宣传思想工作的使命任务。举旗帜、聚民心、育新人、兴文化、展形象，是新时代宣传思想工作的使命任务，

---

① 《中共中央关于进一步全面深化改革　推进中国式现代化的决定》，人民出版社 2024年版，第 32 页。

② 《毛泽东文集》第七卷，人民出版社 1999 年版，第 282 页。

③ 中共中央文献研究室编：《建国以来重要文献选编》第 10 册，中央文献出版社 1994年版，第 163 页。

也是坚持党的文化领导权的内在要求。所谓举旗帜，就是要高举马克思主义的旗帜，坚持用习近平新时代中国特色社会主义思想武装全党、教育人民、推动工作；所谓聚民心，就是要牢牢把握正确舆论导向，做大做强主流思想舆论，把全党全国人民士气鼓舞起来；所谓育新人，就是要坚持立德树人、以文化人，不断提高人民思想觉悟、道德水准、文明素养，培养能够担当民族复兴大任的时代新人；所谓兴文化，就是要繁荣发展中国特色社会主义文化，激发全民族文化创新创造活力，建设社会主义文化强国；所谓展形象，就是要向世界展现真实、立体、全面的中国，增强中华文明的传播力和影响力。在这之中，高举马克思主义旗帜，巩固马克思主义在意识形态领域的指导地位，是宣传思想工作的根本任务，必须突出出来。要做大做强马克思主义的宣传教育工作，特别是要在习近平新时代中国特色社会主义思想的宣传教育工作上持续下功夫，更好把科学理论转化为认识世界、改造世界的强大力量，更好统一全党全国全军的思想和行动。同时还要坚持系统观念，统筹谋划落实聚民心、育新人、兴文化、展形象的使命任务，让新时代宣传思想文化工作为服务党和国家事业全局作出更大贡献。

三是敢于善于斗争。文化领导权，既体现在把方向、抓导向、管阵地、强队伍上，也体现在面对大是大非问题时的斗争意志上，而后者更能考验一个人对文化领导权的态度。同其他领域的斗争相比，思想文化领域的斗争，是一场隐蔽的、复杂的、尖锐的斗争，既涉及国家长治久安、民族凝聚力，更涉及党的执政安全。因此，对于思想文化领域的问题，习近平总书记非常强调要敢于斗争、善于斗争。所谓敢于斗争，就是面对各种错误言论要敢于表明态度、敢于亮出立场，绝不能用"不争论""不热炒""让说话"为自己开脱。如果说敢于斗争考验的是党性和胆识，善于斗争考验的则是本领和水平。必须看到，思想文化领域斗争常常以社会重大或敏感事件为契机，更加集中、突出地表现出来，这就要求必须提高对"重大或敏感事件"的分析研判能力，以掌握意识形态斗争的主动权；网络已经成为思想文化领域斗争的主战场，过不了网络关就过不了时代关，这就要求必须着力提高网络意识形态斗争能力；知识分子是社会思想观念的主要创造者、阐释者和传播者，对整个社会舆论走向可以起到关键性作用，这就要求必须提高团结和引领知识分子的能力；青年是思想最活跃、观念最解放、感受最敏锐的社会群体，也是各种势力着力争取的对象，这就要求必须提高做青年人思想政治工作的能力。

四是放手发动人民群众。马克思主义唯物史观认为，人民群众不仅是物质财富的创造者，而且是精神财富的创造者，同时还是社会变革的决定性力量。习近平总书记曾指出："加强和改进党对文艺工作的领导，要把握住两条：一是要紧紧依靠广大文艺工作者，二是要尊重和遵循文艺规律。"① 坚持党的文化领导权，需要全党动手、各尽其责，也需要自觉坚持马克思主义群众观和党的群众路线，放手发动人民群众。在互联网已经深入生产生活每一角落，人人都有"麦克风"的今天，每一个人都可以是思想舆论的制造者传播者，同时也深受各种思想舆论的影响和塑造。确保思想舆论空间风清气正，主旋律高

---

① 中共中央文献研究室编：《习近平关于社会主义文化建设论述摘编》，中央文献出版社 2017年版，第168页。

昂、正能量壮大，是党和政府义不容辞的政治责任，也是亿万民众共同的社会责任。今天，面对依然尖锐的意识形态安全形势，必须放手发动人民群众，进一步提升人民群众参与社会舆情引导、网络安全治理的积极性，把网络平台、社会组织、普通民众、知识分子以及网络大 V 等方方面面力量都调动起来，打一场维护意识形态安全的人民战争。而对于广大民众来说，也应遵循"志于道，据于德，依于仁，游于艺"的美德，珍惜时代发展带来的快捷便利，做维护意识形态安全的高德智士。党和政府有政治担当，媒体和平台有专业操守，人民群众有参与热情，意识形态形势必然会越来越好。

五是注重区分错误观念与一般性争论。同政治领导权相比，非强制性是文化领导权的突出特征，这就要求我们在实施文化领导权时，不能简单地动用法律和行政手段。毛泽东在《关于正确处理人民内部矛盾的问题》中深刻指出："毫无疑问，我们应当批评各种各样的错误思想。不加批评，看着错误思想到处泛滥，任凭它们去占领市场，当然不行。有错误就得批判，有毒草就得进行斗争。但是这种批评不应当是教条主义的，不应当用形而上学方法，应当力求用辩证方法。"[1] 他还特别指出："对待人民内部的思想问题，对待精神世界的问题，用简单的方法去处理，不但不会收效，而且非常有害。……因此，只有采取讨论的方法，批评的方法，说理的方法，才能真正发展正确的意见，克服错误的意见，才能真正解决问题。"[2] 习近平总书记也指出："对一般性争论和模糊认识，不能靠行政、法

---

[1] 《毛泽东文集》第七卷，人民出版社 1999 年版，第 232—233 页。
[2] 《毛泽东文集》第七卷，人民出版社 1999 年版，第 232 页。

律手段解决，而是要靠马克思主义真理的力量，靠深入细致的思想政治工作，用真理揭露谎言，让科学战胜谬误。"① 这些论述科学而深刻，对于坚持党的文化领导权、有效开展思想文化领域斗争具有重要的方法论意义。思想文化领域的斗争，历来是最复杂的，既包括尖锐的意识形态斗争，也包括学术争鸣、观点碰撞。对此要区分性质、区别对待。对那些恶意攻击党的领导、攻击社会主义制度、歪曲党史国史的自由主义、"普世价值观"、历史虚无主义等错误言论，必须积极斗争，而对于一般性的争论或模糊认识，则应采取"辩论"的方式。

二、更好担负起新的文化使命

中国共产党具有高度的文化自觉，自成立之日起就主动担负起建设中华民族新文化的使命。在《新民主主义论》中，毛泽东就指出："我们共产党人，多年以来，不但为中国的政治革命和经济革命而奋斗，而且为中国的文化革命而奋斗；一切这些的目的，在于建设一个中华民族的新社会和新国家。在这个新社会和新国家中，不但有新政治、新经济，而且有新文化。"② 进入新时代，从党的十八大提出"扎实推进社会主义文化强国建设"，到党的十九大提出"坚定文化自信，

---

① 中共中央文献研究室编：《习近平关于社会主义文化建设论述摘编》，中央文献出版社2017年版，第28页。

② 《毛泽东选集》第二卷，人民出版社1991年版，第663页。

推动社会主义文化繁荣兴盛",再到党的二十大提出"推进文化自信自强,铸就社会主义文化新辉煌",我们党对文化建设目标任务的认识一脉相承、不断深化。2023年6月,习近平总书记在文化传承发展座谈会上提出在新的起点上继续推动文化繁荣、建设文化强国的明确要求,强调要共同努力创造属于我们这个时代的新文化,为我们更好推动文化建设指明了前进方向。

(一) 推动文化繁荣

推动文化繁荣发展,对于任何一个政党来说,都是其治国理政的基本要求。只有文化繁荣发展了,才能满足人们的精神文化生活需要,人民群众才能享受到更多更好的文化产品。对于小国来说可以这样,但对于大国来说则不够。特别是对于一个有深厚文化底蕴的文明大国来说,繁荣发展文化显然不能仅仅满足于人民群众的精神生活需要,它需要承担更多的"历史责任"。习近平总书记在讲到文化的重要性时,既强调"满足人民日益增长的精神文化需求,必须抓好文化建设,增加社会的精神文化财富"[1],更强调"文化兴国运兴,文化强民族强"[2],"文化是民族生存和发展的重要力量。人类社会每一次跃进,人类文明每一次升华,无不伴随着文化的历史性进步"[3]。"没有

---

[1]　中共中央文献研究室编:《习近平关于社会主义文化建设论述摘编》,中央文献出版社2017年版,第8页。

[2]　《习近平著作选读》第二卷,人民出版社2023年版,第33页。

[3]　中共中央文献研究室编:《习近平关于社会主义文化建设论述摘编》,中央文献出版社2017年版,第5页。

中华文化繁荣兴盛，就没有中华民族伟大复兴。"①

在当今世界，"大国"特别是"全球性大国"是个极具存在感的称号，但这个称号不是自我加封的。历史地看，一个国家要成为"全球性大国"必须具备一些基本条件：一是综合实力强；二是世界影响力大；三是要有一定大的国土面积和一定多的人口（自然属性）。就实力而言，文化已经成为国家综合国力的重要组成部分；就影响力而言，文化虽然无声，但最具感召力、穿透力、吸引力。所以习近平总书记指出："古往今来，任何一个大国的发展进程，既是经济总量、军事力量等硬实力提高的进程，也是价值观念、思想文化等软实力提高的进程。"② 历史也确实如此。回顾 16 世纪以来世界大国的演变史，我们可以清晰地看到，在大国崛起的过程中，经济、军事等硬实力因素在永恒地发挥作用的同时，技术、文化、观念等软实力因素随着时代的发展作用越来越突出，并最终成为大国崛起必需的战略支撑。美国的崛起，离不开美国强大的经济实力、军事实力，也离不开强大的文化软实力。美国《时代》周刊副总编约瑟夫·约弗曾经评论说，美国的软实力远远超出其经济和军事资产的规模，"美国文化，无论雅俗，其对外传播的力度是自罗马帝国以来从未有过的，况且其中还颇有新意。古罗马和苏联的文化影响止步于军事边界，而美国软实力统治着整个世界"③。大国崛起、民族复兴，既是经济现象，也是文化现

---

① 中共中央文献研究室编：《习近平关于社会主义文化建设论述摘编》，中央文献出版社 2017 年版，第 7 页。

② 中共中央文献研究室编：《习近平关于社会主义文化建设论述摘编》，中央文献出版社 2017 年版，第 198 页。

③ ［美］约瑟夫·约弗：《谁害怕"大块头先生"》，《国家利益》2001 年夏季刊。

象。在由大向强转变的历史进程中，我们必须把文化建设放在全局工作的突出位置，切实抓紧抓好。

（二）建设文化强国

以战略目标引领战略谋划，是我们党治国理政的鲜明特色。党的十八大后不久，习近平总书记就先后提出了实现中华民族伟大复兴中国梦这个强国目标和建设一支听党指挥、能打胜仗、作风优良的人民军队这个强军目标。这两个目标的制定，极大地引领了经济社会和国防军队建设的发展。在文化领域，习近平总书记则旗帜鲜明地提出了建设社会主义文化强国的目标。特别是在"两个阶段"战略安排中，我们党明确提出了到2035年要基本实现社会主义现代化远景目标，这个目标中就包括"建成文化强国"。党的二十届三中全会提出未来五年"七个聚焦"的奋斗目标，其中之一就是"聚焦建设社会主义文化强国"。

党的十九大报告在描述2035年"基本实现社会主义现代化"远景目标时指出："社会文明程度达到新的高度，国家文化软实力显著增强，中华文化影响更加广泛深入。"[①] 文化强国至少有两个指标。

一是社会文明程度高。社会文明程度，反映的是整个社会的文明进步状态，是文化强国的一个重要标志。邓小平曾指出："我们现代化建设的目标是建立一个具有高度民主、高度文明的社会主义国家。

---

① 习近平：《决胜全面建成小康社会　夺取新时代中国特色社会主义伟大胜利——在中国共产党第十九次全国代表大会上的报告》，人民出版社2017年版，第28页。

为此就要使人们具有良好的精神面貌。"① 习近平总书记也指出:"文明是现代化国家的显著标志。要把提高社会文明程度作为建设社会主义文化强国的重大任务,坚持重在建设、以立为本,坚持久久为功、持之以恒,努力推动形成适应新时代要求的思想观念、精神面貌、文明风尚、行为规范。"② 世界文明发展史也表明,一个信仰缺失、道德低下、精神萎靡的民族必然会陷于衰亡,根本谈不上振兴。实现中华民族伟大复兴,既要依靠社会物质财富的增长,更要依靠精神财富的极大丰富。

二是国家文化软实力强。国家文化软实力集中体现了一个国家基于文化而具有的凝聚力和生命力,以及由此而产生的吸引力和影响力。提高国家文化软实力,不仅关系我国在世界文化格局中的定位,而且关系我国国际地位和国际影响力,关系百年奋斗目标和中华民族伟大复兴中国梦的实现。按照我们党建设文化强国的总体要求,参照当今世界文化强国的有关指标,国家文化软实力强意味着:第一,国际价值理念建构能力强。在当今世界,国际机制规则、国际价值理念的竞争是最高层面的软实力竞争,提高国际价值理念建构能力已成为提高国家文化软实力的重要战略选择和必由之路。西方不仅输出资本、商业模式,更输出其价值理念,并将其包装成"普世价值"。国际价值理念建构能力强,意味着中国价值理念在国际社会中具有较强

---

① 中共中央文献研究室编:《邓小平年谱》第五卷,中央文献出版社 2020 年版,第 41—42 页。

② 中共中央党史和文献研究院编:《习近平关于社会主义精神文明建设论述摘编》,中央文献出版社 2022 年版,第 288—289 页。

的感召力和认同度。如我们现在提出的"全人类共同价值""全球文明倡议""人类命运共同体"等，中国不仅是国际先进价值理念的追随者，更是先进国际价值理念的提出者、倡导者。第二，积极正面的国家形象牢固树立。国家形象是综合国力的主观映像，是文化软实力在国际上的整体表达。当前，我国的国际形象，还存在着"他塑"而非"自塑"的问题，在一些西方国家还存在被扭曲被抹黑的问题。国家形象积极正面，意味着经过长期不懈的努力，我国的文明大国形象、东方大国形象、负责任大国形象、社会主义大国形象已经在国际社会牢固树立。第三，文化产业竞争力强。文化产业既具有经济属性，又具有意识形态属性，是国家文化软实力的重要物质性载体。文化产业竞争力强，意味着我国文化产业在全球文化产业竞争中能够处于优势地位并处于价值链的高端。第四，文化创新力强。文化创新是引领文化发展的第一动力，也是第一竞争力。文化创新力强，意味着我国在建立起属于自己的新文化生命体的基础上，已经成为世界文化的重要创造者、贡献者。根据世界知识产权组织发布的《2022 年全球创新指数报告》排名，我国居全球第 11 位。第五，国际文化传播能力强。现代管理学有一个基本原理，就是不仅要做，而且要人知道做了什么。文化传播是文化影响力的重要生成途径和表现方式。无论是传播中国价值观念，还是塑造中国国家形象，都离不开国际文化传播。国际文化传播能力强，意味着"西强我弱"的国际舆论格局、"失语挨骂"的话语困境已经根本改变，中国已经成为国际话题的重要制造者、国际舆论的重要引导者。

三、坚定文化自信

文化自信，是一个国家、一个民族、一个政党对自身文化的高度认可，是对自身文化生命力的高度信心。坚定文化自信，是新时代推进我国文化建设所要遵循的基本原则。

（一）文化自信是更基础、更广泛、更深厚的自信

党的十八大以来，习近平总书记反复强调文化自信问题，并将"三个自信"扩展为"四个自信"。党的十九大将其写入党章，从而将文化自信上升到了全党全社会各项工作都必须遵循的基本原则。在习近平总书记强调："文化自信，是更基础、更广泛、更深厚的自信，是更基本、更深沉、更持久的力量。坚定文化自信，是事关国运兴衰、事关文化安全、事关民族精神独立性的大问题。"① 理解文化自信需要两个视角：一个是文化视角，即文化自信事关文化安全与发展，事关民族精神独立。没有文化的自信，就没有文化的安全发展，就没有民族精神的独立。另一个是政治视角，即文化自信事关国运兴衰、事关党执政的思想基础、事关道路制度理论自信。没有文化自信，就没有民族复兴，就会影响到党的执政安全。不理解文化自信的文化意义，就无法树立起高度的文化自觉；不理解文化自信的政治意义，就

---

① 中共中央文献研究室编：《习近平关于社会主义文化建设论述摘编》，中央文献出版社2017 年版，第 16 页。

无法理解文化自信对于坚持和拓展中国特色社会主义的重大意义。

（二）文化自信来自文化主体性

从哲学意义上看，主体性是一种关系范畴，是在与"客体"或"对象"的关系中彰显出来的能动性和主动性，是主体认识和改造对象世界的出发点和落脚点。所谓文化主体性，就是主体文化在与其他文化的相互作用过程中居于改造者、认识者、评价者地位，对其他文化实行改造、认识、评价等的特性。习近平总书记指出："任何文化要立得住、行得远，要有引领力、凝聚力、塑造力、辐射力，就必须有自己的主体性。中国共产党历来重视文化，新时代我们在道路自信、理论自信、制度自信的基础上增加了文化自信。文化自信就来自我们的文化主体性。"[1]"有了文化主体性，就有了文化意义上坚定的自我，文化自信就有了根本依托。"[2] 这一重要论断，充分说明了文化自信与文化主体性的内在关系。

纵观近代以来中华文化发展史，削弱还是巩固文化主体性历来是各种社会思潮和社会力量在文化领域斗争的焦点问题之一。比如"全盘西化论"就主张用西方文化取代中华文化。在列强入侵中国时期，中华文化主体性遭受到了严重的冲击。1941 年，邓小平在一二九师的一次讲话中指出："日本帝国主义和汉奸亲日派的政治目的是要把中国变为日本帝国主义的殖民地，其文化工作方针是施行奴化政策，

---

[1]　习近平：《在文化传承发展座谈会上的讲话》，人民出版社 2023 年版，第 8 页。

[2]　习近平：《在文化传承发展座谈会上的讲话》，人民出版社 2023 年版，第 9 页。

以奴化活动和奴化教育来腐蚀我们的民族意识，消灭民族爱国思想，摧残民族气节。他们毁灭中国的文化机关，焚毁中国的民族典籍，屠杀与监禁爱国的文化人、知识分子和青年学生，建立汉奸文化机关，豢养一批汉奸文人，鼓吹东洋文化，灌输'中日亲善'、'共存共荣'、'东亚新秩序'等奴化思想，培养奴化人才。他们提倡旧文化、旧道德、旧制度，提倡复古、迷信、盲从、落后，组织封建迷信团体等，以实施其诲淫诲盗、毒化奴化政策。"① 可以说，在积贫积弱的近代中国，中华文化主体性遭到前所未有的冲击。直到马克思主义的传入、中国共产党的成立，中华文化的主体性才逐渐得到彰显和巩固。毛泽东说："自从中国人学会了马克思列宁主义以后，中国人在精神上就由被动转入主动。从这时起，近代世界历史上那种看不起中国人，看不起中国文化的时代应当完结了。伟大的胜利的中国人民解放战争和人民大革命，已经复兴了并正在复兴着伟大的中国人民的文化。这种中国人民的文化，就其精神方面来说，已经超过了整个资本主义的世界。"② 马克思主义传入中国后，不仅使中国人精神上实现了"由被动到主动"的转变，也通过同中华优秀传统文化相结合，"复兴了中国人民的文化"，从而重新构建起了中华文化主体性。

（三）克服文化自卑与文化自负

所谓文化自卑，就是文化主体对自身文化持有的轻视、怀疑甚至

---

① 《邓小平文选》第一卷，人民出版社 1994 年版，第 22—23 页。
② 《毛泽东选集》第四卷，人民出版社 1991 年版，第 1516 页。

是否定的态度。在文学艺术领域，一些人"以洋为尊""以洋为美""唯洋是从"，把作品在国外获奖作为最高追求，跟在别人后面亦步亦趋、东施效颦，热衷于"去思想化""去价值化""去历史化""去中国化""去主流化"。[①] 在哲学社会科学领域，则出现了"马克思主义被边缘化、空泛化、标签化，在一些学科中'失语'、教材中'失踪'、论坛上'失声'"[②] 的问题。文化自卑会产生三大消极后果：第一，削弱党执政的思想基础。对任何政党来说，组织和思想文化是其不可分割的两根主柱，缺一不可。组织代表的是硬力量，思想文化代表的是软力量。中国共产党是靠先进的意识形态或者说信仰发展壮大的，主导文化不彰，则必然会损害党执政的思想基础。第二，侵蚀中国式现代化的文化根基。中国式现代化道路的形成和拓展，是需要一定条件去支撑和保证的，有两个条件不可或缺：一是政治权力、国家机器、法律法规，这是硬的方面；二是文化认同、思想认同、价值认同，这是软的方面。前者是标，后者是本。如果文化出了问题，则从根本上削弱了中国式现代化的精神支撑。第三，削弱国家文化原创能力。无论是概念、理论框架，还是研究方法、思维模式，如果不顾我国现实和语境，盲目按照西方的模式走，必然会伤害自身理论的原创力。没有原创力的文化是没有战斗力的，文化的平庸必然带来文化的危机。

　　文化自负是一种对待自身文化态度上的自满自足和妄自尊大。中国历史表明，每当国力雄厚时，往往也是文化自信心不断升温乃至爆

---

①　中共中央文献研究室编：《十八大以来重要文献选编》（中），中央文献出版社 2016 年版，第 135—136 页。

②　习近平：《论党的宣传思想工作》，中央文献出版社 2020 年版，第 221 页。

棚的时期。最早来华的传教士利玛窦曾说："中国人认为所有各国中只有中国值得称羡。就国家的伟大、政治制度和学术的名气而论，他们不仅把所有别的民族都看成是野蛮人，而且看成是没有理性的动物。在他们看来，世上没有其他地方的国王、朝代或者文化是值得夸耀的。"①今天的中国，伴随着经济社会的快速发展，一些人的文化自负心态也在悄然萌生，比如"儒家文化救世论"和"东方文化主导论"。比如，有些人就提出"儒家文化救世论"，强调西方文化在面对资本主义工业文明所带来的生态危机、道德危机、家庭危机、安全危机等问题时已经没有办法，只能依靠儒家文化的智慧去解决这些问题。我们坚定文化自信，既不能有"以洋为尊""以洋为美""唯洋是从"的文化自卑心态，更不能有盲目自大、唯我独尊的文化自负心态，而是要坚持走自己的路，立足中华民族伟大历史实践和当代实践，用中国道理总结好中国经验，把中国经验提升为中国理论，实现精神上的独立自主。

四、坚持"两个结合"

2021年7月，习近平总书记在庆祝中国共产党成立100周年大会上的讲话中，首次提出"两个结合"，这就是坚持把马克思主义基本原理同中国具体实际相结合、同中华优秀传统文化相结合。2023年6月，在文化传承发展座谈会上，他进一步深刻阐述了"两个结合"

① [意]利玛窦、金尼阁：《利玛窦中国札记》，何高济等译，中华书局1983年版，第181页。

的重大意义，强调"两个结合"是我们在五千多年中华文明深厚基础上开辟和发展中国特色社会主义的必由之路，是我们取得成功的最大法宝。无论是推动马克思主义中国化时代化，还是推动中国特色社会主义文化发展，都离不开"两个结合"。

（一）"两个结合"是我们取得成功的最大法宝

马克思主义是科学的理论，为我们认识世界、改造世界提供了强大思想武器，始终在中国革命、建设和改革事业中发挥着重要指导作用。中国共产党成立 100 多年来，无论在实践中还是在理论上，都在努力探索把马克思主义基本原理同中国具体实际、同中华优秀传统文化相结合，不断推进马克思主义中国化时代化。

坚持和发展马克思主义，必须同中国具体实际相结合。马克思主义理论不是教条而是行动指南，必须随着实践发展而发展。在新民主主义革命时期，历经实践的挫折和艰辛的探索，毛泽东深刻认识到，面对中国的特殊国情，不能以教条主义的观点对待马克思主义，必须从中国实际出发，实现马克思主义中国化，从而创造性地解决了马克思主义基本原理同中国具体实际相结合的一系列重大问题。一百多年来，中国共产党推进马克思主义中国化时代化，就是同中国具体实际相结合的过程。马克思主义的真理性只有同具体时空中的实践相结合才能充分发挥出来，只有经过这样一个结合，才能发展出中国化时代化的马克思主义。

坚持和发展马克思主义，必须同中华优秀传统文化相结合。中华优秀传统文化源远流长、博大精深，形成了中国人的独特价值体系、文化内涵和精神品质，蕴含着许多优秀理念，是中华文明的智慧结晶。2023 年 6 月，习近平总书记在文化传承发展座谈会上特别对"第二个结合"的一系列重大理论和现实问题作了全面系统的阐述。"第二个结合"揭示了我们党推动理论创新和文化繁荣的必由之路，标志着党的理论创造性、文化主体性、精神独立性实现了新的升华，也使得马克思主义真理之树在中华民族历史文化沃土中根深叶茂。

在长期实践探索和理论创新的基础上，中国共产党人深刻认识到，只有把马克思主义基本原理同中国具体实际相结合、同中华优秀传统文化相结合，坚持运用辩证唯物主义和历史唯物主义，不断推进马克思主义中国化时代化，才能正确回答时代和实践提出的重大问题，才能始终保持马克思主义的蓬勃生机和旺盛活力。在中国特色社会主义新时代，党和国家的事业之所以取得了历史性成就、发生了历史性变革，一个重要原因就是我们坚持了"两个结合"。正是在"两个结合"的指引下，我们成功开辟和发展了中国特色社会主义、推进和拓展了中国式现代化。中国式现代化是中华民族的旧邦新命，必将推动中华文明重焕荣光。

（二）中华优秀传统文化充实了马克思主义的文化生命

作为一种诞生在工业文明基础之上的西方文化，马克思主义为什么能够在中国生根开花结果？这个问题解决不好，就会直接影响到马克思主义在意识形态领域的指导地位，也会影响到其在中国的生命力。马克思主义为什么能够在中国扎根开花结果？第一，马克思主义解决了近代中国面临的历史性课题。习近平总书记指出："一个国家实行什么样的主义，关键看这个主义能否解决这个国家面临的历史性课题。"[①] 近代中国面临的历史性课题，一个是民族独立，另一个是国家富强。与马克思主义同时代进入中国的西方各种"主义"，如自由主义、社会达尔文主义、无政府主义、实用主义、民粹主义、工团主义等，都没有解决中国的问题，所以都没有在中国扎下根来。第二，马克思主义与中华优秀传统文化有着高度的契合。对于这种契合，习近平总书记在文化传承发展座谈会上指出："马克思主义和中华优秀传统文化来源不同，但彼此存在高度的契合性。比如，天下为公、讲信修睦的社会追求与共产主义、社会主义的理想信念相通，民为邦本、为政以德的治理思想与人民至上的政治观念相融，革故鼎新、自强不息的担当与共产党人的革命精神相合。马克思主义从社会关系的角度把握人的本质，中华文化也把人安放在家国天下之中，都反对把人看作孤立的个体。"[②] 这种内在的契合，使得来自西方的马克思主义，不仅能同中国具体实际相结合，也能同中华优秀传统文化相结合。而"结合"的结果就是相互成就，马克思主义以真理之光推动了中华文明的生命更新和现代转型，中华优秀传统文化充实了马克思主义的文化生命。正是在坚持"两个结合"中，我们党不断把马克思主义中国化时代化推向前进，取得了毛泽东思想、邓小平理论、"三个代表"重要思想、科学发展观、习近平新时代中国特色社会主义思

[①]　习近平：《关于坚持和发展中国特色社会主义的几个问题》，《求是》2019 年第 7 期。

[②]　习近平：《在文化传承发展座谈会上的讲话》，人民出版社 2023 年版，第 5—6 页。

想等重大理论成果，用马克思主义中国化时代化科学理论引领伟大实践，指引党和国家事业不断取得新的伟大成就。可以说，一个科学而全新的主义，一个优秀而古老的文化，在中国的大地上实现了科学社会主义理论逻辑与中国发展的历史逻辑有机统一，极大地推动了中华文化的现代转换和马克思主义中国化时代化的历史进程。

（三）中华优秀传统文化筑牢了中国特色社会主义道路的文化根基

文化上的契合是最深层次的契合，文化上的认同是最高层次的认同。认识中国特色社会主义，需要文化的视角。习近平总书记指出："我们的社会主义为什么不一样？为什么能够生机勃勃、充满活力？关键就在于中国特色。""如果没有中华五千年文明，哪里有什么中国特色？如果不是中国特色，哪有我们今天这么成功的中国特色社会主义道路？只有立足波澜壮阔的中华五千多年文明史，才能真正理解中国道路的历史必然、文化内涵与独特优势。"[1] 正是植根于中华优秀传统文化的深厚沃土，让中国特色社会主义道路有了更加宏阔深远的历史纵深，拓展了中国特色社会主义道路的文化根基。

"独特的文化传统，独特的历史命运，独特的国情，注定了中国必然走适合自己特点的发展道路。"[2] 这阐述了中国道路与传统文化的关系。"中华优秀传统文化是中华民族的精神命脉，是涵养社会主义

---

[1]　习近平：《在文化传承发展座谈会上的讲话》，人民出版社 2023 年版，第 5 页。

[2]　习近平：《在布鲁日欧洲学院的演讲》，《人民日报》2014 年 4 月 2 日。

核心价值观的重要源泉，也是我们在世界文化激荡中站稳脚跟的坚实根基。"① 这阐述了传统文化与社会主义核心价值观的关系。"我国今天的国家治理体系，是在我国历史传承、文化传统、经济社会发展的基础上长期发展、渐进改进、内生性演化的结果。"② 这阐述了国家治理体系和传统文化的关系。"中国式现代化赋予中华文明以现代力量，中华文明赋予中国式现代化以深厚底蕴。中国式现代化是赓续古老文明的现代化，而不是消灭古老文明的现代化；是从中华大地长出来的现代化，不是照搬照抄其他国家的现代化；是文明更新的结果，不是文明断裂的产物。"③ 这阐述了中国式现代化与传统文化的关系。总之，中国特色社会主义道路是在马克思主义指导下走出来的，也是从五千多年中华文明史中走出来的。

习近平总书记指出："传承中华文化基因，绝不是简单复古，也不是盲目排外，而是古为今用、洋为中用，辩证取舍、推陈出新，摒弃消极因素，继承积极思想，'以古人之规矩，开自己之生面'，实现中华文化的创造性转化和创新性发展。"④ 中华优秀传统文化有很多重要元素，"第二个结合"将这些重要元素经过创造性转化、创新性发展，融入中国式现代化建设的过程和体系之中，构成中国式现代化的鲜明特色和显著优势。推动中华文化的创造性转化和创新性发展，必须坚持马克思主义的指导地位。"两个结合"重大论断指明了马克思

---

① 《习近平谈治国理政》，外文出版社 2014 年版，第 164 页。
② 《习近平谈治国理政》，外文出版社 2014 年版，第 105 页。
③ 习近平：《在文化传承发展座谈会上的讲话》，人民出版社 2023 年版，第 7 页。
④ 习近平：《论党的宣传思想工作》，人民出版社 2020 年版，第 114—115 页。

主义在中国发展，必须同中华优秀传统文化相结合；同样，中华优秀传统文化要发展，也必须同马克思主义相结合。在传承发展中华文化的过程中，哪些可以转化、哪些可以发展、如何转化发展，都要以马克思主义为指导。

五、增强中华文明传播力影响力

中华文明深刻影响着当代中国的发展进步，深刻影响着当代中国人的精神世界，也对人类文明进步作出了重大贡献。党的二十大报告着眼于推进文化自信自强，铸就社会主义文化新辉煌，明确作出"增强中华文明传播力影响力"的战略部署。党的二十届三中全会提出"构建更有效力的国际传播体系"。这一战略部署不仅与发展面向世界的社会主义文化要求相适应，也与"中国式现代化""创造人类文明新形态"相呼应，为提高国家文化软实力、发展人类文明新形态提供了新遵循和新指引。

（一）事关中国式现代化推进拓展的大事

在人类文明的图谱上，中华文明是世界上唯一自古延续至今、从未中断的文明。在五千多年的发展历史中，中华文明不仅滋养了中华民族的发展壮大，也为人类文明进步作出了不可磨灭的贡献。然而，如同任何事物的发展都不可能一帆风顺一样，中华文明的发展也历经坎坷磨难。1840 年鸦片战争以后，中国逐步成为半殖民地半封建社会，国家蒙辱、人民蒙难、文明蒙尘，以农业文明为底色的中华文明在西方工业文明的冲击下遭受了前所未有的劫难。直到中国共产党成立后，中华儿女在党的领导下开始了祛病除尘、民族复兴的伟大征程。从新民主主义革命的胜利到社会主义制度的建立，从社会主义建设的全面展开到改革开放和社会主义现代化建设的持续推进，中国发展每前进一步，蒙在中华文明身上的尘埃就减少一分。伴随着中国特色社会主义进入新时代，中华民族迎来了从站起来、富起来到强起来的伟大飞跃，中华文明再次迸发出强大的生机与活力，并以崭新的姿态屹立于世界的东方。

在人类文明发展史上，中华文明的复兴是具有历史性意义的大事，它不仅打破了近代以来形成的"现代化＝西方化"的迷思，打破了"国强必霸"的陈旧逻辑，打破了"历史终结论"的狭隘偏见，更打破了工业革命以来形成的"东方从属于西方"的人类文明发展格局。同历史上依靠战争、殖民、掠夺走上现代化道路的西方文明不同，中华文明的复兴，靠的是它的道义力量、价值力量，靠的是它的感染力、影响力。这对于一向自诩为"世界文明中心""民主价值之巅"，鼓吹"文明优越论""文明冲突论"的一些西方国家来说，是不能忍受的，"中国威胁论""中国霸权论"等抹黑中国形象、歪曲中华文明的言论随之甚嚣尘上。在这样的时代背景下，增强中华文明传播力影响力，向世界讲清楚中国是什么样的文明和什么样的国家，讲清楚中国人的宇宙观、天下观、社会观、道德观，展现中华文明的悠久历史和人文底蕴，不仅是事关国家文化软实力提升的文化命题，也是事关中国式现代化推进拓展、人类文明新形态丰富发展的重大政治命题。

（二）新时代增强中华文明传播力影响力的总体要求

当前，世界百年未有之大变局加速演进，中华民族伟大复兴进入了不可逆转的历史进程。增强中华文明传播力影响力，既面临着新的战略机遇，也面临着新的风险挑战。党的二十大报告明确了新时代增强中华文明传播力影响力的总体要求，党的二十届三中全会对如何构建更有效力的国际传播体系进行了具体部署，我们必须牢牢把握，坚决贯彻落实到实践中去。

提炼展示中华文明的精神标识和文化精髓，加快构建中国话语和中国叙事体系。在漫长的历史进程中，中华民族走过了不同于世界其他文明体系的发展历程，也创造了具有鲜明民族特色的精神标识和文化精髓。中华文明蕴含的"以和为贵""和而不同""协和万邦""兼爱非攻"，以及"道法自然""天人合一"等理念，不仅是中国人思想和精神的内核，对解决人类问题也有重要价值。然而在当前的国际舆论场上，仍然存在着中华文明真实形象和西方主观印象的"反差"问题。这既同一些人别有用心有关，也同我们不善于讲中华文明的故事特别是故事背后的思想和"道"有关。文明的交流分为三个层次：第一个层次是器物层面，第二个层次是艺术层面，第三个层次是思想和"道"层面。不触及思想和"道"层面的交流，是不能触及人的灵魂的。我们要坚定文化自信，把中华文明中具有当代价值、世界意义的精神标识和文化精髓提炼和展示出来，让中外文明在思想互鉴、灵魂交流中激发共鸣。

加强国际传播能力建设，全面提升国际传播效能。文明的影响力不仅取决于标识是否鲜明、内容是否有魅力，也取决于是否具有强大的传播力。当前，我国综合国力和国际地位不断提升，国际社会对我国的关注前所未有，但我们在国际上有时还处于有理说不出、说了传不开的境地，存在着信息流进流出的"逆差"。改变这种状况，塑造可信、可爱、可敬的中国形象，必须加强国际传播能力建设，让中国的声音传得出去、落得了地。要在优化战略布局、集中优势资源，继续推动中央主要媒体走出去，着力打造具有较强国际影响的外宣旗舰媒体的基础上，着眼网络时代的传播特点，更好把握国际传播领域移动化、社交化、可视化趋势，加快构建全媒体传播新格局，采用精准传播方式，推进中国故事和中国声音的全球化表达、区域化表达、分众化表达，切实增强国际传播的亲和力和实效性。

深化文明交流互鉴，推动中华文化更好走向世界。自不同文明之间有了交往以来，相互交流、相互学习、相互借鉴，实现共同进步，就成为人类文明发展的重要路径。中华文明正是在不断对外交流中获得了不竭的成长动力，才能长期屹立于世界文明之林。中国特色社会主义进入新时代，我国同世界的联系空前紧密，中华文明对世界文明的影响、世界文明对中华文明的影响都是前所未有的。中华文明要提高自身的影响力，为人类文明进步作出更大贡献，就必须推动中华文化更好走向世界。还要看到，中华文化是一个复合体系，既包括历经数千年积淀的中华优秀传统文化，也包括党和人民伟大斗争中孕育的革命文化和社会主义先进文化。要坚定文化自信，既要把跨越时空、具有永恒价值的中华优秀传统文化推向世界，也要把具有超越国别、富有时代魅力的当代中国文化和当代中国价值观念推向世界，让世界不仅认识中华优秀传统文化的魅力，也认识当代中国文化的魅力。

（三）向世界讲好中国式现代化的故事

我们党领导人民不仅创造了世所罕见的经济快速发展和社会长期稳定两大奇迹，而且成功走出了中国式现代化道路，创造了人类文明新形态。增强中华文明传播力影响力，必须向世界讲好中国式现代化的故事。

讲清楚中国式现代化的中国特色。中国式现代化坚持从中国国情出发，不仅打破了"现代化＝西方化"的迷思，更是走出了具有鲜明中国特色的现代化道路。这里面蕴含着数不胜数的故事，其中既有十四亿多中国人矢志实现民族复兴的豪情壮志，也有中国共产党团结带领人民把国家发展进步的命运牢牢掌握在自己手中的坚定执着。讲好中国式现代化的故事，就要讲清楚中国式现代化不是简单延续我国历史文化的母版，不是简单套用马克思主义经典作家设想的模板，不是其他国家社会主义实践的再版，也不是国外现代化发展的翻版，而是顺应时代发展潮流、立足中国基本国情、反映中国人民意愿、扎根中华文化沃土的新版。

讲清楚中国式现代化的世界意义。中国式现代化是前无古人的开创性事业，不仅推动实现中华民族伟大复兴进入了不可逆转的历史进程，也对人类文明发展作出了历史性贡献。今天，我们要提升我国国际话语权，增强中华文明传播力影响力，就必须讲清楚中国式现代化的世界意义。既要向世界讲清楚，一个不断走向现代化的中国必将为世界发展提供更多机遇、为国际合作注入更强动力、为全人类进步作出更大贡献；也要向世界讲清楚，中国式现代化坚持的独立自主、自力更生，主张的新发展理念、高质量发展，倡导的人类共同价值、人类命运共同体理念等，既体现了社会主义建设规律，也体现了人类社会发展规律，可以为世界上那些既希望加快发展又希望保持自身独立性的国家和民族提供全新选择。当然，也要讲清楚，我们向世界介绍中国式现代化，不是"输出"中国模式，更不会要求别国"复制"中国的做法，而是提供有益的借鉴和参考。

讲清楚中国式现代化的未来发展。随着我国全面建设社会主义现代化国家新征程的开启，国际社会越来越关注中国"走向何处、能走多远"的问题。讲好中国式现代化的故事，就要释疑解惑、回答好这些问题，让国际社会全面、客观、理性地看待和认识中国的发展。既要讲清楚中国未来发展走向，介绍中国共产党对全面建设社会主义现代化国家的战略擘画、对坚持走中国式现代化道路的坚定信念，说明中国坚持和平发展、开放发展、合作发展、共同发展，通过争取和平的国际环境发展自己，又会以自身发展维护和促进世界发展的志向不动摇；也要讲清楚我们当前所面临的逆全球化思潮和各种单边主义、保护主义、霸凌行径，不仅是阻碍中国发展的风险挑战，也是阻碍世界发展的风险挑战，世界各国必须携手寻求解决之道。同时，还要讲清楚作为负责任大国，中国有信心、有意愿、有能力和各国携手克服未来发展中出现的风险挑战，共同开创更加美好的未来。

第八章

中国式现代化的社会发展战略

　　社会建设和发展是中国特色社会主义"五位一体"总体布局的重要组成部分，与人民幸福安康紧密相联，与社会和谐稳定息息相关。为民造福是立党为公、执政为民的本质要求，让老百姓过上好日子是我们党一切工作的出发点和落脚点，补齐民生保障短板、解决好人民群众急难愁盼问题是社会建设和发展的急迫任务。党的二十大报告强调指出，"增进民生福祉，提高人民生活品质"，"必须坚持在发展中保障和改善民生，鼓励共同奋斗创造美好生活，不断实现人民对美好生活的向往"。[①] 党的二十届三中全会鲜明提出："在发展中保障和改善民生是中国式现代化的重大任

[①]　习近平：《高举中国特色社会主义伟大旗帜　为全面建设社会主义现代化国家而团结奋斗——在中国共产党第二十次全国代表大会上的报告》，人民出版社 2022 年版，第46页。

务。"①新时代新征程，我们要顺应人民群众对美好生活的向往，始终把人民利益摆在至高无上的地位，加快推进民生领域体制机制改革，尽力而为、量力而行，着力提高保障和改善民生水平，不断完善公共服务体系，加强和创新社会治理，不断促进社会公平正义，让改革发展成果更多更公平惠及全体人民，使人民获得感、幸福感、安全感更加充实、更有保障、更可持续。

一、中国式现代化是全体人民共同富裕的现代化

治国之道，富民为始。党的二十大报告强调："中国式现代化是全体人民共同富裕的现代化。共同富裕是中国特色社会主义的本质要求，也是一个长期的历史过程。我们坚持把实现人民对美好生活的向往作为现代化建设的出发点和落脚点，着力维护和促进社会公平正义，着力促进全体人民共同富裕，坚决防止两极分化。"②在新的征程上推进中国式现代化，必须把促进共同富裕摆在更加重要的位置，在把"蛋糕"做大的同时把"蛋糕"分好，推动人的全面发展和社会全面进步，向着全体人民共同富裕的目标不断迈进。

---

① 《中共中央关于进一步全面深化改革　推进中国式现代化的决定》，人民出版社 2024年版，第 35 页。

② 习近平：《高举中国特色社会主义伟大旗帜　为全面建设社会主义现代化国家而团结奋斗——在中国共产党第二十次全国代表大会上的报告》，人民出版社 2022 年版，第22 页。

（一）共同富裕是社会主义现代化的一个重要目标

习近平总书记多次强调，"共同富裕是社会主义的本质要求，是中国式现代化的重要特征"①，"我们推动经济社会发展，归根结底是要实现全体人民共同富裕"，"共同富裕本身就是社会主义现代化的一个重要目标"。② 这深刻阐明中国式现代化坚守人民至上理念，突出现代化方向的人民性，坚持发展为了人民、发展依靠人民、发展成果由人民共享，不断推动全体人民共同富裕。

共同富裕是共产主义社会发展的一个基本目标，也是自古以来我国人民的一个基本理想。孔子说："不患寡而患不均，不患贫而患不安。"孟子说："老吾老以及人之老，幼吾幼以及人之幼。"《礼记·礼运》具体而生动地描绘了"小康"社会和"大同"社会的状态。按照马克思、恩格斯的构想，共产主义社会将彻底消除阶级之间、城乡之间、脑力劳动和体力劳动之间的对立和差别，实行各尽所能、按需分配，真正实现社会共享、实现每个人自由而全面的发展，到那时，"生产将以所有的人富裕为目的"③。

中国共产党人以马克思主义为指导，一直将共同富裕作为奋斗目标。新中国成立初期，毛泽东明确指出："现在我们实行这么一种制度，这么一种计划，是可以一年一年走向更富更强的，一年一

---

① 《习近平谈治国理政》第四卷，外文出版社 2022 年版，第 142 页。
② 中共中央党史和文献研究院编：《习近平关于中国式现代化论述摘编》，中央文献出版社 2023 年版，第 87、90 页。
③ 《马克思恩格斯全集》第 46 卷下，人民出版社 1980 年版，第 222 页。

年可以看到更富更强些。而这个富，是共同的富；这个强，是共同的强"，"这种共同富裕，是有把握的，不是什么今天不晓得明天的事"。① 改革开放以后，邓小平指出："共同致富，我们从改革一开始就讲，将来总有一天要成为中心课题。社会主义不是少数人富起来、大多数人穷，不是那个样子。社会主义最大的优越性就是共同富裕，这是体现社会主义本质的一个东西。"② 江泽民强调："实现共同富裕是社会主义的根本原则和本质特征，绝不能动摇。"③ 胡锦涛指出："使全体人民共享改革发展的成果，使全体人民朝着共同富裕的方向稳步前进。"④ 进入新时代，习近平总书记对实现共同富裕作出一系列重要论述，深刻回答了为什么要扎实推进共同富裕、如何扎实推进共同富裕、实现什么样的共同富裕等重大问题，指明了实现共同富裕的前进方向。

实现共同富裕是中国式现代化的重要特征。人民是历史的创造者，是推进现代化建设最坚实的根基、最深厚的力量。现代化道路最终能否走得通、行得稳，关键要看是否坚持以人民为中心。中国式现代化是全体人民共同富裕的现代化，这也是区别于西方现代化的显著标志。西方现代化的最大弊端，就是以资本为中心而不是以人民为中心，追求资本利益最大化而不是服务绝大多数人的利益，造成贫者愈贫、富者愈富，出现了贫富悬殊、两极分化，引发一系列社会矛盾。

① 《毛泽东年谱》第五卷，中央文献出版社 2023 年版，第 459 页。
② 《邓小平文选》第三卷，人民出版社 1993 年版，第 364 页。
③ 《江泽民文选》第一卷，人民出版社 2006 年版，第 466 页。
④ 《胡锦涛文选》第二卷，人民出版社 2016 年版，第 291 页。

这样的现代化不符合人类社会发展规律，违背人类文明进步的发展方向。我们党领导人民推进的中国式现代化，摒弃并超越了西方以资本为中心的现代化、两极分化的现代化，坚守人民至上理念，锚定人民对美好生活的向往，顺应人民对文明进步的渴望，努力在做大"蛋糕"的同时分好"蛋糕"，逐步实现整体富裕、普遍富裕，让现代化更好回应人民群众各方面诉求和多层次需要。

新时代新征程，我们进入扎实推动共同富裕的历史阶段。新中国成立后特别是改革开放以来，我们党团结带领人民朝着实现共同富裕的目标不懈努力，实现了从生产力相对落后的状况到经济总量跃居世界第二的历史性突破，实现了人民生活从温饱不足到全面小康的历史性跨越。进入新时代，我们党团结带领人民，坚持以经济建设为中心、以造福人民为根本目的，全面推进经济建设、政治建设、文化建设、社会建设、生态文明建设，在全面建设社会主义现代化国家进程中推动共同富裕从理想走向现实。习近平总书记指出："打赢脱贫攻坚战，全面建成小康社会，为促进共同富裕创造了良好条件。现在，已经到了扎实推动共同富裕的历史阶段。"①同时，必须清醒认识到，我国发展不平衡不充分问题仍然突出，城乡区域发展和收入分配差距较大。新一轮科技革命和产业变革有力推动了经济发展，也对就业和收入分配带来深刻影响，包括一些负面影响，需要有效应对和解决。随着我国全面建成小康社会、开启全面建设社会主义现代化国家新征程，我们必须把促进全体人民共同富裕摆在

---

① 中共中央党史和文献研究院编：《习近平关于中国式现代化论述摘编》，中央文献出版社 2023 年版，第 92 页。

更加重要的位置，脚踏实地、久久为功，向着这个目标更加积极有为地进行努力。为此，党的二十届三中全会未来五年"七个聚焦"的改革目标，其中一个方面就是，"聚焦提高人民生活品质，完善收入分配和就业制度，健全社会保障体系，增强基本公共服务均衡性和可及性，推动人的全面发展、全体人民共同富裕取得更为明显的实质性进展"[1]。

（二）实现共同富裕是一个长期的历史过程

习近平总书记指出："实现全体人民共同富裕是一个长期的历史过程，不可能一蹴而就，必须保持历史耐心、进行不懈努力。"[2] 共同富裕是一个长远目标，需要一个长期奋斗的过程，对其长期性、艰巨性、复杂性要有充分估计，办好这件事，等不得，也急不得。我们要按照党中央决策部署，进一步贯彻以人民为中心的发展思想，坚持尽力而为、量力而行，循序渐进、久久为功，在推进高质量发展中推动共同富裕取得更为明显的实质性进展。

实现共同富裕首先要立足中国的基本国情。"中国式现代化是人口规模巨大的现代化。我国十四亿多人口整体迈进现代化社会，规模超过现有发达国家人口的总和，艰巨性和复杂性前所未有，发展途径

---

①　《中共中央关于进一步全面深化改革　推进中国式现代化的决定》，人民出版社 2024 年版，第 5 页。

②　中共中央党史和文献研究院编：《习近平关于中国式现代化论述摘编》，中央文献出版社 2023 年版，第 98 页。

和推进方式也必然具有自己的特点。"① 我国有十四亿多人口，实现如此巨大的人口体量的共同富裕，在世界发展史上是前所未有的。加之我国仍处于社会主义初级阶段，各地区推动共同富裕的基础和条件不尽相同，我们要充分估计实现共同富裕的长期性、艰巨性、复杂性。在推动共同富裕的过程中，要立足基本国情，把美好愿望与现实国情相结合，坚持问题导向，不断解决社会发展和人民群众生活中面临的困难和难题，扎扎实实推进共同富裕。

实现共同富裕是一个庞大的系统工程。习近平总书记指出："我们说的共同富裕是全体人民共同富裕，是人民群众物质生活和精神生活都富裕，不是少数人的富裕，也不是整齐划一的平均主义。"② 全体人民共同富裕是一个总体概念，是一个在动态中向前发展的过程。共同富裕是全民富裕，我们追求的发展是造福人民的发展，我们追求的富裕是全体人民共同富裕，不是少数人的富裕。共同富裕是全面富裕，与促进人的全面发展是高度统一的，物质生活的富裕、精神文化生活的丰富、生态环境质量的良好、人自身素质的提高等各方面有机结合在一起，才构成社会主义共同富裕的鲜明特征。共同富裕是共建富裕，共建才能共享，共建的过程也是共享的过程，要形成人人参与、人人尽力、人人都有成就感的生动局面。

---

① 习近平：《高举中国特色社会主义伟大旗帜 为全面建设社会主义现代化国家而团结奋斗——在中国共产党第二十次全国代表大会上的报告》，人民出版社 2022 年版，第 22 页。

② 中共中央党史和文献研究院编：《习近平关于中国式现代化论述摘编》，中央文献出版社 2023 年版，第 93 页。

实现共同富裕是一个循序渐进的长期过程。习近平总书记指出："我们要实现十四亿人共同富裕，必须脚踏实地、久久为功，不是所有人都同时富裕，也不是所有地区同时达到一个富裕水准，不同人群不仅实现富裕的程度有高有低，时间上也会有先有后，不同地区富裕程度还会存在一定差异，不可能齐头并进。"①实现共同富裕是一场持久战，不可能毕其功于一役。共同富裕是分阶段逐步实现的渐进富裕，人民对美好生活需要的产生和实现，本身是历史的、具体的，是一个逐步扩展和提升的过程。历史实践证明，如果搞"整齐划一"甚至"劫富济贫"的平均主义，不但实现不了全体人民的共同富裕，而且必然会抑制人们发展的积极性主动性创造性，出现"躺平"、养懒汉等现象，最终只会导致共同贫穷。全国各地、各行各业和每个人的基础不一、条件不一、禀赋不一，不可能所有人同时同步同等富裕。实现共同富裕，是一个由低层级到高层级、由量变到质变、由局部到全局螺旋式的运动过程，是由少部分人局部富裕逐步向全体人民整体富裕的跃升过程。为此，习近平总书记强调："我国正处于并将长期处于社会主义初级阶段，我们不能做超越阶段的事情，但也不是说在逐步实现共同富裕方面就无所作为，而是要根据现有条件把能做的事情尽量做起来，积小胜为大胜，不断朝着全体人民共同富裕的目标前进。"②

中国特色社会主义进入新时代，推动共同富裕历史性地站到了新的起点上。我们要始终把满足人民对美好生活的新期待作为发展的出发点和落脚点，发扬钉钉子精神，稳扎稳打向前走，扎扎实实推进共

---

① 《习近平著作选读》第二卷，人民出版社 2023 年版，第 506 页。
② 《习近平著作选读》第一卷，人民出版社 2023 年版，第 439 页。

同富裕。为此，习近平总书记强调指出："要深入研究不同阶段的目标，分阶段促进共同富裕：到'十四五'末，全体人民共同富裕迈出坚实步伐，居民收入和实际消费水平差距逐步缩小。到二〇三五年，全体人民共同富裕取得更为明显的实质性进展，基本公共服务实现均等化。到本世纪中叶，全体人民共同富裕基本实现，居民收入和实际消费水平差距缩小到合理区间。要抓紧制定促进共同富裕行动纲要，提出科学可行、符合国情的指标体系和考核评估办法。"①

（三）扎实推进全体人民共同富裕

我们党始终带领人民为创造美好生活、实现共同富裕而不懈奋斗。在全面建设社会主义现代化国家新征程中，我们要把促进全体人民共同富裕摆在更加重要的位置，更加积极有为地进行努力，促进人的全面发展和社会全面进步，让广大人民群众获得感、幸福感、安全感更加充实、更有保障、更可持续。为此，习近平总书记为扎实推进共同富裕指明了方向："总的思路是，坚持以人民为中心的发展思想，在高质量发展中促进共同富裕，正确处理效率和公平的关系，构建初次分配、再分配、三次分配协调配套的基础性制度安排，加大税收、社保、转移支付等调节力度并提高精准性，扩大中等收入群体比重，增加低收入群体收入，合理调节高收入，取缔非法收入，形成中间大、两头小的橄榄型分配结构，促进社会公平正义，促进人的全面发

---

① 《习近平著作选读》第二卷，人民出版社 2023 年版，第 501 页。

展，使全体人民朝着共同富裕目标扎实迈进。"①

坚持高质量发展是基础。发展仍然是解决我国一切问题的基础和关键，没有发展，实现共同富裕就无从谈起。新时代新阶段的发展必须是高质量发展。只有推动转变经济发展方式、优化经济结构、转换增长动力，实现质量变革、效率变革、动力变革，才能为实现共同富裕奠定坚实物质基础。要把实施扩大内需战略同深化供给侧结构性改革有机结合起来，增强国内大循环内生动力和可靠性，提升国际循环质量和水平，加快建设现代化经济体系，着力提高全要素生产率，着力提升产业链供应链韧性和安全水平，着力推进城乡融合和区域协调发展，推动经济实现质的有效提升和量的合理增长。当前，要坚持稳中求进工作总基调，进一步全面深化改革开放，加大宏观政策调控力度，着力扩大内需、提振信心、防范风险，推动经济运行持续好转、内生动力持续增强、社会预期持续改善、风险隐患持续化解。

坚持基本经济制度。实现共同富裕的目标，不仅要通过全国人民共同奋斗把"蛋糕"做大做好，而且要通过合理的制度安排正确处理增长和分配的关系，把"蛋糕"切好分好。我国社会主义基本经济制度既有利于激发各类经营主体活力、解放和发展社会生产力，又有利于促进效率和公平有机统一、不断实现共同富裕。要处理好效率和公平的关系，构建初次分配、再分配、第三次分配协调配套的制度体系；坚持按劳分配为主体，提高居民收入在国民收入分配中的比重，提高劳动报酬在初次分配中的比重，完善按要素分配政策；发挥再分

---

① 《习近平著作选读》第二卷，人民出版社2023年版，第503页。

配的调节作用，加大税收、社保、转移支付等的调节力度，提高精准性；发挥好第三次分配作用，引导、支持有意愿有能力的企业和社会群体积极参与公益慈善事业；允许一部分人先富起来，同时要先富带后富、帮后富，重点鼓励辛勤劳动、合法经营、敢于创业的致富带头人，违法违规的要依法处理。

促进基本公共服务均等化。贯彻落实党的二十大报告关于"健全基本公共服务体系，提高公共服务水平，增强均衡性和可及性"的要求，着力提升公共服务水平，在教育、医疗、养老、住房等人民群众最关心的领域精准提供基本公共服务，兜住困难群众基本生活底线，不吊高胃口、不空头许诺。要加大普惠性人力资本投入，有效减轻困难家庭教育负担，提高低收入群众子女受教育水平；完善养老和医疗保障体系，逐步缩小职工与居民、城市与农村的筹资和保障待遇差距，逐步提高城乡居民基本养老金水平；完善兜底救助体系，加快缩小社会救助的城乡标准差异，逐步提高城乡最低生活保障水平，兜住基本生活底线。要完善住房供应和保障体系，扩大保障性租赁住房供给，重点解决好新市民住房问题。

全面推进乡村振兴。促进共同富裕，最艰巨最繁重的任务仍然在农村。要加快推进农业农村现代化，提升农业农村自主发展能力。以家庭经营为基础，坚持统分结合，形成具有中国特色的农业适度规模经营，提高规模经济效益；深化农村集体经营性建设用地入市试点，完善土地增值收益分配机制；加快推动城乡融合发展，促进发展要素、各类服务下乡，推进农业与二、三产业融合发展，不断拓宽农产品流通渠道、扩大农产品需求、稳定农产品收益率，夯实农民收入增长的基础；推动基本公共服务资源下沉，着力加强薄弱环节，推进县域内义务教育优质均衡发展，不断提高农村人口受教育水平；组织实施好乡村建设行动，加快养老、教育、医疗等方面的公共服务设施建设，提高乡村基础设施完备度、公共服务便利度、人居环境舒适度。

二、不断满足人民群众对公平正义的新要求

"治天下也，必先公，公则天下平矣。"维护和促进社会公平正义，是不断满足人民对美好生活需要的价值准则，是解决新时代我国社会主要矛盾的根本要求。习近平总书记指出："实现社会公平正义是我们党的一贯主张，公平正义是中国特色社会主义的内在要求。"[①] 发展的目的是造福人民，要让发展更加平衡，让发展机会更加均等、发展成果人人共享，就要完善发展理念和模式，提升发展的公平性、有效性和协同性。

（一）公平正义是中国特色社会主义的内在要求

作为衡量社会文明进步的重要标尺，公平正义始终与人类社会发展相伴相随；作为协调社会关系的基本准则，公平正义对维护社会安全运转、促进持续发展具有举足轻重的地位。中华民族历来崇

---

① 中共中央文献研究室编：《习近平关于社会主义社会建设论述摘编》，中央文献出版社2017年版，第30页。

尚公平正义，从《墨子》的"义者，正也"到儒家的"大道之行，天下为公""唯公然后可正天下"，从《荀子》的"行义以正，事业以成"到《吕氏春秋》的"公则天下平矣"等，体现了古代先贤对公平正义的孜孜追求。古希腊将公平正义视为社会成员最重要的德行，柏拉图认为"正义是心灵的德行，不正义是心灵的邪恶"[1]，建立国家的目标"不是为了某一个阶级的单独突出的幸福，而是为了全体公民的最大幸福"[2]。古往今来，人们对公平正义的追求，推动着人类社会文明的发展和进步。

公平正义是马克思主义基本价值范畴。马克思、恩格斯深刻批判了资本主义的自由平等观，指出在资本主义私有制条件下，"政治自由是假自由，最坏的奴隶制；是自由的假象，因而是实在的奴役制。政治平等也是这样"，"真正的自由和真正的平等只有在公社制度下才可能实现；要向他们表明，这样的制度是正义所要求的"。[3] 他们把自由、平等、公正视为对社会制度进行价值判断与评价的准则，认为共产主义社会是"在生产者自由平等的联合体的基础上按新方式来组织生产的社会"[4]，是真正实现了人的自由、平等，从而真正实现了公平正义的理想社会。

实现公平正义是我们党的一贯主张和奋斗目标。一部中国共产党的历史，就是一部不懈追求公平正义的历史。我们党带领全国各族人

---

① [古希腊] 柏拉图：《理想国》，郭斌和、张竹明译，商务印书馆 1986 年版，第 42 页。
② [古希腊] 柏拉图：《理想国》，郭斌和、张竹明译，商务印书馆 1986 年版，第 135 页。
③ 《马克思恩格斯全集》第 3 卷，人民出版社 2002 年版，第 475、482 页。
④ 《马克思恩格斯文集》第 4 卷，人民出版社 2009 年版，第 193 页。

民，经过长期浴血奋战夺取了政权，建立新中国，为促进公平正义、实现共同富裕奠定了坚实的政治基础。新中国成立后特别是改革开放以来，我们党带领全国各族人民，把一个贫穷落后的旧中国建设成经济总量世界第二的发展中大国，为促进公平正义、实现共同富裕提供了坚实的物质基础。

维护和促进公平正义是习近平新时代中国特色社会主义思想的价值追求。习近平总书记指出："公平正义是我们党追求的一个非常崇高的价值，全心全意为人民服务的宗旨决定了我们必须追求公平正义。"[①] 党的十八届三中全会提出，全面深化改革"以促进社会公平正义、增进人民福祉为出发点和落脚点"[②]。习近平总书记强调，"全面深化改革必须着眼创造更加公平正义的社会环境，不断克服各种有违公平正义的现象，使改革发展成果更多更公平惠及全体人民"[③]。党的十八届四中全会提出，全面推进依法治国必须"依法维护人民权益、维护社会公平正义、维护国家安全稳定"[④]。习近平总书记强调，"全面依法治国，必须紧紧围绕保障和促进社会公平正义来进行"[⑤]。党的

---

① 中共中央文献研究室编：《习近平关于协调推进"四个全面"战略布局论述摘编》，中央文献出版社 2015 年版，第 117 页。

② 中共中央文献研究室编：《十八大以来重要文献选编》（上），中央文献出版社 2014 年版，第 512 页。

③ 中共中央文献研究室编：《十八大以来重要文献选编》（上），中央文献出版社 2014 年版，第 552 页。

④ 中共中央文献研究室编：《十八大以来重要文献选编》（中），中央文献出版社 2016 年版，第 157 页。

⑤ 中共中央文献研究室编：《习近平关于协调推进"四个全面"战略布局论述摘编》，中央文献出版社 2015 年版，第 118 页。

十八届五中全会提出创新、协调、绿色、开放、共享的新发展理念，习近平总书记强调"共享发展注重的是解决社会公平正义问题"①。人民对美好生活的向往就是我们的奋斗目标，增进民生福祉是我们立党为公、执政为民的本质要求。党的二十大报告强调："我们坚持把实现人民对美好生活的向往作为现代化建设的出发点和落脚点，着力维护和促进社会公平正义，着力促进全体人民共同富裕，坚决防止两极分化。"②党的二十届三中全会坚持以人民为中心，再一次强调，进一步全面深化改革"以促进社会公平正义、增进人民福祉为出发点和落脚点"，做到改革为了人民、改革依靠人民，改革成果由人民共享。

（二）不断克服各种有违公平正义的现象

维护和实现社会公平正义是坚持和发展中国特色社会主义的基本要义，是中国特色社会主义建设的根本要求。改革开放四十多年来，是我国经济实力和综合国力大幅提升的时期，是改善民生力度最大、人民得到实惠最多的时期。人们正享受着越来越多的改革发展成果，公平正义得到更多重视和保障。特别是党的十八大以来，以习近平同志为核心的党中央高度重视社会公平正义，大力推进教育公平、权利公平、分配正义、司法等领域公平正义，多谋民生之利、多解民生之

---

① 中共中央文献研究室编：《十八大以来重要文献选编》（中），中央文献出版社 2016 年版，第 827 页。

② 习近平：《高举中国特色社会主义伟大旗帜　为全面建设社会主义现代化国家而团结奋斗——在中国共产党第二十次全国代表大会上的报告》，人民出版社 2022 年版，第 22 页。

忧，在发展中补齐民生短板，不断维护和促进社会公平正义。我国不断扩大中等收入群体比重，增加低收入群体收入，合理调节高收入，取缔非法收入，逐步形成中间大、两头小的橄榄型分配结构；不断完善教育法律法规，推进城乡义务教育一体化改革；依法保障全体公民享有广泛的权利，保障公民的人身权、财产权、基本政治权利等各项权利不受侵犯，保证公民的经济、文化、社会等各方面权利得到落实；不断推进司法体制改革，克服地方保护主义和部门保护主义，以实现司法公平正义。

中国特色社会主义建设取得了巨大成就，为促进社会公平正义提供了坚实基础和有力保障，但也应该看到，"随着我国经济社会发展水平和人民生活水平不断提高，人民群众的公平意识、民主意识、权利意识不断增强，对社会不公问题反映越来越强烈"[1]。我国还处于社会主义初级阶段，距离共同富裕目标的要求还有一定差距，在维护社会公平正义方面还存在不尽如人意的地方，分配不公正、发展不均衡现象依然存在。党的二十大报告在充分肯定党和国家事业取得举世瞩目成就的同时提出，"我们的工作还存在一些不足，面临不少困难和问题"，其中主要有"发展不平衡不充分问题仍然突出"，"城乡区域发展和收入分配差距仍然较大"，[2] 等等。

"理国要道，在于公平正直。"老百姓讲"一碗水端平"，如果不

---

[1]　中共中央文献研究院编：《习近平关于社会主义社会建设论述摘编》，中央文献出版社 2017 年版，第 27 页。

[2]　习近平：《高举中国特色社会主义伟大旗帜　为全面建设社会主义现代化国家而团结奋斗——在中国共产党第二十次全国代表大会上的报告》，人民出版社 2022 年版，第 14 页。

端平、端不平，老百姓就会有意见，就会有怨气，久而久之社会和谐稳定就难以实现。因此，能否妥善处理好公平正义问题，关系着我国发展前景。习近平总书记深刻指出："如果不能给老百姓带来实实在在的利益，如果不能创造更加公平的社会环境，甚至导致更多不公平，改革就失去意义，也不可能持续。"①"大道之行，天下为公。"让广大人民群众共享改革发展成果，是社会主义制度优越性的集中体现。这方面问题解决好了，全体人民的积极性、主动性、创造性就能充分调动起来，国家发展也才能具有最深厚的伟力。

（三）着力维护和促进社会公平正义

维护和实现社会公平正义是我们党领导人民推进中国特色社会主义建设的价值追求，也是坚持和发展中国特色社会主义的关键内容，同时是衡量中国特色社会主义建设成效的关键标准。面对当前社会上存在的不公问题，习近平总书记指出："我国现阶段存在的有违公平正义的现象，许多是发展中的问题，是能够通过不断发展，通过制度安排、法律规范、政策支持加以解决的。"②

坚持以人民为中心。民心是最大的政治，正义是最强的力量。党的十九大报告把"坚持以人民为中心"作为新时代中国特色社会主义

---

① 中共中央文献研究室编：《十八大以来重要文献选编》（上），中央文献出版社 2014 年版，第 552—553 页。

② 中共中央文献研究室编：《十八大以来重要文献选编》（上），中央文献出版社 2014 年版，第 553 页。

必须坚持的基本方略之一，充分体现了我们党的性质和宗旨。党的二十大报告再次强调："坚持以人民为中心的发展思想。维护人民根本利益，增进民生福祉，不断实现发展为了人民、发展依靠人民、发展成果由人民共享，让现代化建设成果更多更公平惠及全体人民。"①党的二十届三中全会提出进一步全面深化改革"六个坚持"的原则，其中一个方面就是"坚持以人民为中心"。以人民为中心的发展思想，不是一个抽象的、玄奥的概念，不能只停留在口头上、止步于思想环节，而要体现在经济社会发展各个环节。改革既要往有利于增添发展新动力方向前进，也要往有利于维护社会公平正义方向前进，注重从体制机制创新上推进供给侧结构性改革，着力解决制约经济社会发展的体制机制问题；把以人民为中心的发展思想体现在经济社会发展各个环节，做到老百姓关心什么、期盼什么，改革就要抓住什么、推进什么，通过改革给人民群众带来更多获得感。党的十九届六中全会决议就强调："全党必须永远保持同人民群众的血肉联系，站稳人民立场，坚持人民主体地位，尊重人民首创精神，践行以人民为中心的发展思想，维护社会公平正义，着力解决发展不平衡不充分问题和人民群众急难愁盼问题，不断实现好、维护好、发展好最广大人民根本利益，团结带领全国各族人民不断为美好生活而奋斗。"②

---

① 习近平：《高举中国特色社会主义伟大旗帜　为全面建设社会主义现代化国家而团结奋斗——在中国共产党第二十次全国代表大会上的报告》，人民出版社 2022 年版，第 27 页。

② 《中共中央关于党的百年奋斗重大成就和历史经验的决议》，人民出版社 2021 年版，第 73 页。

坚持在发展中促进公平正义。发展是解决我国一切问题的基础和关键。习近平总书记指出："实现社会公平正义是由多种因素决定的，最主要的还是经济社会发展水平。"[1] 党的十八大以来，党中央将公平正义理念融入中国特色社会主义事业"五位一体"总体布局，在经济方面，实施乡村振兴战略，破除城乡二元结构和促进区域协调发展，着力解决收入差距过大、分配不公、区域发展不平衡等问题；在政治方面，不断推进政治体制改革、反腐倡廉和全面依法治国，着力解决体制机制不完善、腐败现象滋生、法律监督不力等问题；在文化方面，培育和践行社会主义核心价值观，发展社会主义先进文化，着力抵制历史虚无主义、极端个人主义、拜金主义、享乐主义等错误思潮；在社会方面，完善覆盖全民的社会保障体系，不断推动幼有所育、学有所教、劳有所得、病有所医、老有所养、住有所居、弱有所扶取得新进展；在生态方面，建设人与自然和谐共生的现代化，建设社会主义生态文明，实现永续发展。我们推进改革的根本目的，是要让国家变得更加富强、让社会变得更加公平正义、让人民生活得更加美好。我们始终以促进社会公平正义、增进人民福祉为出发点和落脚点，全面深化改革，就是要把促进社会公平正义、增进人民福祉作为一面镜子，审视我们各方面体制机制和政策规定，哪里有不符合社会公平正义的问题，哪里就需要改革；哪个领域哪个环节问题突出，哪个领域哪个环节就是改革的重点。

贯彻共享发展理念。习近平总书记强调："我们追求的发展是造

---

① 《习近平谈治国理政》第一卷，外文出版社 2018 年版，第 96 页。

福人民的发展，我们追求的富裕是全体人民共同富裕。改革发展搞得成功不成功，最终的判断标准是人民是不是共同享受到了改革发展成果。"① 共享发展理念的内涵主要有四个方面：一是全民共享。就覆盖面而言，共享发展是人人享有、各得其所，不是少数人共享、一部分人共享。二是全面共享。就内容而言，共享发展就要共享国家经济、政治、文化、社会、生态各方面建设成果，全面保障人民在各方面的合法权益。三是共建共享。就实现途径而言，共建才能共享，共建的过程也是共享的过程。要充分发扬民主，广泛汇聚民智，最大激发民力，形成人人参与、人人尽力、人人都有成就感的生动局面。四是渐进共享。就推进进程而言，要立足国情、立足经济社会发展水平来思考设计共享政策，既不裹足不前、铢施两较、该花的钱不花，也不好高骛远、寅吃卯粮、口惠而实不至。

构建有效制度体系。解决社会公平正义问题，不能仅仅停留在解决各种具体矛盾和问题的层面上，头痛医头、脚痛医脚，而应着眼于建立健全有利于保障社会公平正义的制度体系，使社会公平正义切实得到维护和实现。习近平总书记指出："不论处在什么发展水平上，制度都是社会公平正义的重要保证。我们要通过创新制度安排，努力克服人为因素造成的有违公平正义的现象，保证人民平等参与、平等发展权利。"② 他强调，"要完善促进机会公平、维护社会公平正义的制

---

① 中共中央文献研究室编：《习近平关于社会主义社会建设论述摘编》，中央文献出版社 2017 年版，第 35 页。

② 中共中央文献研究室编：《十八大以来重要文献选编》（上），中央文献出版社 2014 年版，第 553 页。

度机制，畅通社会向上流动通道，打破利益固化藩篱，创造公平竞争的良好环境，保证人民平等参与、平等发展权利，让每个人都获得发展自我和奉献社会的机会，共同享有人生出彩的机会，共同享有梦想成真的机会"[1]。党的二十届三中全会提出，"完善促进机会公平制度机制，畅通社会流动渠道"[2]。

三、不断满足人民群众对民生保障的新期待

"民惟邦本，本固邦宁。"民生是人民幸福之基、社会和谐之本。习近平总书记强调："保障和改善民生是一项长期工作，没有终点站，只有连续不断的新起点，要实现经济发展和民生改善良性循环。"[3] 保障和改善民生，要从解决群众最关心、最直接、最现实的利益问题入手，满足老百姓多样化的民生需求，织就密实的民生保障网。党的二十大强调："我们要实现好、维护好、发展好最广大人民根本利益，紧紧抓住人民最关心最直接最现实的利益问题，坚持尽力而为、量力而行，深入群众、深入基层，采取更多惠民生、暖民心举措，着力解决好人民群众急难愁盼问题，健全基本公共服务体系，提高公共服务

---

[1] 中共中央党史和文献研究院编：《习近平关于中国式现代化论述摘编》，中央文献出版社 2023 年版，第 99 页。

[2] 《中共中央关于进一步全面深化改革 推进中国式现代化的决定》，人民出版社 2024 年版，第 36 页。

[3] 中共中央文献研究室编：《习近平关于社会主义社会建设论述摘编》，中央文献出版社 2017 年版，第 5—6 页。

水平，增强均衡性和可及性，扎实推进共同富裕。"[1] 党的二十届三中全会进一步指出："在发展中保障和改善民生是中国式现代化的重大任务。必须坚持尽力而为、量力而行，完善基本公共服务制度体系，加强普惠性、基础性、兜底性民生建设，解决好人民最关心最直接最现实的利益问题，不断满足人民对美好生活的向往。"[2]

（一）增进民生福祉是发展的根本目的

民生连着民心，民心凝聚民力，做好保障和改善民生工作，事关人民群众福祉、社会和谐稳定和国家长治久安。在中国，"民生"一词最早出现在《左传·宣公十二年》，所谓"民生在勤，勤则不匮"。先贤们还留下许多诸如"政之所兴在顺民心，政之所废在逆民心""以人为本，本治则国固，本乱则国危"等道理。纵观人类社会发展，历史上民不聊生的时期必定产生社会动乱，而重视民生、休养生息的时期则政治稳定、经济发展、社会进步。

坚持发展为了人民、发展依靠人民、发展成果由人民共享，是我们党的一贯追求。早在 1934 年，毛泽东就指出："一切群众的实际生活问题，都是我们应当注意的问题。假如我们对这些问题注意了，解决了，满足了群众的需要，我们就真正成了群众生活的组织者，群

---

[1]　习近平：《高举中国特色社会主义伟大旗帜　为全面建设社会主义现代化国家而团结奋斗——在中国共产党第二十次全国代表大会上的报告》，人民出版社 2022 年版，第46 页。

[2]　《中共中央关于进一步全面深化改革　推进中国式现代化的决定》，人民出版社 2024 年版，第 35 页。

众就会真正围绕在我们的周围，热烈地拥护我们。"① 新中国成立后，毛泽东又指出："要把衣、食、住、用、行五个字安排好，这是六亿五千万人民安定不安定的问题。"② 进入改革开放和社会主义现代化建设新时期，邓小平把"是否有利于提高人民的生活水平"作为"三个有利于"标准之一；江泽民提出，在经济发展的基础上，促进社会全面进步，不断提高人民生活水平，保证人民共享发展成果；胡锦涛强调，必须在经济发展的基础上，更加注重社会建设，着力保障和改善民生。进入中国特色社会主义新时代，习近平总书记再次强调："以民为本、以人为本是党的执政理念，不断改善民生是发展的根本目的。"③

党的十八大以来，党中央把着力保障和改善民生摆在突出位置，一大批惠民举措落地实施，人民群众获得感显著增强。改善民生只有进行时，没有完成时。党的十九大报告把"坚持在发展中保障和改善民生"作为新时代中国特色社会主义基本方略之一，并对提高保障和改善民生水平作出总体部署。党的二十大再次强调，要"增进民生福祉，提高人民生活品质"④。我们要在整个发展过程中注重民生、保障民生、改善民生，让改革发展成果更多更公平惠及广大人民群众，使

---

① 《毛泽东选集》第一卷，人民出版社 1991 年版，第 137 页。
② 《毛泽东文集》第八卷，人民出版社 1999 年版，第 78 页。
③ 中共中央文献研究室编：《习近平关于社会主义社会建设论述摘编》，中央文献出版社 2017 年版，第 6 页。
④ 习近平：《高举中国特色社会主义伟大旗帜　为全面建设社会主义现代化国家而团结奋斗——在中国共产党第二十次全国代表大会上的报告》，人民出版社 2022 年版，第 46 页。

人民群众在共建共享发展中有更多获得感。

（二）加快补齐民生保障短板

"为中国人民谋幸福、为中华民族谋复兴"是中国共产党矢志不渝的初心使命，这要求我们党一切工作出发点都是为了让老百姓过上更好日子。进入新时代以来，以习近平同志为核心的党中央坚持以人民为中心的发展思想，始终坚持在发展中保障和改善民生，着力解决人民群众普遍关注、反映强烈的急难愁盼问题，加快补齐民生领域的短板，不断满足人民群众对美好生活的新需求、新期待。党的二十大报告在总结新时代十年的伟大变革时鲜明指出："我们深入贯彻以人民为中心的发展思想，在幼有所育、学有所教、劳有所得、病有所医、老有所养、住有所居、弱有所扶上持续用力，人民生活全方位改善"，"人民群众获得感、幸福感、安全感更加充实、更有保障、更可持续，共同富裕取得新成效"。①

当前，人民生活显著改善，对美好生活的向往更加强烈，人民群众的需要呈现多样化、多层次、多方面的特点，期盼有更好的教育、更稳定的工作、更满意的收入、更可靠的社会保障、更高水平的医疗卫生服务、更舒适的居住条件、更优美的环境、更丰富的精神文化生活。党的二十大报告在论述"我们的工作还存在一些不足，面临不

---

① 习近平:《高举中国特色社会主义伟大旗帜　为全面建设社会主义现代化国家而团结奋斗——在中国共产党第二十次全国代表大会上的报告》，人民出版社 2022 年版，第10、11 页。

少困难和问题"时也指出，"群众在就业、教育、医疗、托育、养老、住房等方面面临不少难题"①。

比如，就业矛盾和压力相互交织。在供给侧结构性改革过程中，淘汰落后产能，经济增长内生动力不足，市场不稳定性增加，导致部分地区下岗压力增大。新技术、新产品、新业态、新模式快速发展，但是技术人才远远不足，人才供求矛盾突出。高校毕业生就业形势总体趋好，但就业稳定性、就业质量、相对工资水平有待进一步提高。

又如，随着城镇化、人口老龄化、就业方式多样化加快发展，我国社会保障体系仍存在不足。制度整合没有完全到位，制度之间转移衔接不够通畅；部分农民工、灵活就业人员、新业态就业人员等人群没有纳入社会保障，存在"漏保""脱保""断保"的情况；政府主导并负责管理的基本保障"一枝独大"，而市场主体和社会力量承担的补充保障发育不够；社会保障统筹层次有待提高，城乡、区域、群体之间待遇差异不尽合理；社会保障公共服务能力同人民群众的需求还存在一定差距。

再如，医疗卫生事业还不能完全满足群众需求。人们不仅要求看得上病、看得好病，更希望不得病、少得病和看病更舒心、服务更体贴，必然带来层次更高、覆盖范围更广的全民健康需求。但同时，我国面临多重疾病威胁并存、多种影响因素交织的复杂局面，医疗卫生事业发展不平衡不充分，公共卫生应急管理体系还不够健全。

---

① 习近平：《高举中国特色社会主义伟大旗帜 为全面建设社会主义现代化国家而团结奋斗——在中国共产党第二十次全国代表大会上的报告》，人民出版社 2022 年版，第 14 页。

（三）坚持在发展中保障和改善民生

民生工作离老百姓最近，同老百姓生活最密切。习近平总书记指出："要抓住人民最关心最直接最现实的利益问题，扭住突出民生难题，一件事情接着一件事情办，一年接着一年干，争取早见成效，让人民群众有更多获得感、幸福感、安全感。"[①] 要着力补齐民生短板，破解民生难题，兜牢民生底线，办好就业、教育、社保、医疗、养老、托幼、住房等民生实事，提高公共服务可及性和均等化水平，在更高水平上实现幼有所育、学有所教、劳有所得、病有所医、老有所养、住有所居、弱有所扶。

办好人民满意的教育。教育是国之大计、党之大计，是民族振兴、社会进步的重要基石，是全面建设社会主义现代化国家的基础性、战略性支撑。培养什么人、怎样培养人、为谁培养人是教育的根本问题。必须坚持党对教育事业的全面领导，把教育放在优先发展的战略地位，把服务中华民族伟大复兴作为教育的重要使命，加快推进教育现代化，建设教育强国，办好人民满意的教育；全面贯彻党的教育方针，落实立德树人根本任务，培养德智体美劳全面发展的社会主义建设者和接班人。

完善分配制度。分配制度是促进共同富裕的基础性制度。要坚持按劳分配为主体、多种分配方式并存，努力提高居民收入在国民收入分配中的比重，提高劳动报酬在初次分配中的比重。坚持多劳多得，

---

① 《习近平谈治国理政》第三卷，外文出版社 2020 年版，第 346 页。

鼓励勤劳致富，促进机会公平。完善按要素分配政策制度，探索多种渠道增加中低收入群众要素收入，多渠道增加城乡居民财产性收入。加大再分配的调节力度，规范收入分配秩序，规范财富积累机制。引导、支持有意愿有能力的企业、社会组织和个人积极参与公益慈善事业。

实施就业优先战略。就业是最基本的民生。要强化就业优先政策，健全就业促进机制，促进高质量充分就业。健全就业公共服务体系，完善重点群体就业支持体系，加强困难群体就业兜底帮扶。统筹城乡就业政策体系，使人人都有通过勤奋劳动实现自身发展的机会。完善促进创业带动就业的保障制度，支持和规范发展新就业形态。完善劳动者权益保障制度，加强灵活就业和新就业形态劳动者权益保障。构建和谐劳动关系，大力弘扬劳模精神、劳动精神、工匠精神，努力让劳动者实现体面劳动、全面发展。

健全社会保障体系。社会保障体系是人民生活的安全网和社会运行的稳定器。要健全覆盖全民、统筹城乡、公平统一、安全规范、可持续的多层次社会保障体系。完善基本养老保险全国统筹制度，扩大社会保险覆盖面，促进多层次医疗保障有序衔接，健全分层分类的社会救助体系。实施渐进式延迟法定退休年龄。保障妇女儿童合法权益，促进残疾人事业全面发展。坚持房子是用来住的、不是用来炒的定位，加快建立多主体供给、多渠道保障、租购并举的住房制度。

推进健康中国建设。人民健康是民族昌盛和国家强盛的重要标志。要把保障人民健康放在优先发展的战略位置，完善人民健康促进政策，推进健康中国建设。优化人口发展战略，建立生育支持政策体系，降低生育、养育、教育成本。实施积极应对人口老龄化国家战略，发展养老事业和养老产业。深化医药卫生体制改革，促进医保、医疗、医药协同发展和治理。促进优质医疗资源扩容和区域均衡布局，提高基层防病治病和健康管理能力。深化以公益性为导向的公立医院改革，规范民营医院发展。促进中医药传承创新发展。健全公共卫生体系，提高重大疫情早发现能力，加强重大疫情防控救治体系和应急能力建设，有效遏制重大传染性疾病传播。深入开展健康中国行动和爱国卫生运动，倡导文明健康生活方式。

保障和改善民生既要尽力而为，又要量力而行。民生工作直接同老百姓见面、对账，承诺了就要兑现。决不能开空头支票，否则就会失信于民。要坚守底线、突出重点、完善制度、引导预期，持之以恒把民生工作抓好，一件事情接着一件事情办，一年接着一年干，让群众看到变化、得到实惠。同时，我国仍处于并将长期处于社会主义初级阶段，改善民生不能脱离这个最大实际提出过高目标。要坚持从实际出发，根据经济发展和财力状况逐步提高人民生活水平，做那些现实条件下可以做到的事情。改善民生既是党和政府工作的方向，也是人民群众自身奋斗的目标。做好民生工作，必须坚持人人尽责、人人享有，让所有劳动者在推动发展中分享发展成果。对美好生活的向往，只有通过劳动才能实现；发展中的各种难题，只有通过劳动才能破解。要鼓励引导广大群众辛勤劳动、诚实劳动、创造性劳动，以共同奋斗创造美好生活。

四、不断满足人民群众对社会安全的新需求

党的二十大报告指出："国家安全是民族复兴的根基，社会稳定是国家强盛的前提。"① 社会安定有序、和谐稳定是建设社会主义现代化强国的重要前提，安全的社会环境、良好的社会秩序是人民美好生活的重要组成部分。对国家而言，稳定是金；对老百姓来说，平安是福。民心所向，忧之念之。党的十八大以来，在以习近平同志为核心的党中央坚强领导下，着眼于国家长治久安、人民安居乐业，建设更高水平的平安中国，不断加强和创新社会治理，社会治理社会化、法治化、智能化、专业化水平大幅度提升，续写了社会长期稳定奇迹。

（一）平安是老百姓解决温饱后的第一需求

习近平总书记指出："平安是老百姓解决温饱后的第一需求，是极重要的民生，也是最基本的发展环境。"② 平安是人民幸福安康的基本要求，如果社会不安宁，老百姓就很难过上好日子。平安也是改革发展的基本前提，改革发展离不开稳定的社会环境。

社会安全是人民群众的新要求新期待。我国稳定解决了十几亿人

---

① 习近平：《高举中国特色社会主义伟大旗帜　为全面建设社会主义现代化国家而团结奋斗——在中国共产党第二十次全国代表大会上的报告》，人民出版社 2022 年版，第 52 页。

② 中共中央文献研究室编：《习近平关于社会主义社会建设论述摘编》，中央文献出版社 2017 年版，第 148 页。

的温饱问题，全面建成小康社会并向全面建成社会主义现代化强国迈进。进入中国特色社会主义新时代，人民群众对过上美好生活有新的期待，对社会和谐稳定有新的要求，在追求生活更加富裕的同时，对保障自己的生命财产安全有了更高的渴望，不仅关注人身安全，而且关注吃得是否放心、住得是否安心、出行是否平安。

　　社会稳定是国家繁荣富强的基本前提。稳定是改革发展的前提，必须坚持改革发展稳定的统一，在确保社会稳定中推进改革发展。邓小平明确指出："没有安定团结的政治环境，没有稳定的社会秩序，什么事也干不成。稳定压倒一切。"① 改革开放四十多年来，我国社会发生的变革前所未有，同时又保持了安定团结。这充分证明，只有社会稳定，改革发展才能不断推进；只有改革发展不断推进，社会稳定才能具有坚实基础。离开社会稳定，不仅改革发展不可能顺利推进，而且已经取得的成果也会丧失。从世界范围看，许多国家由于政局动荡、社会动乱，不仅失去发展机遇，也给这些国家的人民带来深重灾难。为此，习近平总书记强调："发展是硬道理，稳定也是硬道理，抓发展、抓稳定两手都要硬。"②

（二）充分认清我国社会安全新形势

　　平安，民族复兴巍巍基石，亿万民生福祉所系。党的十八大以

---

① 《邓小平文选》第三卷，人民出版社 1993 年版，第 331 页。

② 中共中央文献研究室编：《习近平关于社会主义社会建设论述摘编》，中央文献出版社 2017 年版，第 137 页。

来，以习近平同志为核心的党中央把平安中国建设置于事业发展全局中进行谋划和推进，体制机制逐步完善，市域社会治理现代化试点深入推进，风险防控整体水平稳步提高，法律法规制度不断健全，共建共治共享工作格局初步形成，影响国家安全和社会稳定的突出问题得到有效解决，"中国之治"优势更加彰显。国际社会普遍认为，中国是世界上最安全的国家之一。

总体上看，我国社会治理体系不断完善，广大人民群众的安全感和满意度不断增强。也要清醒看到，社会利益关系日趋复杂，社会阶层结构分化，特别是随着互联网的迅猛发展和广泛普及，人们的生产生活、思维方式、交往方式深刻改变，社会观念、社会心理、社会行为深刻变化，社会形势环境变化之快、改革发展稳定任务之重、矛盾风险挑战之多前所未有。特别是我国经济发展面临需求收缩、供给冲击、预期转弱三重压力，社会利益关系错综复杂，各类矛盾风险交织叠加。正如习近平总书记所指出："我们的事业越前进、越发展，新情况新问题就会越多，面临的风险和挑战就会越多，面对的不可预料的事情就会越多。"①

当前和今后一个时期，可能是我国发展面临的各方面风险不断积累甚至集中显露的时期。改革开放四十多年时间内，我国正在进行西方发达国家历经三四百年时间才完成的社会转型任务，这就造成历史与现实、传统与现代、本土文化与西方文明多重因素交织，因而带来了前所未有的冲突和碰撞，进而导致各种风险同时并存、集中显现。

---

① 中共中央文献研究室编：《十八大以来重要文献选编》（上），中央文献出版社 2014 年版，第 114—115 页。

特别是在社会转型过程中，体制机制的变迁势必带来结构的重新分化和组合，既有的制度、结构被打破，新的制度、结构尚不稳定，新旧之间往往存在"真空地带"，而且新旧交替还需要一个适应磨合的过程，将会产生制度"真空"、结构失调等问题，给社会运行带来风险。当前我国发展所面临的风险并不是独立作用的，而是各种矛盾风险挑战源、各类矛盾风险挑战点相互交织、相互作用。如果防范不及、应对不力，就会传导、叠加、演变、升级。正如习近平总书记所指出的，"各种风险往往不是孤立出现的，很可能是相互交织并形成一个风险综合体"①。

当前，我国面临复杂多变的安全和发展环境，各种可以预见和难以预见的风险因素明显增多，社会安全内涵和外延比历史上任何时候都要丰富，时空领域比历史上任何时候都要宽广，内外因素比历史上任何时候都要复杂，维护社会安全的任务更加繁重艰巨。概括来讲，我国正处于社会转型的关键期，复杂的国内外形势是社会安全面临的时代背景；正处于深化改革的攻坚期，利益格局深刻调整是社会安全面临的重大问题；正处于社会分化的加剧期，各种社会矛盾多发是社会安全面临的直接挑战；正处于核心价值的重塑期，价值观念多元多变是社会安全面临的深层压力；正处于网络影响的凸显期，各种社会情绪蔓延是社会安全面临的新型考验；正处于敏感问题的密集期，多种任务并重是社会安全面临的实践课题。我们必须增强忧患意识，坚持底线思维，做到居安思危、未雨绸缪，准备经受风高浪急甚至惊涛骇浪的重大考验。

---

① 中共中央文献研究室编：《十八大以来重要文献选编》（中），中央文献出版社 2016 年版，第 834 页。

（三）大力推进平安中国建设

天下太平，人民才能幸福，中国才能富强，中华民族才能腾飞。我们要积极适应新时代中国特色社会主义的新要求和人民群众对美好生活的新期待，下大气力解决影响社会和谐稳定的突出问题，加强源头性、基础性工作，在更高起点上全面推进平安中国建设，努力建设领域更广、人民群众更满意、实效性更强的平安中国。党的二十大强调，"建设更高水平的平安中国，以新安全格局保障新发展格局"①。党的二十届三中全会也强调，聚焦建设更高水平平安中国，有效构建新安全格局。我们要坚持问题导向，把专项治理和系统治理、综合治理、依法治理、源头治理结合起来，坚定不移走中国特色社会主义社会治理之路，善于把党的领导和我国社会主义制度优势转化为社会治理优势，建设人人有责、人人尽责、人人享有的社会治理共同体。

加强和创新社会治理，关键在体制创新，核心是人。要以最广大人民根本利益为坐标，确保社会治理过程人民参与、成效人民评判、成果人民共享。健全共建共治共享的社会治理制度，完善党委领导、政府负责、民主协商、社会协同、公众参与、法治保障、科技支撑的社会治理体系，提升社会治理效能。构建源头防控、排查梳理、纠纷化解、应急处置的社会矛盾综合治理机制，善于运用法治、民主、协商的办法正确处理新形势下人民内部矛盾和社会矛盾。坚持生命至

---

① 习近平：《高举中国特色社会主义伟大旗帜　为全面建设社会主义现代化国家而团结奋斗——在中国共产党第二十次全国代表大会上的报告》，人民出版社 2022 年版，第52—53 页。

上、安全第一，健全公共安全体制机制，编织全方位、立体化的公共安全网。完善社会治安综合治理体制机制，加快建设立体化、信息化社会治安防控体系。健全社会心理服务体系和疏导机制、危机干预机制，塑造自尊自信、理性平和、亲善友爱的社会心态。

基础不牢，地动山摇。社会治理的重心必须向基层下移，落实到城乡社区。社区服务和管理能力强了，社会治理的基础就实了。要健全基层党组织领导的基层群众自治机制，完善网格化管理、精细化服务、信息化支撑的基层治理平台，健全城乡社区治理体系，实现政府治理和社会调节、居民自治良性互动。坚持和发展新时代"枫桥经验"，畅通和规范群众诉求表达、利益协调、权益保障通道，及时把矛盾纠纷化解在基层、化解在萌芽状态。加快推进市域社会治理现代化，提高市域社会治理能力。

"安而不忘危，存而不忘亡，治而不忘乱。"增强忧患意识、风险意识，做到居安思危、有备无患，是治党治国必须始终坚持的一个重大原则。习近平总书记强调，"我们必须保持清醒头脑、强化底线思维，有效防范、管理、处理国家安全风险，有力应对、处置、化解社会安定挑战"[1]。为此，党的二十大向全党提出，"必须坚定信心、锐意进取，主动识变应变求变，主动防范化解风险，不断夺取全面建设社会主义现代化国家新胜利！"[2]"明者防祸于未萌，智者图患于将

---

[1] 中共中央文献研究室编：《习近平关于社会主义社会建设论述摘编》，中央文献出版社2017年版，第172页。

[2] 习近平：《高举中国特色社会主义伟大旗帜 为全面建设社会主义现代化国家而团结奋斗——在中国共产党第二十次全国代表大会上的报告》，人民出版社2022年版，第28页。

来。"习近平总书记强调:"面对波谲云诡的国际形势、复杂敏感的周边环境、艰巨繁重的改革发展稳定任务,我们必须始终保持高度警惕,既要高度警惕'黑天鹅'事件,也要防范'灰犀牛'事件;既要有防范风险的先手,也要有应对和化解风险挑战的高招;既要打好防范和抵御风险的有准备之战,也要打好化险为夷、转危为机的战略主动战。"① 要加强对各种风险源的调查研判,提高动态监测、实时预警能力,推进风险防控工作科学化、精细化,对各种可能的风险及其原因都要心中有数、对症下药、综合施策,出手及时有力,力争把风险化解在源头,不让小风险演化为大风险,不让个别风险演化为综合风险,不让局部风险演化为区域性或系统性风险,不让经济风险演化为社会政治风险,不让国际风险演化为国内风险。

"治理之道,莫要于安民;安民之道,在于察其疾苦。"维护社会安全稳定,基础在于做好群众工作。群众工作是我们党的优良传统和政治优势,也是维护社会稳定的基础工作。做好群众工作,要坚持把实现好、维护好、发展好最广大人民根本利益作为一切工作的出发点和落脚点,重大工作和重大决策必须识民情、接地气,以人民群众利益为重、以人民群众期盼为念,真诚倾听群众呼声,真实反映群众愿望,真情关心群众疾苦;坚持工作重心下移,深入实际、深入基层、深入群众,做到知民情、解民忧、纾民怨、暖民心,多干让人民满意的好事实事,充分调动人民群众的积极性、主动性、创造性。

---

① 《习近平著作选读》第二卷,人民出版社 2023 年版,第 244—245 页。

第九章

中国式现代化的生态文明发展战略

　　中国式现代化是人与自然和谐共生的现代化。中国共产党领导人民推进中国式现代化，创造更加美好生活，秉持的一个理念就是搞好生态文明。党的二十大报告指出："大自然是人类赖以生存发展的基本条件。尊重自然、顺应自然、保护自然，是全面建设社会主义现代化国家的内在要求。"[①] 推进中国式现代化，必须牢固树立和践行绿水青山就是金山银山的理念，站在人与自然和谐共生的高度谋划发展。党的二十届三中全会提出："聚焦建设美丽中国，加快经济社会发展全面绿色转型，健全生态环境治理体系，推进生态优先、节约集约、绿色低碳发展，促进人与自然和

---

① 习近平：《高举中国特色社会主义伟大旗帜　为全面建设社会主义现代化国家而团结奋斗——在中国共产党第二十次全国代表大会上的报告》，人民出版社 2022 年版，第49—50 页。

谐共生。"①

一、推进人与自然和谐共生

人与自然的关系是人类社会最基本的关系,处理好二者的关系是人类生存与发展的永恒课题。习近平总书记强调:"全面推进美丽中国建设,加快推进人与自然和谐共生的现代化。"② 建设人与自然和谐共生的现代化,是我国社会主义生态文明建设不断向前推进的结果,是我们党在坚持科学社会主义基本原则,深刻把握世界现代化建设规律的基础上作出的关于中国永续发展的战略设计。

(一) 坚持科学社会主义的应有之义

生态文明观的核心内容是人与自然的关系,对此关系,不同社会形态给出了不同的答案。资本主义制度因其对资本的过度放纵和对剩余价值的无限追求,不仅异化了人与人的关系,也异化了人与自然的关系。对此,马克思在《1844 年经济学哲学手稿》中鲜明地指出:异化使自然界与人相脱离,"对于工人来说,甚至对新鲜空气

---

① 《中共中央关于进一步全面深化改革　推进中国式现代化的决定》,人民出版社 2024 年版,第 5 页。
② 《习近平在全国生态环境保护大会上强调　全面推进美丽中国建设　加快推进人与自然和谐共生的现代化》,《人民日报》2023 年 7 月 19 日。

的需要也不再成其为需要了。人又退回到洞穴中居住，不过这洞穴现在已被文明的污浊毒气所污染"①。而只有在共产主义社会中，"自然界才是人自己的合乎人性的存在的基础，才是人的现实的生活要素"，才"是人的实现了的自然主义和自然界的实现了的人道主义"。② 就人与自然的关系而言，社会主义制度优越于资本主义制度的一个重要表现就是建构了一种新型的关系，这种关系实现了"人同自然界的完成了的本质的统一"③，而这恰恰是当代生态文明观的核心价值追求。因为是社会主义国家，所以当代中国决不能走西方国家现代化建设中曾经走过的"先污染后治理"的发展道路，而必须另辟蹊径，走出一条人与自然和谐共生的现代化之路。习近平总书记指出："把生态文明建设纳入中国特色社会主义事业五位一体总体布局，明确提出大力推进生态文明建设，努力建设美丽中国，实现中华民族永续发展。这标志着我们对中国特色社会主义规律认识的进一步深化，表明了我们加强生态文明建设的坚定意志和坚强决心。"④ 可以说，社会主义的本质特征和核心价值与生态文明具有本质上的一致性。视科学社会主义基本原则为圭臬的中国特色社会主义，也就必然会把建设生态文明作为一个重要的战略任务常抓不懈。

---

① 《马克思恩格斯文集》第 1 卷，人民出版社 2009 年版，第 225 页。
② 《马克思恩格斯文集》第 1 卷，人民出版社 2009 年版，第 187 页。
③ 《马克思恩格斯文集》第 1 卷，人民出版社 2009 年版，第 187 页。
④ 《习近平在中共中央政治局第六次集体学习时强调　坚持节约资源和保护环境基本国策　努力走向社会主义生态文明新时代》，《人民日报》2013 年 5 月 25 日。

（二）中国式现代化的本质要求

中国式现代化有许多特征，其中之一就是中国式现代化是人与自然和谐共生的现代化。在世界现代化的早期，人们的民主意识、法治意识、权利意识尚未充分觉醒，还没有生态文明的理念，一个国家进行现代化建设无须兼顾物质文明、政治文明、精神文明、社会文明和生态文明的协调发展，而只要专注于物质文明这一主要目标就可以了。作为现代化的先行者，西方国家大都是在没有任何环境约束的条件下实现了工业化，现代化建设普遍经历了"先污染后治理"的过程。从 1850 年到 2019 年，全球累计排放了 2.42 万亿吨二氧化碳，其中发达国家排放约 1.4 万亿吨，占比 57%。工业化创造了前所未有的物质财富，但也制造了难以弥补的生态创伤。随着现代化进程的推进，人们的环保意识逐渐凸显，杀鸡取卵、竭泽而渔的发展方式走到了尽头。相比之下，当中国开启现代化进程时，在发展中仅专注于单一物质文明发展的机会窗口早已关闭，"先污染后治理"的发展模式更是不可行。在这样的背景下，物质文明"单兵突进"式的发展模式显然已不可行。中国式现代化之所以伟大，就在于艰难，既不能走"单兵突进""先污染后治理"的现代化老路，但又要达到发达国家的现代化水平，这就要求我们在现代化建设的新征程上，必须坚持走生产发展、生活富裕、生态良好的生态文明发展道路，努力实现人与自然的和谐共生，努力实现经济发展和人口、资源、环境的高度协调。为此，党的二十届三中全会强调："中国式现代化是人与自然和谐共生的现代化。必须完善生态文明制度体系，协同推进降碳、减污、扩绿、增长，积极应对气候变化，加快完善落实绿水青山就是金山银山理念的体制机制。"①

（三）推动高质量发展的内在要求

改革开放初期，我国经济基础薄弱，困难重重，解决这些问题只能靠发展。然而，个别地方、一些部门和有些人片面理解为"发展就是经济发展""发展就是 GDP 增长"，却忽略了自然资源、生态环境的可承受性，在粗放型发展方式下，造成自然资源过度开采、生态破坏和环境污染等问题。片面理解为"发展就是经济发展""发展就是 GDP 增长"，却忽略了自然资源、生态环境的可承受性。恩格斯曾告诫人们："不要过分陶醉于我们人类对自然界的胜利。对于每一次这样的胜利，自然界都对我们进行报复。"② 历史教训表明，在整个发展过程中，不能只讲索取不讲投入，不能只讲发展不讲保护，不能只讲利用不讲修复。无止境地向自然索取甚至破坏自然必然会遭到大自然的报复，这是无法抗拒的规律。经过几十年的高速发展，当前我国经济已经由高速度发展阶段转向高质量发展阶段。所谓高质量发展，就是能够很好满足人民日益增长的美好生活需要的发展，是体现新发展理念的发展，是创新成为第一动力、协调成为内生特点、绿色成为普遍形态、开放成为必由之路、共享成为根本目的的发展。推动高质量

---

① 《中共中央关于进一步全面深化改革　推进中国式现代化的决定》，人民出版社 2024 年版，第 38 页。

② 《马克思恩格斯文集》第 9 卷，人民出版社 2009 年版，第 559—560 页。

发展，就应让绿色发展理念深入人心、绿色发展政策体系成熟有效、绿色产业蓬勃发展、绿色消费方式成为潮流、绿色发展实践广泛深入渗透生产生活各领域各环节；就是要通过全方位的变革和政策引导努力，真正将绿水青山转化为金山银山，实现绿色循环低碳发展、人与自然和谐共生，形成人与自然和谐发展的现代化建设新格局。

（四）增强我国在国际环境与发展领域话语权的客观需要

保护生态环境，应对气候变化，维护能源资源安全，是全球面临的共同挑战。时至今日，生态问题早已超越了自然科学领域，演变成为关系整个人类社会发展的国际议题。在现实中，各国也都以保护世界生态的名义为其国家权益寻找对各自有利的证据，并在全球生态话语中抢占道义制高点。这样一来，有关生态问题的判断在科学认知的基础上，不断被加入价值判断的因素。中国作为发展中国家，发展始终是第一要务，但在生态、环保逐渐成为国际政治博弈主题的时代背景下，选择何种方式应对不仅事关中国的可持续发展，也事关中国的国际话语权和中国的国际形象。国际气候政治博弈的历史充分表明，应对生态环境变化是当前乃至今后相当长时期内实现全球可持续发展的核心任务，探索可持续发展道路无疑将成为未来人类发展的重要选择。作为负责任的大国，中国必须顺应这一潮流，走符合生态文明要求的发展之路，否则必将面对越来越大的国际舆论压力和世界道义压力。就此而言，我们党提出的绿色发展理念、人类命运共同体理念，作出的力争 2030 年前实现碳达峰、

2060 年前实现碳中和的庄严承诺，不仅关系到中国人民未来的福祉，也体现了对世界生态安全负责任的态度，是对国际社会的贡献，对于增强我国在国际环境与发展领域的话语权，提升我国参与国际气候变化和可持续发展领域国际谈判和对话交流的优势，树立我国负责任大国的形象有着极为重大的意义。

二、强化生态文明发展理念

理念是行动的先导。发展理念是否对头，从根本上决定着发展成效乃至成败。就当今世界而言，走绿色可持续的生态化发展道路已经成为一个不可逆转的历史潮流。构建与中国式现代化本质要求相适应、与世界发展生态化潮流相协调的发展理念，是我们推动生态文明建设的重要前提。

（一）强化绿色发展理念

生态环境问题归根结底是发展方式和生活方式问题。对于仍处于社会主义初级阶段的中国来说，实现社会主义现代化关键是解决发展问题，但问题在于，经过多年的快速发展，我国环境承载能力已经达到或接近上限，难以再承载高消耗、粗放型的发展模式，如果我们在"什么是发展、为何发展、怎样发展"的问题上，仍然抱守着"社会发展就是经济发展""经济发展就是经济增长"的片面的发展观念，那么影响的就不仅仅是环境，而是发展自身。正是在不断总结反思的基础上，党的十八届五中全会审议通过的《中共中央关于制定国民经济和社会发展第十三个五年规划的建议》首次提出了创新、协调、绿色、开放、共享五大发展理念。党的十九大报告、二十大报告反复强调要"推进绿色发展"，特别是党的二十大报告更是明确指出要"加快发展方式绿色转型"，强调"推动经济社会发展绿色化、低碳化是实现高质量发展的关键环节"①。习近平总书记指出："绿色发展是新发展理念的重要组成部分，与创新发展、协调发展、开放发展、共享发展相辅相成、相互作用，是全方位变革，是构建高质量现代化经济体系的必然要求，目的是改变传统的'大量生产、大量消耗、大量排放'的生产模式和消费模式，使资源、生产、消费等要素相匹配相适应，实现经济社会发展和生态环境保护协调统一、人与自然和谐共处。"②绿色是生命的象征、大自然的底色，更是美好生活的基础、人民群众的期盼。坚持绿色发展，就是要突破传统发展方式的桎梏，走生产发展、生活富裕、生态良好的文明发展道路，使包含美丽中国这一重要内容的中国梦飞得更高、飞得更远。

（二）强化绿水青山就是金山银山的理念

习近平总书记指出："我们既要绿水青山，也要金山银山。宁要

---

① 习近平：《高举中国特色社会主义伟大旗帜　为全面建设社会主义现代化国家而团结奋斗——在中国共产党第二十次全国代表大会上的报告》，人民出版社 2022 年版，第 50 页。

② 习近平：《推动我国生态文明建设迈上新台阶》，《求是》2019 年第 3 期。

绿水青山，不要金山银山，而且绿水青山就是金山银山。"①"要正确处理好经济发展同生态环境保护的关系，牢固树立保护生态环境就是保护生产力、改善生态环境就是发展生产力的理念。"② 绿水青山就是金山银山，阐述了经济发展和生态环境保护的关系，揭示了保护生态环境就是保护生产力、改善生态环境就是发展生产力的道理，指明了实现发展和保护协同共生的新路径。我国用几十年的时间走完了发达国家几百年走过的发展历程，创造了世界现代化历史上的奇迹。但也要看到，发达国家几百年积累出现的环境问题，过去的一段时间在我国也以爆发式的形态显现出来。生态环境承载能力愈加脆弱，已成为我国一个基本国情。在这样的历史条件下，中国要实现工业化、信息化、城镇化、农业现代化，走欧美老路是走不通的，必须走出一条新的发展道路。我们要坚决克服把保护生态与发展生产力对立起来的传统思维，牢固树立"保护生态环境就是保护生产力、改善生态环境就是发展生产力的理念"③，下大决心、花大气力改变不合理的产业结构、资源利用方式、能源结构、空间布局、生活方式，决不以牺牲环境、浪费资源为代价换取一时的经济增长，从而在更高层次上促进生态文明建设，实现经济社会发展与生态环境保护的共赢。

---

① 中共中央文献研究室编：《习近平关于社会主义生态文明建设论述摘编》，中央文献出版社 2017 年版，第 21 页。

② 中共中央文献研究室编：《习近平关于社会主义生态文明建设论述摘编》，中央文献出版社 2017 年版，第 20 页。

③ 中共中央文献研究室编：《习近平关于社会主义生态文明建设论述摘编》，中央文献出版社 2017 年版，第 20 页。

（三）强化良好生态环境是最普惠的民生福祉的理念

民生是人民幸福之基、社会和谐之本。伴随着社会主要矛盾的变化，中国人民对美好生活的要求不再局限于物质生活领域，而是在民主、法治、公平、正义、安全、环境等方面都有了更高的要求。过去人们"盼温饱"，今天人们"盼环保"。过去人们"求生存"，今天人们"求生态"。保障民生，增进福祉，必须满足人们对良好生态环境的需求。习近平总书记指出："良好生态环境是最公平的公共产品，是最普惠的民生福祉。对人的生存来说，金山银山固然重要，但绿水青山是人民幸福生活的重要内容，是金钱不能代替的。你挣到了钱，但空气、饮用水都不合格，哪有什么幸福可言。"[①] 环境就是民生，青山就是魅力，蓝天也是幸福。今天的中国已经发展起来了，人民的福祉得到了极大提升，已经彻底解决了过去"吃不饱饭"的难题，但绝不能再掉进"喝不上干净水、呼吸不到新鲜空气、吃不上无污染食品"的陷阱。"民之所好好之，民之所恶恶之。"我们要牢固树立以人民为中心的发展思想，坚持生态惠民、生态利民、生态为民，按照建设美丽中国的目标要求，把生态文明建设放在更加突出的地位，与经济建设、政治建设、文化建设、社会建设同部署、同安排，加大生态环境保护力度，加大治理环境污染力度，切实解决损害群众健康的突出环境问题，让中国大地天更蓝、水更清、山更绿、空气更清新。

---

① 中共中央文献研究室编：《习近平关于社会主义生态文明建设论述摘编》，中央文献出版社 2017 年版，第 2 页。

（四）强化地球生命共同体理念

地球是人类唯一的家园，人类能不能在地球上幸福地生活，同生态环境有着密切关系。人与地球共生共存，破坏地球环境最终将反噬人类自身。在人类的发展历程中特别是工业革命以来的两百多年中，伴随着西方资本主义在世界的扩张，其文化中所蕴含的个人主义、人类中心主义、物质主义、消费主义也"浸透"世界，成为影响当今世界社会生产方式和生活方式的重要思想之源。无节制的生产、无节制的消费，最终引发了全球的生态危机。在生态危机面前，无论是地球，还是人类社会，都难以独善其身，他们已成为唇齿相依的生态命运共同体。习近平总书记指出："地球是人类的共同家园，也是人类到目前为止唯一的家园。现在，有人正在外太空为人类寻找新的家园，但这还是一个遥远的梦想。在可预见的将来，人类都要生活在地球之上。这是一个不可改变的事实。我们应该共同呵护好地球家园，为了我们自己，也为了子孙后代。"[1]"我们应该携手努力，共同推进人与自然和谐共生，共建地球生命共同体，共建清洁美丽世界。"[2] 我们应该坚持人与自然共生共存的理念，像对待生命一样对待生态环境，对自然心存敬畏，尊重自然、顺应自然、保护自然，共同保护不可替代的地球家园，共同医治生态环境的累累伤痕，共同营造和谐宜

---

[1] 习近平：《携手建设更加美好的世界——在中国共产党与世界政党高层对话会上的主旨讲话》，《人民日报》2017年12月2日。

[2] 习近平：《在〈生物多样性公约〉第十五次缔约方大会第二阶段高级别会议开幕式上的致辞》，《人民日报》2022年12月16日。

居的人类家园，让自然生态休养生息，让人人都享有绿水青山。

（五）强化代际正义的生态文明理念

代际正义思考的是当代人与后代人的发展权益问题。实现人类的可持续发展是代际正义追求的社会目标，走为"后代人"着想的路是代际正义的基本伦理要求。习近平总书记指出："工业化创造了前所未有的物质财富，也产生了难以弥补的生态创伤。我们不能吃祖宗饭、断子孙路，用破坏性方式搞发展。"[①] 对于中华民族来说，建设生态文明是事关永续发展的千年大计，"生态环境保护是功在当代、利在千秋的事业"。"建设生态文明，关系人民福祉，关乎民族未来。"[②] 粗放式经济增长，不仅透支了自然，也透支了后代人的权益。推动人与自然和谐共生，必须站在为子孙后代负责的高度，走为"后代人"着想的路。从理念层面看，就是走生产发展、生活富裕、生态良好，既满足当代人发展需要，又考虑"后代人"发展需要，保证一代接一代地永续发展的文明之路。从价值层面看，走为"后代人"着想的路意味着主客体关系的重构，它要从根本上改变人与自然对立的状态，重新回到和谐状态，使人与自然之间呈有序状态并建立起新型共生关系，既考虑眼前利益，又考虑长远利益；既考虑局部利益，又考虑全局利益；既为当代谋福利，又为后代开拓发展空间。可以说，合理安

---

① 习近平：《共同构建人类命运共同体》，《求是》2021 年第 1 期。
② 《习近平在中共中央政治局第六次集体学习时强调　坚持节约资源和保护环境基本国策　努力走向社会主义生态文明新时代》，《人民日报》2013 年 5 月 25 日。

置代际正义，坚持走为"后代人"着想的路，是当代人类社会发展的必由之路，也是我国社会保持健康、持续发展的必然要求。

三、深入推进环境污染防治

在我国经济由高速增长阶段转向高质量发展阶段过程中，污染防治和环境治理是需要跨越的一道重要关口。党的二十大报告再次指出要"深入推进环境污染防治"，强调"坚持精准治污、科学治污、依法治污，持续深入打好蓝天、碧水、净土保卫战"[1]。在全国生态环境保护大会上，习近平总书记进一步强调，"要持续深入打好污染防治攻坚战，坚持精准治污、科学治污、依法治污，保持力度、延伸深度、拓展广度，深入推进蓝天、碧水、净土三大保卫战，持续改善生态环境质量"[2]。打好污染防治攻坚战，必须着力处理好大气、水、土壤污染严重问题。

（一）深入打好蓝天保卫战

6月5日是世界环境日，2019年世界环境日的中文口号为"蓝天

① 习近平：《高举中国特色社会主义伟大旗帜　为全面建设社会主义现代化国家而团结奋斗——在中国共产党第二十次全国代表大会上的报告》，人民出版社2022年版，第50页。
② 《习近平在全国生态环境保护大会上强调　全面推进美丽中国建设　加快推进人与自然和谐共生的现代化》，《人民日报》2023年7月19日。

保卫战，我是行动者"。前些年，雾霾成为广大人民群众热议的话题。如果中华大地被雾霾笼罩，如何看见她的美丽？群众在诘问，发展需反思。2018 年 5 月 18 日，习近平总书记在全国生态环境保护大会上指出："坚决打赢蓝天保卫战是重中之重，要以空气质量明显改善为刚性要求，强化联防联控，基本消除重污染天气，还老百姓蓝天白云、繁星闪烁。"① 可以说，大气污染防治关系着人民群众的身体健康和切身利益，打赢蓝天保卫战是广大人民群众的热切期盼。

党的十八大以后，中国以防治大气污染为突破口向污染宣战。2013 年 6 月，中共中央政治局常委会审定批准了《大气污染防治行动计划》。2018 年 6 月 21 日，国务院印发蓝天保卫战三年行动计划，要求通过三年努力大幅减少主要大气污染物排放总量，明显降低 $PM_{2.5}$ 浓度，明显减少重污染天数，明显改善大气环境质量，明显增强人民的蓝天幸福感。经过数年的大气污染防治行动，我国大气污染治理工作力度和措施强度前所未有，大气环境质量总体向好。北京市生态环境局发布的《2022 年北京市生态状况公报》显示，2021 年和 2022 年北京生态环境连续两年达到国家二级标准。2022 年，北京市大气环境中 $PM_{2.5}$ 为 30 微克 / 立方米，与 2013 年相比，优良天数为 286 天，增加了 110 天，重污染天数由 58 天减少到 3 天。空气质量全面大幅度改善，大气治理成效被联合国环境署誉为"北京奇迹"。但我们也要看到，就全国而言，空气状况仍有很大改善空间，一些重点区域、重点时段的环境空气质量改善不明显，北方地区秋冬季重污

---

① 《习近平在全国生态环境保护大会上强调　坚决打好污染防治攻坚战　推动生态文明建设迈上新台阶》，《人民日报》2018 年 5 月 20 日。

染天气仍旧多发频发。

大气污染表现在天上，根子在地上。究其主要原因，是产业结构、能源结构、交通结构和生活方式等方面出了问题。要打赢蓝天保卫战，就需要持续实施大气污染防治行动，推进供给侧结构性改革，严格执行环保等标准，推动"散乱污"企业整治、重点行业污染源治理，加快不达标产能依法关停退出；抓好北方地区清洁供暖，推动煤炭等化石能源清洁高效利用，减少重点区域煤炭消费；加强机动车尾气治理，提高铁路货运量，降低公路货运量。深化重点区域大气污染联防联控，有效应对重污染天气，让群众享有更多蓝天白云。

（二）深入打好碧水保卫战

水是生命之源，但水环境又是脆弱的。2005 年，中国石油吉林石化公司发生爆炸事故，约 100 吨苯、苯胺等有机污染物流入松花江，导致江水严重污染，沿岸数百万居民的生活受影响。2007 年夏初，太湖暴发严重蓝藻污染，无锡全城自来水遭殃。世代居住在太湖边、喝太湖水的无锡人，不得不到各大超市抢购矿泉水度日。2014年，江苏靖江市因水源地的水质异常停止供水，近 70 万人的生产、生活受到影响，引发了抢水潮。2016 年《中国城市水蓝图》报告显示，我国 28% 的河流和 40% 的湖泊、水库的水不适宜人类日常使用；地下水水质持续恶化，地下含水层水质"较差"和"极差"的比例从 2011 年的 55% 上升到 2014 年的 61%。水污染，成了全民关注的一个沉重话题。针对日益紧迫的水污染防治问题，2015 年 4 月，国务院印发《水污染防治行动计划》。该行动计划提出，到 2020 年，要使全国水环境质量得到阶段性改善，污染严重水体较大幅度减少，饮用水安全保障水平持续提升，地下水超采得到严格控制，地下水污染加剧趋势得到初步遏制；到 2030 年，力争全国水环境质量总体改善，水生态系统功能初步恢复；到本世纪中叶，生态环境质量全面改善，生态系统实现良性循环。经过持续不断的努力和投入，我国水环境质量发生转折性变化。2022 年，全国地表水水质优良断面比例升至 87.9%。[1] 在看到成绩的同时，还要看到，同人民群众的期待相比，我国水环境质量还有很大的提升空间。

党的二十大报告指出，要"统筹水资源、水环境、水生态治理，推动重要江河湖库生态保护治理，基本消除城市恶臭水体"[2]。要统筹好上下游、左右岸、干支流、城市和乡村，系统推进城市黑臭水体治理，还给老百姓清水绿岸、鱼翔浅底的景象。充分发挥河长制、湖长制作用，巩固城市黑臭水体治理成效，建立防止返黑返臭的长效机制。巩固提升饮用水安全保障水平，加快推进城市水源地规范化建设，加强农村水源地保护，保障南水北调等重大输水工程水质安全，确保所有城乡居民喝上清洁安全的水。高度重视海洋生态文明建设，把海洋生态文明建设纳入海洋开发总布局之中，坚持开发和保护并

---

[1] 《写在绿水青山间的答卷——党的十八大以来生态环境保护成效综述》，《人民日报》2023 年 7 月 18 日。

[2] 习近平：《高举中国特色社会主义伟大旗帜　为全面建设社会主义现代化国家而团结奋斗——在中国共产党第二十次全国代表大会上的报告》，人民出版社 2022 年版，第 50—51 页。

重、污染防治和生态修复并举，科学合理开发利用海洋资源，维护海洋自然再生产能力。着力打好重点海域综合治理攻坚战，让人民群众享受到碧海蓝天、洁净沙滩。

（三）深入打好净土保卫战

土地是我们人类赖以生存的最重要的资源。过去由于匮乏的环保意识、粗犷的发展模式、落后的科技水平，造成全国范围大面积土壤生态遭到破坏。2014年4月，环境保护部和国土资源部首次联合发布的《全国土壤污染状况调查公报》显示，全国土壤总超标率为16.1%，其中重度污染点位比例为1.1%。相对大气和水，土壤污染直接影响到人民群众的米袋子、菜篮子、水缸子安全。"毒地""镉大米""癌症村""砷中毒"等公共事件的出现，无不是土壤生态恶化给予的最极端警示，土壤污染防治势在必行。近年来，从国务院印发《土壤污染防治行动计划》，不断加大土壤污染治理专项资金投入力度，到首部《土壤污染防治法》的正式实施，一张土壤污染防治的大网正在逐渐织就。

党的二十大报告指出："加强土壤污染源头防控，开展新污染物治理。"[①] 在防治土壤污染的过程中，要在以农用地和重点行业企业用地为重点的基础上，开展土壤污染状况详查。要加强固体废弃物和垃圾处置，建立生活垃圾分类处理系统，提高危险废物处置水平，夯实化学品风险防控基础，防止污染土壤和地下水。要全面禁止"洋垃圾"

---

① 习近平：《高举中国特色社会主义伟大旗帜　为全面建设社会主义现代化国家而团结奋斗——在中国共产党第二十次全国代表大会上的报告》，人民出版社2022年版，第51页。

入境，严厉打击危险废物破坏环境违法行为。稳步推进"无废城市"建设，健全"无废城市"建设相关制度、技术、市场、监管体系，推进城市固体废物精细化管理。

四、提升生态系统多样性、稳定性、持续性

生态问题制约经济发展，关乎民生福祉，影响社会稳定，必须把它作为重大民生实事紧紧抓在手上，放到社会主义现代化建设的全局去考虑筹划。习近平总书记指出："要坚持系统观念，抓住主要矛盾和矛盾的主要方面，对突出生态环境问题采取有力措施，同时强化目标协同、多污染物控制协同、部门协同、区域协同、政策协同，不断增强各项工作的系统性、整体性、协同性。"[①]

（一）牢固树立生态红线的观念

党的二十届三中全会《决定》提出，要"落实生态保护红线管理制度"[②]。生态红线是指在自然生态服务功能、环境质量安全、自然资源利用等方面，需要实行严格保护的空间边界与管理限值，以维护国

---

① 《习近平在全国生态环境保护大会上强调　全面推进美丽中国建设　加快推进人与自然和谐共生的现代化》，《人民日报》2023 年 7 月 19 日。

② 《中国共产党第二十届中央委员会第三次全体会议文件汇编》，人民出版社 2024 年版，第 63 页。

家和区域生态安全及经济社会可持续发展，保障人民群众健康。生态红线，是继"18亿亩耕地红线"后另一条被提到国家层面的"生命线"。

　　生态红线是实现民族永续发展、保障人民生态需求的底线，它对维护国家生态安全、保障人民生产生活条件、增强国家可持续发展能力具有重大现实意义和深远历史影响。前些年，伴随着经济社会的快速发展，不少地方的生态问题不断凸显。只有画定红线，加大生态修复和保护力度，我国才能达到生态安全线以上，实现生态环境良好的奋斗目标。习近平总书记指出："在生态环境保护问题上，就是要不能越雷池一步，否则就应该受到惩罚。"①捍卫生态红线，就是强调要在精心研究和科学论证究竟哪些要列入生态红线的基础上，完善相关法律制度，加大制度执行力度，将生态保护红线评估结果纳入各级党政领导干部的综合考核评价体系，强化触碰生态红线就是触碰"高压线"的观念，切实把生态系统尽可能保护起来。由于生态红线关涉全局、影响全国，因此全党全国要一体遵行，决不能搞特殊、搞例外。

（二）优化国土空间开发格局

　　国土是生态文明建设的空间载体，推进生态文明建设，必须优化国土空间开发格局，珍惜用好每一寸国土。习近平总书记指出："要按照人口资源环境相均衡、经济社会生态效益相统一的原则，整体谋划国土空间开发，科学布局生产空间、生活空间、生态空间，给自然

---

① 《习近平在中共中央政治局第六次集体学习时强调　坚持节约资源和保护环境基本国策　努力走向社会主义生态文明新时代》，《人民日报》2013年5月25日。

留下更多修复空间。"① 要按照人口资源环境相均衡、经济社会生态效益相统一的原则，控制开发强度，调整空间结构，促进生产空间集约高效、生活空间宜居适度、生态空间山清水秀，给自然留下更多修复空间，给农业留下更多良田，给子孙后代留下天蓝、地绿、水净的美好家园。要按照中央有关加快实施主体功能区的战略决策，根据"优化开发区""重点开发区""限制开发区""禁止开发区"四类主体功能区的要求，规范开发秩序，控制开发强度。要提高海洋资源开发能力，保护海洋生态环境，坚决维护国家海洋权益，建设海洋强国。

（三）全面促进资源节约

发展是硬道理，节约是大战略。就我国而言，大部分对生态环境造成破坏的原因是来自于对资源的过度开发和粗放型使用。党的十八大以来，我们党在强调节约资源为基本国策的基础上，对促进资源节约作出了更为具体的部署，明确了全面促进资源节约的主要方向、基本领域和重点工作，为全面实施节约资源基本国策指明了方向。一是推进资源节约集约利用，这是保护生态环境的根本之策。要强化资源节约集约意识，使以节约集约为内涵的资源意识成为公民意识的一部分，成为全社会共同倡导、共同推崇的价值理念，成为全社会成员的自觉行动；要拓宽资源节约集约领域，使社会生产、流通、消费等各领域都成为资源节约集约点和关键处。要改进资源节约集约方式，充

---

① 《习近平在中共中央政治局第六次集体学习时强调　坚持节约资源和保护环境基本国策　努力走向社会主义生态文明新时代》，《人民日报》2013 年 5 月 25 日。

分发挥科学技术在资源节约集约工作中的牵引和支撑作用，以科技进步带动资源节约集约工作的创新发展。二是大力发展可再生能源。可再生能源是可持续、无污染、总量大的绿色新能源，应当充分认识其战略价值和重要意义，切实在国家经济和社会可持续发展的总体部署中予以统筹考虑，提升其在国民经济发展中的战略地位。要深入贯彻实施可再生能源中长期发展规划，统筹制定产业、财税、金融、人才等扶持政策，积极促进水能、风能、太阳能、地热能、生物质能、海洋能等可再生能源产业健康快速发展，逐步提高可再生能源在能源消费中的比例，使之成为满足未来能源需求的重要补充。三是大力发展循环经济。循环经济是最大限度地利用资源和保护环境的经济发展模式。要以党中央和国务院制定的有关加快发展循环经济的方针政策为指导，以《循环经济促进法》为依据，大力营造有利于发展循环经济的社会氛围，不断加强循环经济基础理论研究，完善发展循环经济的相关政策机制，高度重视循环经济的技术研发和推广应用，大力推进战略性新兴产业、绿色产业的规模化，努力提高产业结构的科学化水平，不断深化国际循环经济交流合作，使循环经济在我国经济社会发展中发挥越来越重要的作用。

（四）科学开展大规模国土绿化行动

国土绿化是改善生态环境、应对气候变化、维护生态安全的重要举措。党的十八大以来，我国持续开展大规模国土绿化行动，厚植了美丽中国的绿色底色。截至 2021 年，我国森林覆盖率达到 24.02%、森林蓄积量达到 194.93 亿立方米，近十年全球增加的森林面积四分之一来自我国。全国草地面积 39.68 亿亩，划定基本草原 37 亿亩。十年累计完成防沙治沙任务 2.82 亿亩、石漠化治理任务 5385 万亩，实现了从"沙进人退"到"绿进沙退"的历史性转变。党的二十大报告提出要"科学开展大规模国土绿化行动"①。要坚持科学绿化、规划引领、因地制宜，开展造林绿化和种草改良空间适宜性调查评估，确定造林种草空间并纳入国土空间规划统筹安排，实行造林绿化任务带图斑下达。要充分考虑区域水资源承载能力，坚持以水而定、量水而行，宜绿则绿、宜荒则荒，科学恢复林草植被，实施沙化土地封禁保护等。实施巩固提升生态系统碳汇能力专项行动，有效发挥森林、草原、湿地、海洋、土壤、冻土的固碳作用。

五、实行最严格的生态环境保护制度

制度管根本、管长远。习近平总书记指出："保护生态环境必须依靠制度、依靠法治。只有实行最严格的制度、最严密的法治，才能为生态文明建设提供可靠保障。"② 党的二十届三中全会《决定》作出"深化生态文明体制改革"的重大战略部署，彰显了党对完善生态环

---

① 习近平：《高举中国特色社会主义伟大旗帜　为全面建设社会主义现代化国家而团结奋斗——在中国共产党第二十次全国代表大会上的报告》，人民出版社 2022 年版，第 51 页。
② 中共中央文献研究室编：《习近平关于社会主义生态文明建设论述摘编》，中央文献出版社 2017 年版，第 99 页。

境保护制度的高度重视。

（一）完善经济社会发展考核评价体系

考核评价体系犹如"指挥棒"，对地方政府、领导干部的决策和行为往往具有决定性的作用。改革开放初期，我国发展基础很薄弱，当时面临的最大问题是十几亿人的温饱问题，谁能解决这些问题，谁就能获得政治上的发展。在这种政绩观的推动下，一些地方政府和领导干部逐渐将"发展是硬道理""发展是党执政兴国第一要务"片面理解为"发展就是经济发展""发展就是 GDP 增长"，却忽略了自然生态环境的可承受性。在有限的资源和脆弱的环境面前，片面的政绩观及其所催生的 GDP 主义使得经济增长与生态环境、能源资源支撑逐渐失衡，最终导致了自然资源的过量消耗和生态环境的巨大破坏。面对人民群众对良好生态环境的新要求，习近平总书记指出："我们一定要彻底转变观念，就是再也不能以国内生产总值增长率来论英雄了，一定要把生态环境放在经济社会发展评价体系的突出位置。"[1] 必须完善经济社会发展考核评价体系，把资源消耗、环境损害、生态效益等体现生态文明建设状况的指标纳入经济社会发展评价体系，建立体现生态文明要求的目标体系、考核办法、奖惩机制，使之成为推进生态文明建设的重要导向和约束。如果生态环境指标很差，一个地方一个部门的表面成绩再好也不行。

---

[1]　中共中央文献研究室编：《习近平关于社会主义生态文明建设论述摘编》，中央文献出版社 2017 年版，第 99 页。

（二）建立责任终身追究和损害赔偿制度

后果严惩，是建设生态文明必不可少的重要举措。资源环境是公共产品，无论是领导干部还是企业个人，只要其决策行为造成资源环境的损害和破坏，就必须追究责任。针对领导干部，要建立生态环境损害责任终身追究制度。历史地看，我国生态环境问题与一些领导干部的决策和行为有紧密关系。一些领导干部为了彰显自身任期内的政绩，不顾及资源环境状况盲目开发，虽然在一定时间内实现了经济的快速增长，却给当地的生态环境造成了短期内难以恢复的巨大破坏。建立责任终身追究制度，就是要对那些盲目决策并给当地生态环境造成巨大破坏的领导干部进行终身追究，杜绝把一个地方搞得一塌糊涂后却拍拍屁股走人的现象发生。为了更好地推进生态环境损害终身追究制度，还要积极探索编制自然资源资产负债表，对一个地区的资源状况、环境状况、开发强度等进行综合评价，在领导干部离任时，对自然资源进行审计，对那些造成生态环境损害的，即使在自身任期内推动了当地经济快速发展的领导干部，也要进行责任追究。针对企业和个人，要建立损害赔偿制度。生态环境属于公共资源，谁损害了就要赔偿。对破坏生态环境的行为，要严惩重罚，加大违法违规成本，使之不敢违法违规。良法是善治之前提。要根据经济社会发展的状况，及时修订有关法律法规，加大惩罚力度，让任何对环境造成危害的个人和单位补偿环境损失，绝不允许少数人发财、人民群众受害、全社会买单的情况一再出现。

（三）推进生态环境治理体系和治理能力现代化

　　生态环境治理体系和治理能力现代化，是国家治理体系和治理能力现代化的重要组成部分。近年来，随着我国环保体制改革的不断推进，目前我国生态环境保护管理体制、机构编制能力、监管体制、协作机制都得到了进一步的发展，国家生态环境治理体系和治理能力有了很大的提升，但也要看到，"党委领导、政府负责、环保部门综合管理、有关部门协调配合"的环境保护管理体制尚不完善，全社会共同参与环保工作的合力尚未形成，仍存在一些制约环保事业发展的体制问题，环保监管力量薄弱的状况尚未扭转，基层环保部门普遍存在"小马拉大车"的现象。习近平总书记指出："要提高生态环境治理体系和治理能力现代化水平，健全党委领导、政府主导、企业主体、社会组织和公众共同参与的环境治理体系，构建一体谋划、一体部署、一体推进、一体考核的制度机制。"① 要以推进环境治理体系和治理能力现代化为目标，建立健全领导责任体系、企业责任体系、全民行动体系、监管体系、市场体系、信用体系、法律法规政策体系，落实各类主体责任，提高市场主体和公众参与的积极性，形成导向清晰、决策科学、执行有力、激励有效、多元参与、良性互动的环境治理体系，为推动生态环境根本好转、建设美丽中国提供有力的制度保障。

---

① 《习近平在中共中央政治局第二十九次集体学习时强调　保持生态文明建设战略定力　努力建设人与自然和谐共生的现代化》，《人民日报》2021 年 5 月 2 日。

六、在国际合作中共同促进全球生态安全

在人类发展史上，人类曾经面临很多事关生死存亡的问题，但绝大多数属于局部性或地区性问题，而今天的生态危机问题却实实在在是一个能够威胁全人类生存与发展的全球性问题。解决全球性的生态问题，仅靠一个国家无法根本解决，只能靠全球共同努力。习近平总书记指出："建设生态文明关乎人类未来。国际社会应该携手同行，共谋全球生态文明建设之路。"[1] 推进生态文明建设，我们必须积极主动参与、引领全球生态环境治理，通过加强与世界的合作，共同推动人类环境与发展事业。

(一) 加强生态和环境保护领域的国际交流与合作

解决人类发展面临的共同生态问题，既需要自身加倍努力，也需要加强国际交流与合作。美国生态学家科尔曼认为："没有胸怀全球的思考，便不能树立环保的严重性与完整性，全球责任并非限于考虑全球性的利弊得失，它也意指应用一种整体思维方式。"[2] 虽然不同文明的差异使政治领域的"国际合作是一个沉闷的主

---

[1] 习近平：《携手构建合作共赢新伙伴 同心打造人类命运共同体——在第七十届联合国大会一般性辩论时的讲话》，《人民日报》2015年9月29日。

[2] ［美］丹尼尔·A.科尔曼：《生态政治：建设一个绿色社会》，梅俊杰译，上海译文出版社2002年版，第132页。

题"①，但在生态文明建设领域，加强国际合作却可以获得一个双赢的结果。2015 年 4 月 25 日颁布的《中共中央、国务院关于加快推进生态文明建设的意见》提出，要"统筹国内国际两个大局，以全球视野加快推进生态文明建设，树立负责任大国形象，把绿色发展转化为新的综合国力、综合影响力和国际竞争新优势。发扬包容互鉴、合作共赢的精神，加强与世界各国在生态文明领域的对话交流和务实合作，引进先进技术装备和管理经验，促进全球生态安全。加强南南合作，开展绿色援助，对其他发展中国家提供支持和帮助"②。党的二十大报告指出，要"积极参与应对气候变化全球治理"③。作为世界第二大经济体，中国在全球环境治理中的引领作用日益凸显。应持之以恒加强应对气候变化、海洋污染治理、生物多样性保护等领域国际合作，认真履行国际公约，主动承担同国情、发展阶段和能力相适应的环境治理义务，为全球提供更多公共产品，不断增强制度性权利，实现义务和权利的平衡，展现我国负责任大国形象。发挥发展中大国的引领作用，加强南南合作以及同周边国家的合作，为发展中国家提供力所能及的资金、技术支持，帮助提高环境治理能力。坚决维护我国发展利益，有效应对一些西方国家利用生态

---

① ［美］罗伯特·基欧汉：《霸权之后》，苏长和等译，上海人民出版社 2001 年版，第 3 页。

② 中共中央文献研究室编：《十八大以来重要文献选编》（中），中央文献出版社 2016 年版，第 502 页。

③ 习近平：《高举中国特色社会主义伟大旗帜　为全面建设社会主义现代化国家而团结奋斗——在中国共产党第二十次全国代表大会上的报告》，人民出版社 2022 年版，第 52 页。

环境问题对我国进行"规锁"的企图。

（二）提升国际气候话语权

人类历史表明，任何一套政治行为或政治秩序总有一套政治话语与之相适应。如果说自由、民主、人权是 20 世纪争夺的话语，气候、环保和人类的命运则是 21 世纪争夺的话语。在生态问题日益成为国际政治话题的今天，作为资源消费大国和碳排放大国，中国必须提升在国际生态环境博弈中的话语权。习近平总书记指出："要深度参与全球环境治理，增强我国在全球环境治理体系中的话语权和影响力，积极引导国际秩序变革方向，形成世界环境保护和可持续发展的解决方案。"[①] 一方面，要大力挖掘中国传统文化中所蕴含的生态理念。"天人合一""天地与我并生，万物与我为一""人法地，地法天，天法道，道法自然"等思想，无不彰显中华文明的绿色魅力。通过对这些思想的现代改造，我们不难从中发掘出适应当今世界生态文明建设的话语资源。另一方面，要大力发掘和弘扬习近平生态文明思想中蕴含的诸如"人类命运共同体""绿水青山就是金山银山""保护环境就是保护生产力"等绿色发展理念。这些浸透着以习近平同志为核心的党中央在新的时代条件下对人与自然关系深度思考的新理念，既解答了当今人类社会面临的共同生态难题，又提出可行的中国方案，闪耀着的中国智慧再次为全球可持续发展作出了新的贡献。

---

① 习近平：《论坚持人与自然和谐共生》，中央文献出版社 2022 年版，第 14 页。

（三）积极推进国际环境公约的履约工作

伴随着生态环境问题的凸显和人们环境意识的觉醒，国际社会围绕生态环境问题，签订和加入了一系列旨在加强生态文明建设的国际环境宣言和公约，如《人类环境宣言》《里约热内卢环境与发展宣言》《联合国气候变化框架公约》《巴黎协定》等。这些国际宣言和公约，是人类生态文明意识觉醒的结果，也是引领人类未来发展的重要文献。中国多年来一直积极履行国际环境公约，为一些落后国家提供帮助，积极参与推动《京都议定书》的谈判进程，制定颁布实施《中国应对气候变化国家方案》，积极发展低碳经济、循环经济、绿色经济，大幅降低国内单位生产总值能耗，努力为遏制全球变暖作出贡献。但我们也要看到，宣言虽已发表，公约也已签订，但由于一些发达国家缺乏政治诚意，国际环境公约的履约工作仍任重而道远。特别是美国政府一度退出来之不易的应对气候变化《巴黎协定》，更是反映了一些发达国家在履行国际环境公约当中的消极态度。作为负责任的大国，中国既要以自身的行动践行责任，也要以自身的努力推动整个国际社会切实履行国际环境公约。

第十章

中国式现代化的科教兴国战略

科技兴则民族兴，教育强则国家强。党的二十大报告非常重视科教兴国战略，把"实施科教兴国战略，强化现代化建设人才支撑"单独作为一个部分，并将教育、科技、人才在全面建设社会主义现代化国家中的重大意义概括为"基础性、战略性支撑"。继党的二十大之后，党的二十届三中全会再次强调，"教育、科技、人才是中国式现代化的基础性、战略性支撑"①。继党的二十大之后，党的二十届三中全会再次强调，"教育、科技、人才是中国式现代化的基础性、战略性支撑"②。这体现了我们党对时代发展大潮、国

① 《中国共产党第二十届中央委员会第三次全体会议文件汇编》，人民出版社 2024 年版，第 30 页。
② 《中国共产党第二十届中央委员会第三次全体会议文件汇编》，人民出版社 2024 年版，第 30 页。

力竞争大势、现代化进程内在要求的准确把握，彰显了我们党以更大力度深入实施科教兴国战略、人才强国战略、创新驱动发展战略的决心和气魄，为新征程加快建设教育强国、科技强国、人才强国指明了前进方向、提供了根本遵循。

一、全面建设社会主义现代化国家的基础性、战略性支撑

世界现代化的进程，从一定意义上说是人类知识革命的产物，离不开教育的积淀、科技的突破、人才的支撑。可以说，现代化强国，必定是教育强国、科技强国、人才强国。对我国而言，教育、科技、人才更是全面建设社会主义现代化国家的基础性、战略性支撑。新时代新征程，准确把握这一重要战略定位，对于全面建设社会主义现代化国家、全面推进中华民族伟大复兴具有重大战略意义。

（一）教育是现代化国家的基础工程

习近平总书记强调："建设教育强国，是全面建成社会主义现代化强国的战略先导，是实现高水平科技自立自强的重要支撑，是促进全体人民共同富裕的有效途径，是以中国式现代化全面推进中华民族伟大复兴的基础工程。"① 放眼全球，美国、英国、法国、德国、日本

① 《习近平在中共中央政治局第五次集体学习时强调　加快建设教育强国　为中华民族伟大复兴提供有力支撑》，《人民日报》2023 年 5 月 30 日。

等国的现代化之路，都与教育的发展和兴盛有密切关系，与拥有一批顶尖世界大学有直接关系。这充分印证了教育兴则民智启、素质高，教育强则人才出、科技强的发展规律。正可谓，一流国家需要一流教育，一流教育成就一流国家。教育区别于其他社会活动的根本属性是"培养人"。马克思主义经典作家早就作出了重要论述。马克思指出："为改变一般人的本性，使它获得一定劳动部门的技能和技巧，成为发达的和专门的劳动力，就要有一定的教育或训练。"[1]恩格斯也曾指出，"教育将使年轻人能够很快熟悉整个生产系统"[2]。以马克思主义为指导的中国共产党领导的中国式现代化，最终的价值目标是要实现"人的自由而全面的发展"。而推动人的传统属性向现代属性转变、片面发展向全面发展转变，都要依靠教育的实施。所以，教育是推动国家现代化的有力工具，其旨趣正是在对人的发展现状的反思过程中，通过知识的引导促进个体的自我提高，并自觉地把自身纳入中国式现代化大业之中。一旦教育上去了，人才就会像井喷一样涌现，国家也就会形成强大的竞争力，现代化进程也会获得更大动力。面对日益激烈的国际竞争，如何变革教育，使教育能够培养出适应时代需要和引领时代发展的杰出人才，成为推进中国式现代化进程的关键所在。党的十八大以来，党中央坚持把教育作为国之大计、党之大计，作出加快教育现代化、建设教育强国的重大决策，推动新时代教育事业取得历史性成就、发生格局性变化。目前，我国已建成世界上规模最大的教育体系，教育现代化发展总体水平跨入世界中上国家行列。这充分

---

① 《马克思恩格斯选集》第 2 卷，人民出版社 2012 年版，第 166 页。
② 《马克思恩格斯选集》第 1 卷，人民出版社 2012 年版，第 308 页。

证明，中国特色社会主义教育发展道路植根中华优秀传统文化，结合自身国情和实践，既顺应世界历史教育发展潮流又符合中国教育国情的现代化新路，是完全正确的。

（二）科技是现代化国家的第一生产力

习近平总书记指出："科技是国之利器，国家赖之以强，企业赖之以赢，人民生活赖之以好。中国要强，中国人民生活要好，必须有强大科技。"[①] 这一重要论述，深刻揭示了科技与现代化的内在关联。首先，科技现代化是现代化的重要内容。从世界发展历程来看，现代化的概念发轫于工业革命，现代化过程是科技发展并扩散应用到经济社会各个领域的过程。在科学革命和技术革命的引领带动下，全球现代化进程呈现出多轮"科学革命—技术革命—产业革命—社会变革"的叠加。每一轮技术革命的主导技术形成新的经济部门并被经济社会活动充分消化吸收后，这一轮现代化基本完成。在我国，科技现代化始终是社会主义现代化建设的重要内容。早在 1964 年，周恩来在第三届全国人大一次会议上所作的政府工作报告中，就把科技现代化纳入"四个现代化"的范畴。其次，科技是第一生产力。科技是一个国家、一个民族迈向繁荣发展的重要动力和引擎。现代化的重要基础是经济现代化，重点是解放和发展生产力。科技能够通过提高劳动者知识水平和劳动技能，使人能够熟练掌握新的工具

---

① 习近平：《为建设世界科技强国而奋斗——在全国科技创新大会、两院院士大会、中国科协第九次全国代表大会上的讲话》，人民出版社 2016 年版，第 6 页。

和技术，进而提升劳动效率；能够通过创新劳动工具并将之运用于生产过程，或者改变生产对象的形态、层次甚至内容，创造新的生产力；还能够通过辐射到非实体性的生产力要素中，如决策理念和管理模式等，经过作用于生产的组织过程间接促进生产力提升。再次，科技现代化是中国式现代化的重要支撑。中国式现代化既有各国现代化的共同特征，更有基于本国国情的鲜明特色。人口规模巨大的现代化意味着十四亿多人口要整体迈进现代化社会，不仅需要尖端技术，也需要其他各种各样的科技供给。我国既要解决"卡脖子"技术，也要扩大比例、拓展渠道、创新机制，更好地满足人民日益增长的美好生活需要。全体人民共同富裕的现代化需要依靠科技推进城乡和区域协调发展，强调科技创新的目标转向多元使命驱动和更加关注人的发展。物质文明和精神文明相协调的现代化需要厚植物质技术基础，增强文化自信，加快文化与科技融合发展，促进物的全面丰富和人的全面发展。人与自然和谐共生的现代化需要以科技现代化推进绿色发展、资源能源安全和美丽中国建设，加快建设资源节约型、环境友好型社会。走和平发展道路的现代化需要以科技创新支撑国家发展与安全，秉持人类命运共同体理念，推动科技成果惠及更多国家和人民。

（三）人才是现代化国家的第一资源

国家发展靠人才，民族振兴靠人才。习近平总书记在党的二十大报告中强调，必须坚持"人才是第一资源"，深入实施"人才强国战略"，坚持"人才引领驱动"。[①] 习近平总书记的重要论断体现了人才对于国家现代化的重要意义。人才之所以成为现代化国家的第一资源，首先是由人才的独特地位决定的。人类社会的发展形态，从经济视角，大约可以划分为自然经济社会、农业经济社会、工业经济社会与知识经济社会等四个阶段。当前，人类正在迈向以知识和信息为基础的知识经济形态，对人才的需求和依赖更加明显。不同于农业经济形态和工业经济形态，这种经济形态已经清晰地显示出，人类的未来并不完全取决于空间、能源和耕地，而是取决于人类智慧的开发。因此，许多国家纷纷把人才资源作为重要的战略资源，作为一种比黄金还重要的资本，把人才数量和质量作为影响经济增长和社会发展的基础性因素。可以说，作为知识和财富的创造者、承担者、传播者和使用者，人才已成为世界各国共同关注的第一资源。能否拥有和保持一支规模宏大的高素质人才队伍，已经成为事关一个国家兴衰成败的重大战略问题，也直接决定着一个国家能否在科技创新和国际竞争中占据优势和主动权。其次是由大国博弈的现实需要决定的。人才资源作为经济社会发展第一资源的特征和作用更加明显，人才竞争已经成为综合国力竞争的核心。哪个国家拥有人才上的优势，哪个国家最后就会拥有实力上的优势。当前，一些国家挑起的大国博弈日益激烈，他们不仅在经济、政治、军事上制造摩擦，还从科技上对我国进行打压，不仅将高科技企业列入其"制裁"清单，还限制了科技人才

[①]　习近平：《高举中国特色社会主义伟大旗帜　为全面建设社会主义现代化国家而团结奋斗——在中国共产党第二十次全国代表大会上的报告》，人民出版社 2022 年版，第 33 页。

的交流。科技创新归根到底要靠人才，科技竞争归根到底是人才的竞争。谁拥有一流的创新人才，谁就拥有科技创新的优势和国家竞争的优势。

二、加快建设教育强国

　　教育是国之大计、党之大计。党的十八大以来，我国在幼有所育、学有所教上持续用力，人民的教育获得感明显增强，建成了世界上规模最大的教育体系，教育总体水平跃居世界中上行列。我国现有各级各类学校 52.9 万所，在校生 2.9 亿人，各级教育普及水平达到或超过中高收入国家平均水平。学前教育毛入园率达 88.1%，义务教育巩固率达 95.4%，历史性解决了长期存在的失学辍学问题，义务教育有保障全面实现。高中阶段教育毛入学率达 91.4%，如期实现普及目标。高等教育毛入学率从 2012 年的 30% 提高至 2021 年的 57.8%，进入普及化阶段。[①] 各级各类教育的加快普及，显著增强了我国教育的包容性、公平性、适应性。在此基础上，党的二十大报告擘画了新时代教育改革发展的蓝图，明确提出到 2035 年我国要建成教育强国的战略目标。实现这一战略目标，必须强化以人民为中心的价值取向，深入推进教育综合改革，着力加强教师队伍建设。

---

① 　孙春兰：《办好人民满意的教育》，《人民日报》2022 年 11 月 9 日。

（一）坚持以人民为中心发展教育

坚持以人民为中心发展教育，是马克思主义唯物史观、群众史观在教育领域的具体体现。具体来说，就是要坚持人民主体地位，坚持教育发展为了人民，教育发展依靠人民，教育发展成果由人民共享；就是要坚持群众路线，在任何时候都把群众利益放在第一位，一切为了群众，一切依靠群众，从群众中来，到群众中去，促进教育公平和提高教育质量，让人民群众"有学上""上好学"，努力办好人民满意的教育，让十四亿多人民享有更好的教育。随着全面普及和基本均衡目标的实现，我国基础教育站到了新的历史起点之上，基础教育面临的主要矛盾也随之发生了重要变化。新征程上，坚持以人民为中心发展教育，更要满足人民群众对更加公平、更高质量教育的新期待。为此，要着力解决发展中不平衡不充分的问题，健全以权利公平、机会公平、规则公平为主要内容的教育公平保障体系，建成中国特色的学生资助体系，不断拓展教育公平的广度和深度，充分彰显出以人民为中心发展教育的价值取向和政策导向。从区域教育公平看，关键是促进城乡教育的融合互促，发挥城乡教育各自优势，实现一体化发展，同时，不断优化教师、财政、学位资源的精准配置，力求"办好每一所学校、教好每一个学生"。从类别教育公平看，关键是坚持非基本公共教育服务的普惠性发展，让老百姓能够接受公平有质量的学前教育，在需要的时候能够接受高质量的特殊教育，同时，推进普通高中、职业高中、技术学校的高质量与交叉性发展，推进学校的特色化建设，满足多样化个性化的教育需求。

（二）深入推进教育综合改革

综合是一种改革的方法论。教育问题的复杂性、教育事业的全局性、教育成效的长期性，意味着不能就教育本身谈教育，也不能就教育本身发展教育。因此，需要以综合性的视野全面审视教育问题，深刻把握教育发展的内外部关系规律，把教育内部各个部分与教育事业的整体发展联系起来，把教育事业的发展与经济社会的变革联系起来，以关键领域改革成效，带动育人方式、办学模式、管理体制、保障机制等综合改革。为此，党的二十届三中全会提出："深化教育综合改革。加快建设高质量教育体系，统筹推进育人方式、办学模式、管理体制、保障机制改革。"[①]要推动办学治校坚守育人的本源，破除唯分数、唯升学、唯文凭、唯论文、唯帽子，完善学校管理和教育评价体系；要深化考试招生制度改革，完善自主招生、特才特招等选拔机制，更好发挥"指挥棒"作用；要发挥学校育人主阵地作用，持续优化教育教学秩序和综合育人环境，巩固拓展"双减"成果，防止反弹；要稳步推进民办义务教育治理，落实"公民同招"和免试就近入学，引导规范民办教育发展。总之，要以现代学校制度建设为抓手，优化学校与政府、学校与社会、学校与家庭的关系，建立学校教育是主阵地、家庭教育是支撑地、社会教育是辅助地的协同育人机制；以落实《深化新时代教育评价改革总体方案》为抓手，以教育评价改革促进教育教学的改革，构建德智体美

[①] 《中国共产党第二十届中央委员会第三次全体会议文件汇编》，人民出版社2024年版，第30—31页。

劳全面培养的教育体系；以开放促改革、促发展，加强国际教育交流合作，拓展全方位、多层次、宽领域的教育对外开放格局，不断增强我国教育的国际影响力和竞争力。

（三）建设高素质教师队伍

没有高水平的教师，就谈不上高质量的教育。习近平总书记指出："一个优秀的老师，应该是'经师'和'人师'的统一，既要精于'授业'、'解惑'，更要以'传道'为责任和使命。"[①] 一方面，要做好"经师"，就要精通专业知识。这也意味着，作为知识的传播者，教师本人也必须坚持学习，在专业领域潜心钻研，不断充实提高。另一方面，要成为"人师"，就要对自身涵养德行提出更高要求。对此，习近平总书记还提出了总的要求："教师要成为大先生，做学生为学、为事、为人的示范，促进学生成长为全面发展的人。"[②]"大先生"之"大"，不仅在于专业领域学有专长，还在于能够以德立身、以德立学，在做人做事上为学生作表率。培养更多新时代需要的"大先生"，就要把教师职业道德与风气建设放在第一位，综合提升教师的学科专业素养、教育教学素养，以及国家和社会所需的家庭教育素养、融合教育素养、国家安全教育素养、法治教育素养等，建设高素养专业化

---

① 习近平：《做党和人民满意的好老师——同北京师范大学师生代表座谈时的讲话》，人民出版社 2014 年版，第 5 页。
② 《习近平在清华大学考察时强调 坚持中国特色世界一流大学建设目标方向 为服务国家富强民族复兴人民幸福贡献力量》，《人民日报》2021 年 4 月 20 日。

创新型教师队伍；要推动政策、资源、投入进一步向教师倾斜，引导师范院校坚持"师范为本"、以培养教师为主业，支持高水平综合大学开展教师教育，保证教师队伍有充足的师资来源，加快补充思想政治、音体美等学科教师；要深入推进义务教育学校教师"县管校聘"管理改革，加大对乡村教师的倾斜支持，完善城镇优秀教师、校长向乡村学校、薄弱学校交流轮岗的激励机制，扩大中小学中高级岗位比例，提高教龄津贴标准，吸引和激励更多优秀人才长期从教、终身从教。

（四）以教育数字化支撑教育现代化

数字化是高质量教育体系建设的基础支撑。党的二十大报告强调，要"推进教育数字化，建设全民终身学习的学习型社会、学习型大国"①。未来，以教育数字化支撑教育现代化，就需要大力推进教育新型基础设施建设，构建数据驱动的教育治理新模式，不断健全教育信息化标准规范体系，深化国家智慧教育公共服务平台建设和应用，服务教育教学模式变革与创新；就需要通过构建技术融合的生态化学习环境，通过培植人机协同的数据智慧、教学智慧与文化智慧，本着"精准、个性、优化、协同、思维、创造"的原则，让教师能够施展高效的教学方法，让学习者能够获得适宜的个性化学习服务和美好的

---

① 习近平：《高举中国特色社会主义伟大旗帜　为全面建设社会主义现代化国家而团结奋斗——在中国共产党第二十次全国代表大会上的报告》，人民出版社 2022 年版，第 34 页。

发展体验；就需要通过信息技术、大数据、人工智能、数据库等，打造泛在化的学习环境，形成处处可学、时时可学的制度，让人人"想学可学、想学能学、想学善学"。此外，数字时代还为我们带来了开放合作的高效平台，开放合作已经成为推动新时代教育变革创新的关键要素。无论是消除数字壁垒、缩小数字鸿沟、提升教育领域危机应对能力，还是培育合作增长点、挖掘发展新亮点、推动教育转型创新，都需要我们坚持合作包容共赢的理念，充分发挥各自优势，推动共同发展。

三、加快建设科技强国

习近平总书记深刻指出："中国要强盛、要复兴，就一定要大力发展科学技术，努力成为世界主要科学中心和创新高地。""我们比历史上任何时期都更接近中华民族伟大复兴的目标，我们比历史上任何时期都更需要建设世界科技强国！"① 当前，世界新一轮科技革命和产业变革加速演进和拓展，基础前沿领域相继突破，颠覆性创新不断涌现，科技创新正在深刻改变世界发展格局。面对新形势，我们要清醒地看到，我国科技领域仍然存在一些亟待解决的突出问题，在视野格局、创新能力、资源配置、体制政策等方面存在诸多不适应的地方。新征程上，我们要坚持自立自强，坚定创新自信，抢抓创新机遇，勇

---

① 习近平：《努力成为世界主要科学中心和创新高地》，《求是》2021 年第 6 期。

攀科技高峰，破解发展难题，不断开辟发展新领域新赛道，塑造发展新动能新优势。

（一）加强基础研究，增强原始创新能力

加强基础研究，是实现高水平科技自立自强的迫切要求，是建设世界科技强国的必由之路。当前，新一轮科技革命和产业变革深入发展，学科交叉融合不断推进，科学研究范式发生深刻变革，科学技术和经济社会发展加速渗透融合，基础研究转化周期明显缩短，国际科技竞争向基础前沿前移。应对国际科技竞争、实现高水平科技自立自强，推动构建新发展格局、实现高质量发展，迫切需要我们加强基础研究，从源头和底层解决关键技术问题。正因为如此，党的二十大报告突出强调要加强基础研究、突出原创、鼓励自由探索，作出战略部署，要切实落实到位。党的二十届三中全会进一步指出："加强有组织的基础研究，提高科技支出用于基础研究比重，完善竞争性支持和稳定支持相结合的基础研究投入机制，鼓励有条件的地方、企业、社会组织、个人支持基础研究，支持基础研究选题多样化，鼓励开展高风险、高价值基础研究。"[①]加强基础研究要突出前瞻性、战略性需求导向，优化资源配置和布局结构，为创新发展提供基础理论支撑和技术源头供给。要坚持"四个面向"，坚持目标导向和自由探索"两条腿走路"，把世界科技前沿同国家重大战略需求和经济社会发展目标

---

① 《中国共产党第二十届中央委员会第三次全体会议文件汇编》，人民出版社 2024 年版，第 33 页。

结合起来，统筹遵循科学发展规律提出的前沿问题和重大应用研究中抽象出的理论问题，凝练基础研究关键科学问题。要强化国家战略科技力量，有组织推进战略导向的体系化基础研究、前沿导向的探索性基础研究、市场导向的应用性基础研究，注重发挥国家实验室引领作用、国家科研机构建制化组织作用、高水平研究型大学主力军作用和科技领军企业"出卷人""答卷人""阅卷人"作用。要优化基础学科建设布局，支持重点学科、新兴学科、冷门学科和薄弱学科发展，推进学科交叉融合和跨学科研究，构筑全面均衡发展的高质量学科体系。要协同构建中国特色国家实验室体系，布局建设基础学科研究中心，加快建设基础研究特区，超前部署新型科研信息化基础平台，形成强大的基础研究骨干网络。要加快培育世界一流科技期刊，建设具有国际影响力的科技文献和数据平台，发起高水平国际学术会议，鼓励重大基础研究成果率先在我国期刊、平台上发表和开发利用。

（二）深化科技体制改革，提升国家创新体系整体效能

创新决胜未来，改革关乎国运。党的十八大以来，我国科技体制改革全面发力、多点突破、持续向纵深推进。数据显示，截至 2022 年 3 月，143 项科技体制改革任务已经全面完成，重点领域和关键环节改革取得实质性进展，科技创新的基础性制度框架基本确立。经过持续不断的努力，我国科技体制改革的"四梁八柱"基本确立，重点领域和关键环节改革取得实质性突破，但与实现高水平科技自立自强的要求相比，我国科技创新制度和组织体系还有不少短板，符合科研

和创新规律、支撑新动能形成和科技强国建设的基础性制度亟待完善，深化科技体制改革的任务仍十分迫切。党的二十大报告强调，要"深化科技体制改革，深化科技评价改革，加大多元化科技投入，加强知识产权法治保障，形成支持全面创新的基础制度"①。党的二十届三中全会进一步作出部署："深化科技体制改革。坚持面向世界科技前沿、面向经济主战场、面向国家重大需求、面向人民生命健康，优化重大科技创新组织机制，统筹强化关键核心技术攻关，推动科技创新力量、要素配置、人才队伍体系化、建制化、协同化。"② 深化改革关键在于要完善党中央对科技工作统一领导的体制，加快形成与科技自立自强相适应的"顶层设计牵引、重大任务带动、基础能力支撑"的科技创新体系化能力；要强化国家战略科技力量，优化配置创新资源，统筹协调好国家实验室、国家科研机构、高水平研究型大学、科技领军企业的定位和布局，强化科技战略咨询，支持有条件的地方建设综合性国家科学中心或区域科技创新中心，使之成为世界科学前沿领域和新兴产业技术创新、全球科技创新要素的汇聚地；要健全社会主义市场经济条件下新型举国体制，充分发挥国家作为重大科技创新组织者的作用，支持周期长、风险大、难度高、前景好的战略性科学计划和科学工程，抓系统布局、系统组织、跨界集成，把政府、市场、社会等各方面力量拧成一股绳，形成未来的整

① 习近平：《高举中国特色社会主义伟大旗帜 为全面建设社会主义现代化国家而团结奋斗——在中国共产党第二十次全国代表大会上的报告》，人民出版社 2022 年版，第35 页。
② 《中国共产党第二十届中央委员会第三次全体会议文件汇编》，人民出版社 2024 年版，第 32 页。

体优势；要努力消除科技创新中的"孤岛现象"，着力推动科技创新与经济社会发展深度融合，进一步推动有效市场和有为政府更好结合，充分发挥市场在资源配置中的决定性作用，通过市场需求引导创新资源有效配置，形成推进科技创新的强大合力；要重点完善评价制度等基础改革，坚持质量、绩效、贡献为核心的评价导向，全面准确反映成果创新水平、转化应用绩效和对经济社会发展的实际贡献。

（三）强化企业科技创新主体地位，开辟新领域塑造新动能

企业是科技和经济紧密结合的重要力量，也是最活跃的创新创造力量。近年来，我国企业创新主体地位不断增强，企业日益成为我国经济发展、创新投入、创新产出和参与国际竞争的重要主体。2022年我国市场主体突破 1.69 亿户，增长迅速。企业研发投入占全社会研发投入已超过 3/4。拥有有效发明专利的企业达 35.5 万家，有效发明专利总数达 232.4 万件。《财富》世界 500 强中国企业上榜 145 家，居于各国之首。可见，企业在我国的国家创新体系中发挥着十分重要的作用。但也要看到，我国企业还面临技术创新能力不足、产学研融合不够、创新要素流动不畅、技术创新供给与产业发展需求难以有效对接等问题。当前，必须紧紧扭住创新这个"牛鼻子"，抓住新一轮科技革命和产业变革的历史机遇，不断强化企业科技创新主体地位，提升企业创新能力。为此，党的二十大报告提出，要"加强企业主导的产学研深度融合，强化目标导向，提高科技成果转化和产业化

水平。强化企业科技创新主体地位，发挥科技型骨干企业引领支撑作用，营造有利于科技型中小微企业成长的良好环境，推动创新链产业链资金链人才链深度融合"①。党的二十届三中全会进一步指出："强化企业科技创新主体地位，建立培育壮大科技领军企业机制，加强企业主导的产学研深度融合，建立企业研发准备金制度，支持企业主动牵头或参与国家科技攻关任务。"② 因此，新征程上强化企业科技创新主体地位，使企业真正成为技术创新决策、研发投入、科研组织和攻关、成果转化应用的主体，就需要从根本上解决创新动力和创新效率的梗阻，发挥企业在"出好题""答好题""判好题"中的市场导向作用，支持科技领军企业整合产业链上下游各方力量和全社会创新资源，组建高水平创新联合体，当好原创技术突破的"策源地"和现代产业链的"链长"；需要着力提高对科技型中小微企业成长的政策扶持精准性和开放性，推动科技、产业、金融高效融通发展，积极支持新技术、新模式、新业态、新产业，培育壮大更多增长新动力；需要发挥企业"出题者"作用，推进重点项目协同和研发活动一体化，加快构建龙头企业牵头、高校院所支撑、各创新主体相互协同的创新联合体，发展高效强大的共性技术供给体系，提高科技成果转移转化成效；需要加快创新成果转化应用，彻底打通关卡，破解实现技术突破、产品制造、市场模式、产业发展"一条龙"转化的瓶颈；还需要

---

① 习近平：《高举中国特色社会主义伟大旗帜　为全面建设社会主义现代化国家而团结奋斗——在中国共产党第二十次全国代表大会上的报告》，人民出版社 2022 年版，第 35—36 页。

② 《中国共产党第二十届中央委员会第三次全体会议文件汇编》，人民出版社 2024 年版，第 33 页。

更大力度地激发和保护企业家精神，依法保护企业家合法权益，形成长期稳定发展预期。

（四）扩大交流合作，形成具有全球竞争力的开放创新生态

科技自立自强需要坚持在开放的大环境中加强国际交流合作，在吸收人类共有的先进技术成果的同时，为世界科技发展贡献更多的中国力量，实现中国与世界科技发展的共赢。党的二十大报告提出，要"扩大国际科技交流合作，加强国际化科研环境建设，形成具有全球竞争力的开放创新生态"[①]。扩大国际科技交流合作，关键是要在更高起点上推进自主创新，营造真正有全球吸引力的创新创业创造生态，积极融入全球创新网络；要加大制度型开放水平，促进创新要素更大范围、更便利地跨境流动，发挥好科学基金独特作用，积极参与和主导国际大科学计划和工程，鼓励我国科学家发起和组织国际科技合作计划，鼓励我国科学家聚焦重大问题加强国际联合研发与合作创新，最大限度用好全球创新资源；要着眼细节，为科技人才出入境提供便利，推动外事服务、外国人才服务、法律咨询服务等科技保障类工作更加专业化、国际化，为集聚国际人才和国际创新资源营造富有吸引力的环境；要提升科技外交水平，努力构建更多、更持久的合作共赢伙伴关系，全面提升我国在全球科技治理中的影响力和规则制定能

[①]　习近平：《高举中国特色社会主义伟大旗帜　为全面建设社会主义现代化国家而团结奋斗——在中国共产党第二十次全国代表大会上的报告》，人民出版社 2022 年版，第35 页。

力；要依托我国的大科学装置平台、科研网络平台，主动发起全球性的创新议题，加速汇聚全球创新资源，助力全球科学家扩大科研合作的范围；要联合各国的相关科技管理机构，共同打造系列国际科技合作传播产品，在全球范围讲好"中国科技故事"，提高中国科技创新的国际影响力。

四、加快建设人才强国

国家发展靠人才，民族振兴靠人才。习近平总书记深刻指出："当前，我国进入了全面建设社会主义现代化国家、向第二个百年奋斗目标进军的新征程，我们比历史上任何时期都更加接近实现中华民族伟大复兴的宏伟目标，也比历史上任何时期都更加渴求人才。"[1]2021 年 9 月召开的中央人才工作会议，着眼于 2025 年、2030 年、2035 年这三个重要时间节点，针对新时代人才强国建设规划了明确的"时间表"和清晰的"路线图"，指出了将我国建成世界人才强国的攻坚期、加速期和冲刺期，将人才强国的整体建设目标分指标、分阶段、分步骤地有序展示出来，并振奋人心地发出了"加快建设世界重要人才中心和创新高地"这一宏伟战略号召。

---

[1] 《习近平在中央人才工作会议上强调　深入实施新时代人才强国战略　加快建设世界重要人才中心和创新高地》，《人民日报》2021 年 9 月 29 日。

（一）坚持党对人才工作的全面领导

中国共产党的领导，始终是党和国家事业不断发展的"定海神针"。只有在党的领导下，培养造就大批德才兼备的高素质人才，才能确保人才强国建设沿着正确的方向前进。2021年9月召开的中央人才工作会议，把"坚持党对人才工作的全面领导"作为首要政治原则，强调这是做好人才工作的根本保证。党对人才工作的全面领导，是通过管宏观、管政策、管协调、管服务职责，确保人才工作把准大局、方向、战略、定位，使全社会各个方面构建符合人才成长发展规律、充分发挥人才作用的体制机制，建立使各类人才成长成才成功的政策体系。在党的坚强领导下，我国人才发展顶层设计不断加强，党建工作和人才工作深度融合，形成自上而下的人才发展路线图，统筹推进人才队伍建设，不断推进人才强国建设，但也要清醒地认识到实践中依然存在一些不足。站在新的历史起点上，我们要充分认识人才工作的时代挑战和重要意义，完善党管人才的领导体制和工作机制，改进党管人才的方式方法，把各方面优秀人才集聚到党和人民的伟大奋斗中来。各级党委（党组）要完善党委统一领导，坚持组织部门牵头抓总，面向世界科技前沿、面向经济主战场、面向国家重大需求、面向人民生命健康，深入实施新时代人才强国战略，全方位培养、引进、用好人才，加快建设世界重要人才中心和创新高地；要深化人才发展体制机制改革，根据需要和实际向用人主体充分授权，积极为人才松绑，完善人才管理制度，形成科学决策、分工协作、沟通交流、督促落实机制，形成统分结合、上下联动、协调高效、整体推进的工作运行机制，形成各司其职、齐抓共管的人才队伍建设机制；要深化科研经费管理改革，优化整合人才计划，完善人才评价体系，加快建立以创新价值、能力、贡献为导向的人才评价体系，形成并实施有利于科技人才潜心研究和创新的评价体系；要更新党管人才思维观念、创新党管人才方式方法，破除影响人才发展的障碍和壁垒，真正做到解放人才、发展人才、用好用活人才；要创新服务内容和方式，提高服务水平，使人才进得来、留得住、用得好，不断壮大人才队伍，充分释放人才效能。

（二）加快建设世界重要人才中心和创新高地

栽下梧桐树，才能引来金凤凰。人类历史上，科技和人才总是向发展势头好、文明程度高、创新最活跃的地方集聚。现在，我国正处于政治最稳定、经济最繁荣、创新最活跃的时期，党的坚强领导和我国社会主义制度的政治优势，基础研究和应用基础研究实现重大突破，面向国家重大需求的战略高技术研究取得重要成果，应用研究引领产业向中高端迈进，为我们加快建设世界重要人才中心和创新高地创造了有利条件。一方面，日益优化的创新创业环境，吸引五湖四海人才不断集聚；另一方面，各类人才在工作中创造活力竞相迸发、聪明才智充分涌流，让大有可为、大有作为的沃土持续焕发生机，吸引更多人才慕名而来。当然，人才中心和创新高地建设是一项复杂的战略系统工程，并非一蹴而就、一朝一夕就可以实现，必须要有一个厚积薄发、渐进式的发展过程，还需要满足一定的基础条件和适宜的外部环境作为支撑。因此，要坚持重点布局、梯次推进。可在北京、上海、粤港澳大湾区找准定位、发挥优势、突出特色，努力建设成为高水平人才高地，其他一些高层次人才集中的中心城市也要着力建设吸引和集聚人才的平台，开展人才发展体制机制综合改革试点，集中国家优质资源重点支持建设一批国家实验室和新型研发机构，发起国际大科学计划，为人才提供国际一流的创新平台，加快形成战略支点和雁阵格局。要坚持实事求是、试点先行。各地要深入调研、充分论证，对标"十四五"相关目标任务，综合考虑区域经济发展水平、人才队伍规模质量、科技创新能力和基础设施等因素，从实际出发推进高水平人才高地和人才平台建设，还要支持人才高地和人才平台建设城市开展人才发展体制机制综合改革试点，探索积累可复制可推广的经验。要统筹推进人才高地、创新高地、产业高地建设。以"功能核心区＋标志性平台"引领，优化整合国家实验室、高水平研究型大学、一流科研机构和科技领军企业力量，打造"高匹配人才供给、高能级人才载体、高含金量人才政策、高品质人才生态"融合的"产才城"，最终实现广开进贤之路、广纳天下英才，让各类人才各得其所，让各路高贤大展其长。

（三）加快建设国家战略人才力量

战略人才站在国际科技前沿、引领科技自主创新、承担国家战略科技任务，是支撑我国高水平科技自立自强的重要力量。习近平总书记对加快建设国家战略人才力量提出明确要求，强调要"大力培养使用战略科学家""打造大批一流科技领军人才和创新团队""造就规模宏大的青年科技人才队伍""培养大批卓越工程师"。[①] 加快建设国家战略人才力量，要优化领军人才发现机制和项目团队遴选机制，坚持实践标准，在国家重大科技任务担纲领衔者中发现具有深厚科学素养、长期奋战在科研第一线，视野开阔，前瞻性判断力、跨学科理解能力、大兵团作战组织领导能力强的科学家，并对领军人才实行人才梯队配套、科研条件配套、管理机制配套的特殊政策；要打造大批一流科技领军人才和创新团队，要发挥国家实验室、国家科研机构、高水平研究型大学、科技领军企业的国家队作用，围绕国家重点领域、重点产业，组织产学研协同攻关；要把握青年人才是国家战略人才力量的源头活水，努力造就规模宏大的青年科技人才队伍，形成战略科学家成长梯队，把培育国家战略人才力量的政策重心放在青年科技人才上，支持青年人才挑大梁、当主角；要清楚制造业是我国的立国之本、强国之基，培养大批卓越工程师，努力建设一支爱党报国、敬业奉献、具有突出技术创新能力、善于解决复杂工程问题的工程师队伍；要调动好高校和企业两个积极性，实现产学研深度融合。

（四）深化人才发展体制机制改革

体制顺、机制活，则人才聚、事业兴。深化人才发展体制机制改革，是构筑人才制度优势、实现高质量发展的战略之举。当前，全球

[①] 《习近平在中央人才工作会议上强调　深入实施新时代人才强国战略　加快建设世界重要人才中心和创新高地》，《人民日报》2021 年 9 月 29 日。

范围内新一轮科技革命和产业变革深入发展，世界各国都在抢抓机遇，国际人才争夺日趋白热化。吸引人才、留住人才、用好人才，最好的环境是良好体制机制。习近平总书记明确指出："人才发展体制机制改革'破'得不够、'立'得也不够，既有中国特色又有国际竞争比较优势的人才发展体制机制还没真正建立。"① 为此，党的二十届三中全会再次强调，要深化人才发展体制机制改革。要营造良好创新环境，加快形成有利于人才成长的培养机制、有利于人尽其才的使用机制、有利于竞相成长各展其能的激励机制、有利于各类人才脱颖而出的竞争机制，培植好人才成长的沃土，让人才根系更加发达，一茬接一茬茁壮成长。要根据需要和实际向用人主体充分授权，发挥用人主体在人才培养、引进、使用中的积极作用；用人主体要发挥主观能动性，增强服务意识和保障能力，建立有效的自我约束和外部监督机制，确保下放的权限接得住、用得好；用人单位要切实履行好主体责任，用不好授权、履责不到位的要问责。要积极为人才松绑，完善人才管理制度，做到人才为本、信任人才、尊重人才、善待人才、包容人才；赋予科学家更大技术路线决定权、更大经费支配权、更大资源调度权，确保科研项目取得成效，让人才静心做学问、搞研究，多出成果、出好成果。要用好人才评价这个"指挥棒"，完善人才评价体系，加快建立以创新价值、能力、贡献为导向的人才评价体系，形成并实施有利于科技人才潜心研究和创新的评价体系。在全面建设社会主义现代化国家、向第二个百年奋斗目标进军的新征程上，深化人才

① 习近平：《深入实施新时代人才强国战略　加快建设世界重要人才中心和创新高地》，《求是》2021年第24期。

发展体制机制改革，把我国制度优势转化为人才优势、科技竞争优势，把各方面优秀人才集聚到党和国家事业中来，形成人人渴望成才、人人努力成才、人人皆可成才、人人尽展其才的良好局面，我们就一定能为 2035 年基本实现社会主义现代化提供人才支撑，为 2050 年全面建成社会主义现代化强国打好人才基础。

第十一章

中国式现代化的国家安全战略

国家安全是安邦定国的重要基石，维护国家安全是全国各族人民根本利益所在。当前，世界百年未有之大变局加速演进，国家安全问题的重要性、紧迫性、复杂性、联动性显著上升，为中国式现代化的进一步推进带来严峻挑战。党的二十大报告把"国家安全更为巩固"确定为未来五年全面建设社会主义现代化国家主要目标任务的重要内容，彰显了我们党对国家安全工作的深刻认识和全面把握。党的二十届三中全会把维护国家安全放在更加突出位置，进一步鲜明提出："国家安全是中国式现代化行稳致远的重要基础。必须全面贯彻总体国家安全观，完善维护国家安全体制机制，实现高质量发展和高水平安全良性互动，切实保障国家长治久安。"[①] 我们要坚持以总体国家安

---

① 《中共中央关于进一步全面深化改革　推进中国式现代化的决定》，人民出版社 2024 年版，第 40 页。

全观为指导，准确研判国家安全形势新变化新趋势，着力推进国家安全体系和能力现代化，为全面建设社会主义现代化国家、全面推进中华民族伟大复兴提供坚强安全保障。

一、国家安全是民族复兴的根基

建设成为现代化强国、实现中华民族伟大复兴，是中华民族的最高利益和根本利益。这一目标的实现，离不开国家安全的坚实保障。从保卫新生政权、筑牢安全屏障的艰辛岁月，到拓展安全领域、助力经济腾飞的改革开放和社会主义现代化建设新时期，再到深化安全理念、以总体国家安全观引领民族复兴的伟大新时代，国家安全始终是国家发展的坚强后盾。

（一）国家安全与民族复兴的交织演进

近代以来国家蒙辱、人民蒙难、文明蒙尘的惨痛教训告诉我们，失去国家安全保障，中华民族就无法掌握自己的命运。新中国成立后，我们迎来了从"站起来"到"富起来"再到"强起来"的不同阶段，由于这些时期所面临内外形势和目标任务的不同，相应的国家安全战略也表现出从传统国家安全到过渡型国家安全再到总体国家安全的演进特征。

保卫新生政权，筑牢安全屏障（1949—1978年）。从第二次世界大战到 20 世纪 70 年代末的这段时期，战争与革命是时代主题，冲突和不安全成为普遍的全球现象，一个国家能否实现安全和消除别国存在带来的威胁，主要取决于相对政治权力和军事实力。为求民族生存与复兴，我们党带领人民先后历经了漫长的土地革命战争、抗日战争和解放战争。新中国成立后，我们仍面临着复杂的国际形势。意识形态对立和冷战思维，使得西方国家对我国实施政治孤立、经济封锁和军事威慑的全面遏制战略。针对外部安全问题，我国采取"积极防御，防敌突袭"的国防战略，先后赢得抗美援朝战争、对印自卫反击战的胜利，挫败了美国的遏制战略，顶住了来自苏联的压力。针对内部安全问题，我国肃清了各方反动势力，克服了严重自然灾害造成的巨大破坏，展现了强大的国家凝聚力和应对能力。可以说，在社会主义革命和建设时期，我们党把维护国家独立、主权和领土完整作为国家安全工作的首要任务，将政治安全作为维护国家安全的核心，军事安全作为维护国家安全的主要方式，从而建立起"政治—军事"属性的传统国家安全结构。这种安全取向极大保卫了新生的人民政权、巩固了中华民族站起来的伟大成果，为之后在和平稳定环境中开展社会主义现代化建设以及进一步推动国家安全现代化奠定了坚实基础。

拓展安全领域，助力经济腾飞（1978—2012 年）。20 世纪 70 年代末特别是冷战结束后，以军事联盟对抗和大规模战争为特点的安全威胁开始淡化，经济全球化迅速而全面地发展起来。日益发展的国家间相互依存关系深刻改变了国际关系的性质，过去相对被忽略的经济、社会、文化、能源、生态等非传统安全问题逐步凸显。在国际环境发生深刻改变的背景下，邓小平作出重要判断："现在世界上真正大的问题，带全球性的战略问题，一个是和平问题，一个是经济问题或者说发展问题。"① 并确立了以经济建设为中心的治国方略，打开了一条一心一意搞建设、谋发展的新路。与国家发展战略的转变相适应，国家安全战略在保证政治和军事领域安全前提下，也开始向经济、科技、文化等多种面向的非传统安全领域拓展。党的十五大报告提出"维护国家经济安全"②"人民群众生命财产安全"③。党的十六大报告明确提出"传统安全威胁和非传统安全威胁的因素相互交织"④，非传统安全正式进入官方文件。党的十六届四中全会首次对国家安全作了集中表述，提出"增强国家安全意识，完善国家安全战略，抓紧构建维护国家安全的科学、协调、高效的工作机制"，"确保国家的政治安全、经济安全、文化安全和信息安全"，⑤ 初步凸显了国家安全的体系化特征。党的十七大报告中有关国家安全的内容进一步涉及"国家粮食安全""农产品质量安全""食品药品安全""人民生命财产安全"以及经济、金融、生产、发展等各个方面，显示党和政府在继续高度

---

① 中国外交部编写组：《邓小平外交思想学习纲要》，世界知识出版社 2000 年版，第 10 页。

② 中共中央文献研究室编：《十五大以来重要文献选编》（上），人民出版社 2000 年版，第 29 页。

③ 中共中央文献研究室编：《十五大以来重要文献选编》（上），人民出版社 2000 年版，第 34 页。

④ 中共中央文献研究室编：《十六大以来重要文献选编》（上），中央文献出版社 2005 年版，第 36 页。

⑤ 中共中央文献研究室编：《十六大以来重要文献选编》（中），中央文献出版社 2006 年版，第 290 页。

重视传统安全问题的同时，逐渐形成了以经济安全为核心的辐射科技安全、金融安全、社会安全、生态安全、文化安全等其他安全的过渡型国家安全战略。

深化安全理念，引领民族复兴（2012 年至今）。进入 21 世纪第二个十年，迅速发展的全球经济使国内安全和国际安全之间的界限变得模糊，贫困、不平等、经济、病毒、温室气体、生态灾难等全球性挑战日益严峻，促使国家安全内涵和外延进一步扩大。对此，习近平总书记在 2014 年十八届中央国家安全委员会第一次会议上首次明确提出了总体国家安全观这一新理念，并强调指出："当前我国国家安全内涵和外延比历史上任何时候都要丰富，时空领域比历史上任何时候都要宽广，内外因素比历史上任何时候都要复杂，必须坚持总体国家安全观，以人民安全为宗旨，以政治安全为根本，以经济安全为基础，以军事、文化、社会安全为保障，以促进国际安全为依托，走出一条中国特色国家安全道路。"① 这一认识立足中国国情，着眼国际国内安全形势变化，极大地拓展了我们党对国家安全内涵外延的认识视野，极大地丰富了马克思主义安全观。党的十九大报告在将"坚持总体国家安全观"纳入习近平新时代中国特色社会主义思想的"十四个基本方略"的基础上进一步指出："统筹发展和安全，增强忧患意识，做到居安思危，是我们党治国理政的一个重大原则。必须坚持国家利益至上，以人民安全为宗旨，以政治安全为根本，统筹外部安全和内部安全、国土安全和国民安全、传统安全和非传统安全、自身安全和

---

① 《习近平著作选读》第一卷，人民出版社 2023 年版，第 235 页。

共同安全，完善国家安全制度体系，加强国家安全能力建设，坚决维护国家主权、安全、发展利益。"① 在党的二十大报告中，"国家安全"不仅被单列为一个专题，而且将统筹发展与安全作为指导方针，强调"建设更高水平的平安中国，以新安全格局保障新发展格局"②。党的二十届三中全会把"推进国家安全体系和能力现代化"单独作为一个部分，纳入进一步全面深化改革、推进中国式现代化的重大部署。这表明国家战略正在从以发展为中心的框架逐步向发展与安全并重的框架转型，坚决维护国家安全、防范化解重大风险、保持社会大局稳定等成为国家安全关注的核心问题。在党中央和习近平总书记的坚强领导下，我们贯彻总体国家安全观，国家安全领导体制和法治体系、战略体系、政策体系不断完善，在原则问题上寸步不让，以坚定的意志品质维护国家主权、安全、发展利益，国家安全得到全面加强。

（二）国情世情对国家安全的迫切需求

当前，我国正处于实现中华民族伟大复兴的关键时期，正处在中国式现代化爬坡过坎的关键节点，战略机遇前所未有，战略任务艰巨繁重。国际政治经济格局的深刻调整、地缘政治风险的加剧、全球治理体系的变革以及非传统安全威胁的日益凸显，都对我们国

① 习近平：《决胜全面建成小康社会　夺取新时代中国特色社会主义伟大胜利——在中国共产党第十九次全国代表大会上的报告》，人民出版社 2017 年版，第 24 页。
② 习近平：《高举中国特色社会主义伟大旗帜　为全面建设社会主义现代化国家而团结奋斗——在中国共产党第二十次全国代表大会上的报告》，人民出版社 2022 年版，第 52—53 页。

家的安全稳定构成了严峻考验。在这样的时代背景下，巩固国家安全不仅是一项紧迫而重大的任务，更是具有深远历史意义的战略选择。

捍卫国家主权安全发展利益、实现国家长治久安的必然要求。随着世界进入新的动荡变革期，民粹主义、排外主义和逆全球化思潮抬头，单边主义、保护主义、霸权主义对世界和平与发展构成威胁，新冠疫情、俄乌冲突、西方国家对俄罗斯实行的极限制裁等诸多因素叠加，国际形势的不稳定性不确定性进一步凸显。与此同时，一些西方国家对华实行全方位、立体式遏制与打压，利用涉台、涉港、涉疆、南海等问题一再挑战中国底线，拉帮结派拼凑遏华排中包围圈，构成对中国国家主权、安全、发展利益的最严峻的外部威胁。要看到，我们面临的各种斗争不是短期的而是长期的，至少要伴随实现第二个百年奋斗目标全过程。习近平总书记强调："胜利要通过斗争获得，谁也不会送给我们。没有伟大斗争，就没有新时代历史性成就、历史性变革。"[①] 只有强化底线思维，加大主动塑造，进一步整体重塑国家安全体系、全面提升国家安全能力，着力防范各类风险挑战内外联动、累积叠加，有效维护国家主权、安全和发展利益，才能为党和国家兴旺发达、长治久安提供有力保证，为全球战略稳定和可持续发展与安全提供充足动力。

防范化解风险挑战、顺利推进中国式现代化的必然要求。国家安全是民族复兴的根基，社会稳定是国家强盛的前提。"当前和今后

---

① 中共中央宣传部编：《习近平新时代中国特色社会主义思想学习纲要（2023 年版）》，学习出版社、人民出版社 2023 年版，第 285 页。

一个时期是我国各类矛盾和风险易发期"[1]，安全问题的重要性、紧迫性、复杂性、联动性显著上升，这是我国在民族复兴征程上必须正视和应对的客观现实。从国际视角来看，尽管和平与发展仍是时代主题，但国际形势的复杂性和不确定性日益凸显，霸权主义、强权政治、零和博弈的思维和行径愈发盛行，世界正步入新的动荡变革期。在这一背景下，外部势力对我讹诈、遏制、封锁、极限施压等一系列恶劣做法随时可能升级，全球范围的能源危机、粮食危机、金融动荡等也可能传导至国内，对我国国家安全和社会稳定构成威胁。从国内层面来看，我国已经全面建成小康社会，这为全面推进社会主义现代化国家建设奠定了坚实基础。然而，我们也必须清醒认识到，我国发展所面临的内外部风险正在不断攀升，改革发展稳定中的深层次问题正在逐步显露，妥善解决人民内部矛盾、确保社会和谐稳定的任务也十分繁重。只有增强忧患意识，坚持底线思维，增强斗争本领，加快推进国家安全体系和能力现代化，做好经受风高浪急甚至惊涛骇浪重大考验的充分准备，才能牢牢掌握斗争的主动权，有效防范化解重大安全风险，为推进中国式现代化提供坚强安全保障。

推进国家治理体系和治理能力现代化、谱写"中国之治"新篇章的必然要求。推进国家安全体系和能力现代化，是国家治理体系和治理能力现代化的重要内容。党的十八大以来，以习近平同志为核心的党中央围绕"实现国家治理体系和治理能力现代化"目标，作出了一系列重大决策部署和战略安排，在不断充实国家职能既有内涵的同

---

[1]　中共中央宣传部、中央国家安全委员会办公室编：《总体国家安全观学习纲要》，学习出版社、人民出版社 2022 年版，第 34 页。

时，也在不断丰富国家安全的多领域安全体系："绿水青山就是金山银山"的生态文明愿景，离不开国家生态安全屏障与美丽中国建设；满足人民群众对美好生活的向往，离不开社会安全综合治理与平安中国建设；守好各族人民的价值观"最大公约数"，离不开文化安全与社会主义核心价值体系建设；利用现代科技促进社会生产、造福广大百姓，离不开科技安全预警监测体系以及网络、数据、人工智能等前沿领域的安全防范工作；等等。当前，我国发展处于新的历史方位，国家治理面临许多新任务，对国家安全体系和能力提出了新的更高要求。只有以改革创新为动力，着力完善系统完备、科学规范、运行有效的国家安全体系，不断提升维护和塑造国家安全的能力，才能确保国家安全体系和能力同国家治理体系和治理能力现代化进程相适应。

建设更高水平的平安中国、满足人民群众日益增长的安全需要的必然要求。国泰民安是人民群众最基本、最普遍的愿望。习近平总书记指出："国家安全工作归根结底是保障人民利益"，"坚持国家安全一切为了人民、一切依靠人民，为群众安居乐业提供坚强保障"。[1] 党的十八大以来，我们党始终把人民群众生命安全和身体健康放在第一位，统筹疫情防控和经济社会发展取得重大成果，有力应对一系列重大自然灾害，显著提高了人民群众的获得感、幸福感、安全感。随着中国式现代化深入推进，安全在人民对美好生活的追求中分量越来越重，从生命财产安全上升到安业、安居、安康、安心等各方面，内涵外延不断拓展，标准要求更新更高。只有听民生、察民情、汇民智、

① 中共中央宣传部、中央国家安全委员会办公室编：《总体国家安全观学习纲要》，学习出版社、人民出版社 2022 年版，第 39 页。

291

解民忧，不断推进国家安全体系和能力现代化，努力建设更高水平的平安中国，着力解决人民群众最关心最直接最现实的安全问题，才能让人民群众的获得感、幸福感、安全感更加充实、更有保障、更可持续，也才能更好满足人民群众对美好生活的向往。

二、坚定不移贯彻总体国家安全观

总体国家安全观，是我们党历史上第一个被确立为国家安全工作指导思想的重大战略思想，是习近平新时代中国特色社会主义思想的重要组成部分，是当代中国对世界的重要思想理论贡献。[①] 我们要牢固树立总体国家安全观在新时代国家安全工作中的指导地位，完整准确把握总体国家安全观的重大意义、主要内容、基本方法、实践要求，切实把真理伟力转化为擘画国家安全战略的实践伟力。

（一）把党的领导贯穿到国家安全工作各方面全过程

坚持党对国家安全工作的绝对领导，是中国特色社会主义制度的必然政治要求，是维护国家安全和社会安定的根本政治保证。党的十八大以来，习近平总书记高度重视国家安全工作，突出强调保证国家安全是头等大事，亲自担任中央国家安全委员会主席，以超凡的政治智慧、非

---

① 中共中央宣传部、中央国家安全委员会办公室编：《总体国家安全观学习纲要》，学习出版社、人民出版社 2022 年版，第 1 页。

凡的斗争艺术、坚定的意志品质维护国家主权、安全、发展利益，推动国家安全领导体制和法治体系、战略体系、政策体系不断完善，国家安全得到全面加强，经受住了来自政治、经济、意识形态、自然界等方面的风险挑战考验，为党和国家兴旺发达、长治久安提供了有力保证。实践充分证明，正是因为有了习近平总书记作为党中央的核心、全党的核心领航掌舵，维护国家安全才有了最可靠的主心骨，我们党才能够团结一心地高效解决国家安全遇到的一系列重大问题。

在中国式现代化前进道路上，要紧紧围绕坚持党对国家安全工作的绝对领导、坚持党中央对国家安全工作的集中统一领导，坚定不移走中国特色国家安全道路，坚定不移贯彻中央国家安全委员会主席负责制，在国家安全工作中不断深化对"两个确立"决定性意义的认识，增强"四个意识"、坚定"四个自信"、做到"两个维护"，切实把党的领导贯穿到国家安全工作各方面全过程，实施更为有力的统领和协调。建立健全党委统一领导的国家安全工作责任制，把党中央关于国家安全工作的各项决策部署落到实处，强化维护国家安全责任。加强党对国家安全工作的顶层设计，不断完善国家安全法治体系、战略体系、政策体系，进一步完善国家安全风险评估机制、国家安全审查和监管制度、国家安全危机管控机制、国家应急管理机制、国家安全综合保障体系等体制机制，不断增强主动塑造国家安全总体有利态势的能力。

（二）坚持政治安全、人民安全、国家利益至上有机统一

我国的国体政体决定了党、人民和国家是一个共同体，决定

了国家利益与人民安全、政治安全具有内在一致性。"坚持政治安全、人民安全、国家利益至上有机统一"既是总体国家安全观的思想精髓，也是走中国特色国家安全道路的基本遵循。其中，政治安全是国家安全的根本，人民安全是国家安全的宗旨，国家利益至上是国家安全的准则。三者既有各自独特的内涵与定位，又在实践中相互支撑、相互促进，共同构成了一个不可分割、相互贯通的统一整体。

以政治安全为根本。政治安全涉及国家主权、政权、制度和意识形态的稳固，关系国家长治久安和民族兴衰存亡，因而在整个国家安全体系中居于统领地位。总体国家安全观强调要将坚持党的绝对领导视为"做好国家安全工作的根本原则"[①]与"维护国家安全和社会安定的根本保证"[②]。"两个根本"进一步锚定了政治安全的首要位置，而通过把"政治安全放在首位"又更加强化了"两个根本"的极端重要性。

以人民安全为宗旨。我国是工人阶级领导的、以工农联盟为基础的人民民主专政的社会主义国家，人民是国家安全最强大的塑造者和最坚定的捍卫者，我国国家安全所关联的一切理论与实践归根结底是保障人民利益，充分彰显了中国共产党根本宗旨、社会主义中国国家性质与总体国家安全观立意的高度一致性。

---

① 中共中央宣传部、中央国家安全委员会办公室编：《总体国家安全观学习纲要》，学习出版社、人民出版社 2022 年版，第 18 页。

② 中共中央宣传部、中央国家安全委员会办公室编：《总体国家安全观学习纲要》，学习出版社、人民出版社 2022 年版，第 19 页。

以国家利益至上为准则。国家利益是一个国家在政治、经济、文化、军事等各个方面的总体利益，既包括领土完整、主权安全、政治稳定、经济发展等核心利益，还广泛涉及科技创新、生态保护、社会福利、教育普及和文化传承等多个重要领域。国家利益是最广大人民根本利益的集中体现，必须把国家利益作为制定国家安全战略、推进国家安全工作的出发点，坚决维护国家主权、安全、发展利益，实现人民安居乐业、党的长期执政、国家长治久安。

（三）不断增强国家安全工作的系统性

总体国家安全观关键在"总体"，强调的是做好国家安全工作的系统思维和方法，突出的是"大安全"理念。[①] 这要求我们不断强化系统思维，把国家安全各个要素放在一个"多元一体"的有机整体中去审视，把影响中国国家安全的各类风险放在"两个大局"中去认识，作出全局性谋划、整体性推进。

注重全面构建大安全格局。"总体"意味着全面性、系统性。总体国家安全既包括政治、国土、军事等传统安全，也包括经济、文化、社会、网络、生态等非传统安全；既包括已被广泛认知的安全领域，也包括太空、深海、极地、生物等新安全领域；既包括物的安全，也包括人的安全。国家安全的全面性和综合性愈发凸显，表明总体国家安全是一个包含多方面内容、涉及多方面问题、具有多方面关

[①] 中共中央宣传部编：《习近平新时代中国特色社会主义思想学习纲要（2023年版）》，学习出版社、人民出版社2023年版，第234页。

联的复杂巨系统。

注重维护重点领域国家安全。"总体"意味着统筹协调、突出重点。党的二十大报告再次强调"完善重点领域安全保障体系和重要专项协调指挥体系","加强重点领域安全能力建设","加强重点行业、重点领域安全监管"等，[①] 为我们进一步优化国家安全系统的资源分配指明了方向。要着重抓好政治安全、国土安全、经济安全、社会安全、网络安全、外部安全等重点领域的国家安全工作，进一步优化国家安全系统的资源分配。

注重整体推进国家安全工作。"总体"意味着大局观、整体观。国家安全风险来自社会各领域各方面，单靠国家安全的专职部门是不够的，要以整体、全面、系统的方法来应对复杂的国家安全风险和危机，加强党对国家安全工作的顶层设计，充分调动各子系统的力量去实现大系统的功能，让全党全军全国人民真正树立起全面加强国家安全的战略共识和战略自觉，形成汇聚党政军民学各战线各方面各层级的强大合力，共同应对重大安全风险挑战。为此，党的二十届三中全会提出，"强化国家安全工作协调机制，完善国家安全法治体系、战略体系、政策体系、风险监测预警体系，完善重点领域安全保障体系和重要专项协调指挥体系"[②]。

---

① 习近平：《高举中国特色社会主义伟大旗帜 为全面建设社会主义现代化国家而团结奋斗——在中国共产党第二十次全国代表大会上的报告》，人民出版社 2022 年版，第 53 页。

② 《中共中央关于进一步全面深化改革 推进中国式现代化的决定》，人民出版社 2024 年版，第 40—41 页。

（四）加快构建与新发展格局相适应的新安全格局

党的十九届六中全会决议提出"五个统筹"，即"统筹发展和安全，统筹开放和安全，统筹传统安全和非传统安全，统筹自身安全和共同安全，统筹维护国家安全和塑造国家安全"[①]，使总体国家安全观得到进一步升华。推进国家安全体系和能力现代化，要统筹维护国家安全各类要素、各个领域、各方资源、各种手段，打好维护国家安全总体战。

统筹发展和安全。发展是第一要务，安全是头等大事，必须齐抓共管、不可偏废。若无稳固的发展根基，捍卫中国特色社会主义制度、维护国家主权独立和领土完整、增进人民对党和国家的认同，都将成为无源之水、无本之木。同时，安全是发展的前提，一旦安全防线失守，发展成果与财富积累也可能化为乌有。我们既要坚持以发展为中心，加快建立强大的国内经济循环体系和稳固的基本盘，坚定维护改革发展稳定大局；又要善于把国家发展的效能转化为国家安全的潜能，以新安全格局保障新发展格局，增强在对外开放环境中动态维护国家安全的本领。

统筹开放和安全。对外开放是我国的基本国策，以开放促改革、促发展是我国现代化建设不断取得新成就的重要法宝，是国家繁荣发展的必由之路。习近平总书记强调："越是开放越要重视安全。"[②]伴随

---

①　《中共中央关于党的百年奋斗重大成就和历史经验的决议》，人民出版社 2021 年版，第 56 页。

②　习近平：《在深圳经济特区建立 40 周年庆祝大会上的讲话》，人民出版社 2020 年版，第 10 页。

着国际经济、科技、文化、安全、政治等格局的深刻调整，我们将面对更多逆风逆水的外部环境，必须健全开放安全保障体系，构筑与更高水平开放相匹配的风险监管防控体系，不断形成更大范围、更宽领域、更深层次对外开放格局。

统筹传统安全和非传统安全。一方面，中国各项事业的核心在党，党的执政地位稳固，则国家安全就有了最根本的保障，而军队强盛，则无外忧，所以传统的"政治—军事安全"仍然是我们最为重要的安全内核，必须持续巩固，铸牢国家安全的铜墙铁壁；另一方面，恐怖主义、生物威胁、文化破坏等非传统安全因素的影响日益广泛，传统安全与非传统安全相互交织与渗透的特征越来越明显，必须高度重视和细化研究各种非传统安全因素，掌握更多非战争、非军事、非对抗的非传统解题路径与破题本领，实现传统安全和非传统安全的统筹兼顾。

统筹自身安全和共同安全。习近平总书记指出，我们"始终以世界眼光关注人类前途命运，从人类发展大潮流、世界变化大格局、中国发展大历史正确认识和处理同外部世界的关系"①。将国家安全的关切范围从"本土视野"向"寰球视野"扩展，是社会主义中国国际影响力扩大和国家职能外延拓展的必然结果。要继续顺应和平、发展、合作、共赢的时代潮流，更加积极参与国际事务及国际体系改革，促进世界和平与发展，为推动和完善全球安全治理贡献中国智慧和中国方案。

---

① 《中共中央关于党的百年奋斗重大成就和历史经验的决议》，人民出版社 2021 年版，第 68 页。

　　统筹维护国家安全和塑造国家安全。在全球化深入发展和国际力量对比深刻调整的当下，维护国家安全已不再是单纯的防御行为，而是需要具有主动性和战略性的塑造行为。这种塑造，是对国家安全体系和能力进行现代化升级的重要过程，"是更高层次更具前瞻性的维护"①，要求我们准确把握世界发展大势和时代发展潮流，在变局中把握规律、在乱局中趋利避害、在斗争中争取主动，不断塑造总体有利的国家安全战略态势，把维护国家安全的战略主动权牢牢掌握在自己手中。

（五）牢牢把握防范化解重大风险的战略主动

　　当前，我国正处于一个大有可为的历史机遇期，发展形势总的是好的，大局是稳定的。但我们面临的风险也是多方面的，既有外部风险，也有内部风险；既有一般风险，也有重大风险。一旦防范不及、应对不力，就会传导、叠加、演变、升级，全面建设社会主义现代化国家的历史进程就有可能被迫中断。这要求我们坚持总体国家安全观，弘扬斗争精神，讲究斗争策略，牢牢把握防范化解重大风险的战略主动，全力维护国家政治安全和社会大局稳定。

　　常怀忧患下好先手棋。为避免矛盾风险在交织作用、传导叠加之下演变升级，必须始终保持清醒的头脑，不断提升政治敏锐性和战略定力，增强忧患意识、风险意识、责任意识，尤其要防控那些

---

① 中共中央宣传部、中央国家安全委员会办公室编：《总体国家安全观学习纲要》，学习出版社、人民出版社 2022 年版，第 27 页。

可能迟滞或中断中华民族伟大复兴进程的全局性风险，完善风险预警和应对机制，不断增强工作的系统性、预见性、创造性，不断探索化解风险的新方法、新路径，打好化险为夷、转危为机的战略主动仗。

坚持发扬斗争精神。新时代的国家安全战场上必然充斥着各种类型的敌我斗争，尤其"在重大风险、强大对手面前，总想过太平日子、不想斗争是不切实际的，得'软骨病'、患'恐惧症'是无济于事的"①。习近平总书记指出："凡是危害中国共产党领导和我国社会主义制度的各种风险挑战，凡是危害我国主权、安全、发展利益的各种风险挑战，凡是危害我国核心利益和重大原则的各种风险挑战，凡是危害我国人民根本利益的各种风险挑战，凡是危害我国实现'两个一百年'奋斗目标、实现中华民族伟大复兴的各种风险挑战，只要来了，我们就必须进行坚决斗争，毫不动摇，毫不退缩，直至取得斗争胜利。"②

灵活运用武装力量。军队是国家安全的坚强后盾，军事手段是维护国家安全的保底手段。人民军队依据国家安全战略要求，为巩固中国共产党领导和社会主义制度提供战略支撑，为捍卫国家主权、统一、领土完整提供战略支撑，为维护我国海外利益提供战略支撑，为促进世界和平与发展提供战略支撑，担当起党和人民赋予的新时代使

① 中共中央宣传部、中央国家安全委员会办公室编：《总体国家安全观学习纲要》，学习出版社、人民出版社2022年版，第37页。
② 中共中央宣传部编：《习近平新时代中国特色社会主义思想学习纲要（2023年版）》，学习出版社、人民出版社2023年版，第286页。

命任务。在面临国家安全突发事件或紧急危机时，如领土争端、主权受到侵犯、国内政治稳定受到威胁等关键时刻，军队必须坚决听从党的指挥，坚持战略坚定性和策略灵活性相统一，灵活运用武装力量处置危及国家安全的事件，确保国家领土、主权、政权等方面不受外部和内部威胁的侵害。

三、推进国家安全体系和能力现代化

党的二十大报告立足世界百年未有之大变局、防范风险大前提，着眼于全力保障中国式现代化稳步推进，从四个方面对维护国家安全和社会稳定作出前瞻性谋划、全局性部署，明确提出 2035 年"国家安全体系和能力全面加强"总体目标和未来五年"国家安全更为巩固"目标任务，[①] 彰显了我们党对国家安全工作的深刻认识和全面把握，为当前和今后一个时期推进国家安全体系和能力现代化指明了方向。

（一）不断健全国家安全体系

国家安全体系主要指与国家安全相关的组织实体和制度的总和，包括国家安全领导体制、国家安全协调保障体系、国家安全涉外安全

---

① 习近平：《高举中国特色社会主义伟大旗帜　为全面建设社会主义现代化国家而团结奋斗——在中国共产党第二十次全国代表大会上的报告》，人民出版社 2022 年版，第 25 页。

应对机制等。不断健全国家安全体系是加强国家安全工作治本之策，是完善和发展中国特色社会主义制度的内在要求。为此，党的二十届三中全会提出："健全国家安全体系。强化国家安全工作协调机制，完善国家安全法治体系、战略体系、政策体系、风险监测预警体系，完善重点领域安全保障体系和重要专项协调指挥体系。"① 要坚持以改革创新为动力，强化法治思维，构建系统完备、科学规范、运行有效的国家安全体系，确保国家安全体系同国家现代化进程相适应。

完善集中统一、高效权威的国家安全领导体制。坚持党中央对国家安全工作的集中统一领导，坚决贯彻中央国家安全委员会主席负责制，中央国家安全委员会按照集中统一、科学谋划、统分结合、协调行动、精干高效原则，统一领导和部署国家安全工作，各部门各地方党委统筹领导和协调本领域本地区国家安全工作，承担相应的国家安全责任，切实增强国家安全体系应对风险挑战的制度化、规范化、程序化水平，确保党中央关于国家安全工作的决策部署落到实处。

完善国家安全相关制度体系。进一步健全完善以《中华人民共和国国家安全法》为统领的中国特色国家安全法律体系，细化国家安全战略指导方针、目标、中长期规划和重点领域政策举措，强化经济、重大基础设施、金融、网络、数据、生物、资源、核、太空、海洋等安全保障体系建设，健全反制裁、反干涉、反"长臂管辖"措施，为国家安全机关和全社会履行国家安全责任提供遵循。

---

① 《中共中央关于进一步全面深化改革　推进中国式现代化的决定》，人民出版社2024年版，第40—41页。

完善国家安全风险研判、防控协同、防范化解机制。构建全域联动、立体高效的国家安全防护体系，做好风险信息采集、来源识别、性质判断、原因分析、趋势预测，守住不发生系统性风险和不犯颠覆性错误的底线。完善重点领域安全保障体系和重要专项协调指挥体系，推动风险监测、研判、预警、处置各环节有效衔接，对任何危害国家安全的苗头性、倾向性问题采取有效措施，始终掌握战略主动。

（二）持续增强维护国家安全能力

国家安全能力主要指国家安全主体在党的领导下，运用相关资源要素治理国家安全事务、实现国家安全目标的能力。国家安全能力建设具有基础性、根本性、长期性意义。要着眼维护和塑造国家安全的战略需要，更加注重协同高效，更加注重法治思维，更加注重科技赋能，更加注重基层基础，加强重点领域安全能力建设，全面提升国家安全能力。

加强重点领域安全能力建设。重点防范化解政治安全风险、重大金融风险、网络安全风险等，确保粮食、能源资源、重要产业链供应链安全，推动关键核心技术攻关和自主创新，健全社会矛盾纠纷多元预防调处化解机制，强化生态风险的预警和防控，建立健全重大生物安全突发事件应急预案，加强海外安全保障能力建设。

提高领导干部统筹发展和安全的能力。各级领导干部必须掌握和运用科学方法论，坚持系统观念，既要在发展中更多考虑安全因素，通过发展提升国家安全实力，善于运用发展成果来夯实国家安全的基础，又要善于营造有利于经济社会发展的安全环境，着力防范各类风险挑战内外联动、累积叠加，提高化解重大风险能力。

增强全民国家安全意识和素养。教育引导广大干部群众深入了解新时代国家安全发生的历史性变革、取得的历史性成就、积累的宝贵经验，充分认识国家安全的极端重要性，强化国家安全法治意识，树立起全面加强国家安全的战略共识和战略自觉，有效防范和制止危害国家安全的各种行为，筑起更加牢固的国家安全人民防线。

（三）全面提高公共安全治理水平

公共安全是人民群众安全感的晴雨表、社会安定的风向标。党的十八大以来，我国公共安全水平和治理能力显著提升，社会大局保持长期稳定，但也要看到，自然灾害、事故灾难、公共卫生事件、社会安全事件等各类突发事件仍易发频发，提高公共安全治理水平势在必行。为此，党的二十届三中全会提出"完善公共安全治理机制"[1]。

完善公共安全评价标准。坚持系统观念、全局观念，从过程、结果、手段等多角度合理设计公共安全评价的各项指标，增强公共安全评价的多样性、可行性、系统化、科学化，确立隐患排查治理、安全监管执法、救援能力建设等过程性标尺，从源头上做好辨识、防范、化解公共安全风险的工作，助推公共安全治理模式向事前预

---

[1] 《中共中央关于进一步全面深化改革　推进中国式现代化的决定》，人民出版社 2024 年版，第 41 页。

防转型。

加强政府危机管理职能。各级政府要高度重视公共安全的重要性，充分发挥危机管理职能，更加深入准确地把握影响公共安全运行的关键要素，提前制定应对公共安全的措施和预案，提升风险管控能力，积极应对各类安全问题。

推进公共安全治理创新。推动公共安全治理系统化、智能化，进一步将防范公共安全风险和提升公共安全治理水平与大数据以及人工智能升级融合，强化大数据建模应用，精准分析安全风险隐患，提高公共安全预防精度和处置的实效性。

（四）加快完善社会治理体系

社会安全是人民群众安全感的晴雨表，社会治理是国家治理的重要领域，社会治理现代化是国家安全体系和能力现代化的题中应有之义。党的二十届三中全会提出，"坚持和发展新时代'枫桥经验'，健全党组织领导的自治、法治、德治相结合的城乡基层治理体系，完善共建共治共享的社会治理制度"[①]。

突出社会治理重点领域。提高风险洞察、防控、化解、治本、转化能力，重点防范化解政治安全风险、社会治安风险、重大矛盾纠纷、公共安全风险、网络安全风险。要强化社会治安整体防控，深入实施反有组织犯罪法，推进扫黑除恶常态化，依法严惩群众反映强烈

---

① 《中共中央关于进一步全面深化改革　推进中国式现代化的决定》，人民出版社 2024年版，第 41 页。

的黄赌毒、食药环、盗抢骗和电信网络诈骗等各类违法犯罪活动。

明确社会治理各级责任。明确从中央到省、市、县、乡各级党委和政府职能定位，充分发挥各层级重要作用。坚持党中央集中统一领导，加强社会治理现代化顶层设计，统筹政府、社会、市场各方力量，完善社会治理的组织架构和组织方式，加快提升社会治理的社会化、法治化、智能化、专业化水平。

构建基层社会治理共同体。健全社会治理的党委领导体制、政府负责体制、群团组织助推体制、社会组织协同体制、人民群众参与体制，完善共建共治共享的社会治理制度，畅通群众表达渠道，构建起群防群控的坚固防线，建设人人有责、人人尽责、人人享有的社会治理共同体。

第十二章

中国式现代化的国防和军队发展战略

　　强国必须强军，军强才能国安。一个国家要自立于世界民族之林，必须以强大的国防力量作后盾，要有强大的军队作为支撑。党的十八大以来，以习近平同志为核心的党中央着眼于实现中华民族伟大复兴的中国梦，带领全军深入进行理论探索和实践创造，形成了习近平强军思想，阐明了国防和军队建设带根本性方向性全局性的重大问题，形成了新时代国防和军队发展战略，擘画了全面建成世界一流军队的宏伟蓝图，引领了新时代人民军队的伟大变革，为实现党在新时代的强军目标、把人民军队全面建成世界一流军队提供了科学指南和行动纲领。党的二十大报告把国防和军队现代化纳入中国式现代化战略全局，纳入全面建设社会主义现代化国家整体进程。党的二十届三中全会再次强调："国防和军队现代化是中国式现代化的重要组成部分。"① 新时代新征程上，我们必须全面推进国防和军队现代化，如期实现建军一百年奋斗目标，加快把人民军队建成世界一流军队，为实现中华民族伟大复兴提供战略支撑，为世界和平与发展作出更大贡献。

一、全面建成世界一流军队

党的二十大报告指出："如期实现建军一百年奋斗目标，加快把人民军队建成世界一流军队，是全面建设社会主义现代化国家的战略要求。"② 进入新时代，以习近平同志为核心的党中央从时代发展和战略全局高度，紧紧围绕强军兴军，对国防和军队发展进行长远战略筹划和设计，明确国防和军队现代化新"三步走"战略安排，确定和实施了建设现代化人民军队的目标图、路线图、施工图。在全面建设社会主义现代化国家、实现第二个百年奋斗目标的历史进程中，必须把国防和军队建设摆在更加重要的位置，加快建设巩固国防和强大军队。

---

① 《中共中央关于进一步全面深化改革　推进中国式现代化的决定》，人民出版社 2024
　　年版，第 42 页。
② 习近平：《高举中国特色社会主义伟大旗帜　为全面建设社会主义现代化国家而团结
　　奋斗——在中国共产党第二十次全国代表大会上的报告》，人民出版社 2022 年版，第
　　55 页。

（一）建成与我国国际地位相称的世界一流军队

2016 年初，习近平总书记提出"实现强军目标、建设世界一流军队"的重大论断。党的十九大报告再次明确提出"党在新时代的强军目标是建设一支听党指挥、能打胜仗、作风优良的人民军队，把人民军队建设成为世界一流军队"①的目标任务。党的二十大擘画了强国建设、民族复兴宏伟蓝图，对国防和军队建设作出战略部署，发出如期实现建军一百年奋斗目标、加快把人民军队建成世界一流军队的号召。

全面建成世界一流军队，与加速发展的世界新军事革命相适应，与实现中华民族伟大复兴和"两个一百年"奋斗目标相衔接，与新时代我军承担的使命任务相结合。首先，全面建成世界一流军队是积极应对世界新军事革命发展趋势的客观要求。当今世界，军事领域发展变化广泛而深刻。面对风起云涌的世界新军事革命浪潮，世界主要国家都在加紧推进军事转型，抢占军事战略制高点。世界新军事革命加速发展的趋势，为我国加强国防和军队建设提供了难得的历史机遇，同时也提出了严峻挑战。唯有与时俱进，以全面建成世界一流军队为目标，推动国防和军队现代化建设，才能使我军真正担当起党和人民赋予的历史重任。其次，全面建成世界一流军队是巩固党的执政地位、实现中华民族伟大复兴的战略选择。当前，我国正处于由大向强、将强未强的关键阶段，面临的安全形势正发生新的深刻变化。随

① 《习近平著作选读》第二卷，人民出版社 2023 年版，第 16 页。

着我国快速发展壮大，一些西方国家的焦虑感不断上升，千方百计对我国发展进行牵制和遏制，我国国家安全和社会安定面临的危险和挑战增多，维护国家统一和社会稳定的任务艰巨繁重。坚持党的领导并巩固党的执政地位、全面建成富强民主文明和谐美丽的社会主义现代化强国，必须建成一支与我国国际地位相称的世界一流军队。最后，全面建成世界一流军队是有效履行新时代我军使命任务的迫切需要。我军是党绝对领导下的人民军队，必须服从服务于党的历史使命。《新时代的中国国防》白皮书指出，进入新时代，中国军队依据国家安全和发展战略要求，坚决履行党和人民赋予的使命任务，为巩固中国共产党领导和社会主义制度提供战略支撑，为捍卫国家主权、统一、领土完整提供战略支撑，为维护我国海外利益提供战略支撑，为促进世界和平与发展提供战略支撑。"四个战略支撑"的使命任务是支撑中华民族伟大复兴的战略要求，也是我军全部价值之所在。履行好这一新时代使命任务，要求把人民军队全面建成世界一流军队。

世界一流军队是一个复合型概念，也是一个动态的、历史的、比较的概念。随着国际形势的变化和世界军事的发展，世界一流军队的内涵要素和建设标准也会有更新、更高的要求。党的十八大以来，以习近平同志为核心的党中央着眼于党和国家事业发展对国防和军队建设的战略要求，确立党在新时代的强军目标，确立新时代军事战略方针，坚持党对人民军队的绝对领导，明确新时代人民军队使命任务，坚持边斗争、边备战、边建设，深入推进政治建军、改革强军、科技强军、人才强军、依法治军，大力度推进国防和军队现代化建设，大刀阔斧深化国防和军队改革，重构人民军队领导指挥体制、现代军事力量体系、军事政策制度，人民军队体制一新、结构一新、格局一新、面貌一新。国防和军队现代化建设不断加快，国防科技创新全面推进，人民军队现代化水平和实战能力显著提升，我军向着全面建成世界一流军队阔步前进。

（二）全面建成世界一流军队的战略设计

全面建成世界一流军队，既需要遵循军队建设普遍规律，又需要从中国特色国防和军队建设实际出发，分步骤、分阶段地有序推进。党的十八大以来，以习近平同志为核心的党中央对全面建成世界一流军队作出系统谋划，为我军向世界一流军队转型跨越提供了行动纲领。

在战略安排上，制定了国防和军队现代化新"三步走"战略安排。我们党提出到 2027 年实现建军一百年奋斗目标，确保掌握捍卫国家主权、安全、发展利益的战略主动；到 2035 年基本实现国防和军队现代化，机械化高度发达，信息化基本实现，智能化取得重大进展，基于网络信息体系的联合作战能力、全域作战能力全面提高；到本世纪中叶全面实现国防和军队现代化，把人民军队全面建成同我国强国地位相称、能够全面有效维护国家安全、具备强大国际影响力的世界一流军队。2027 年、2035 年、本世纪中叶这三个重要时间节点，近、中、远目标梯次衔接，形成了国防和军队现代化新"三步走"战略安排。

在基本任务上，明确了国防和军队现代化"四个现代化"的构成要素。世界一流军队是由若干要素组成的集合体。我们党鲜明提出军队"四个现代化"的目标任务，即军事理论现代化、军队组织形态现代化、军事人员现代化、武器装备现代化。其中，军事理论现代化是先导，必须形成具有时代性、引领性、独特性的军事理论体系；组织形态现代化是保证，必须构建符合规律的科学制度机制；军事人员现代化是核心，必须打造宏大的高素质新型军事人才队伍；武器装备现代化是重点，必须建成适应现代战争和履行使命任务要求的武器装备体系。

在实现路径上，提出了机械化信息化智能化融合发展的路子。我们党明确提出推进国防和军队现代化，必须加快机械化信息化智能化融合发展。这是深刻把握世界军事发展趋势作出的重大战略决策，为国防和军队现代化指明了发展方向、发展路子和发展模式。这就要求我们以机械化为基础、信息化为主导、智能化为方向，通过推进以智能化科技为主导因素的跨领域融合创新，加快实现由"三化"梯次发展向融合并进、由点状积累向体系突破转变，在推进智能化进程中发展高度发达的机械化和更高水平的信息化，引领国防和军队现代化转型升级。

二、坚决贯彻习近平强军思想

党的十八大以来，以习近平同志为核心的党中央准确把握强国对强军的战略需求，围绕新时代建设一支什么样的强大人民军队、怎样建设强大人民军队的时代课题，与时俱进创新党的军事指导理论，形成了习近平强军思想。习近平强军思想，是习近平新时代中国特色社会主义思想的"军事篇"，是党的军事指导理论的重大突破、重大创新和重大发展，为推动国防和军队现代化建设提供了根本遵循。

（一）习近平强军思想的主要内容

习近平强军思想，立足新时代强军兴军实践，提出一系列标志性引领性的新理念新思想新战略，形成一个内涵丰富、思想深邃、与时俱进的科学军事理论体系。

习近平强军思想的主要内容，集中体现为"十一个明确"：明确党对人民军队的绝对领导是人民军队建军之本、强军之魂，必须全面加强军队党的领导和党的建设，贯彻党领导军队的一系列根本原则和制度，确保部队绝对忠诚、绝对纯洁、绝对可靠；明确强国必须强军，巩固国防和强大人民军队是新时代坚持和发展中国特色社会主义、实现中华民族伟大复兴的战略支撑，人民军队必须有效履行新时代使命任务；明确党在新时代的强军目标是建设一支听党指挥、能打胜仗、作风优良的人民军队，到 2027 年实现建军一百年奋斗目标，到 2035 年基本实现国防和军队现代化，到本世纪中叶把人民军队建成世界一流军队；明确军队是要准备打仗的，必须聚焦能打仗、打胜仗，扭住强敌对手，创新军事战略指导，发展人民战争战略战术，全面加强练兵备战，坚定灵活开展军事斗争，有效塑造态势、管控危机、遏制战争、打赢战争；明确推进强军事业必须坚持政治建军、改革强军、科技强军、人才强军、依法治军，坚持边斗争、边备战、边建设，更加注重聚焦实战、创新驱动、体系建设、集约高效、军民融合，加强军事治理，推动高质量发展，全面提高革命化现代化正规化水平；明确改革是强军的必由之路，必须推进军队组织形态现代化，构建中国特色现代军事力量体系，完善中国特色社会主义军事制度；明确科技是核心战斗力，必须坚持自主创新战略基点，推进高水平科技自立自强，统筹推进军事理论、技术、组织、管理、文化等各方面创新，建设创新型人民军队；明确强军之道要在得人，必须贯彻新时代军事教育方针，推动军事人员能力素质、结构布局、开发管理全面转型升级，锻造德才兼备的高素质、专业化新型军事人才；明确依法治军是我们党建军治军基本方式，必须构建中国特色军事法治体系，推动治军方式根本性转变，提高国防和军队建设法治化水平；明确军民融合发展是兴国之举、强军之策，必须巩固提高一体化国家战略体系和能力；明确作风优良是我军鲜明特色和政治优势，必须全面从严治党、全面从严治军，全面锻造过硬基层，坚定不移正风肃纪反腐，大力弘扬我党我军光荣传统和优良作风，永葆人民军队性质、宗旨、本色。这"十一个明确"深刻回答了强军兴军的根本保证、时代要求、强大引擎、根本大计、法治保障、重要依托、特有优势等重大问题，丰富和发展了党的军事指导理论。

习近平强军思想，既坚持马克思主义关于战争和军事问题的基本观点，坚持我们党一以贯之的建军治军指导思想和方针原则，坚持人民军队特有的光荣传统和优良作风，又紧密结合新的时代特征和实践发展，创造性丰富拓展马克思主义战争观军事观，创新发展人民战争战略战术和军事斗争艺术，以一系列富有创见的观点形成完备科学体系，把无产阶级政党建军治军规律性认识提升到新高度，实现了马克思主义军事理论中国化时代化的新飞跃，为我军始终在党的旗帜下有效履行使命任务提供了根本遵循、指明了前进方向。

（二）习近平强军思想蕴含的军事观和方法论

习近平强军思想，坚持用马克思主义审视当代中国军事问题，敏锐洞察新时代军事领域的矛盾运动，深刻阐发军事与政治、战争与和平、稳局与塑势、威慑与实战、人与武器等重大关系，为强军打赢提供了"伟大的认识工具"，其蕴含的军事观和方法论可概括为"五个坚持"，即坚持政治引领，坚持以武止戈，坚持积极进取，坚持统筹兼顾，坚持敢打必胜。

坚持政治引领。政治性是军队的本质属性，军事必须服从政治。当今时代，军事和政治的联系更加紧密，在战略层面上的相关性和整体性日益增强，军事斗争的政治性、政策性、敏感性显著增强，要求人们必须善于从政治高度思考和处理军事问题。我军是执行党的政治任务的武装集团，坚持党指挥枪是人民军队的方向所在、力量所在、优势所在。抓军队建设首要要从政治上看，筹划和指导战争必须深刻认识战争的政治属性，把强军兴军放在实现中华民族伟大复兴这个大目标下来把握，毫不动摇坚持党对人民军队的绝对领导，永远听党话、跟党走，永远做人民子弟兵。

坚持以武止戈。能战方能止战，准备打才可能不必打，越不能打越可能挨打，这就是战争与和平的辩证法。和平不等于安全，必须正视战争风险，通过斗争去争取和平。胜战与慑战都需以实力为支撑，只有维护和平、遏制战争的力量足够大，打赢的能力足够强，才能慑战止战、赢得和平。面对现实和潜在的战争威胁，我们越是具备打赢的能力，越是厉兵秣马、真抓实备，越能慑战止战。面对潜在的战争威胁，需辩证处理"准备打"与"不必打"的关系，枕戈待旦，随时准备打仗。只有准备得扎实充分，才可能"不必打"。对可能发生的战争风险始终保持战略清醒，立足现有条件打仗，不打无准备无把握之仗，有力慑止战争，坚决打赢战争。

坚持积极进取。军事领域是竞争最为激烈的领域，积极进取才能掌握先机和主动。面对科技之变、战争之变、对手之变，我们必须增强军事战略指导的进取性和主动性，丰富完善积极防御战略思想的内涵，调整优化军事战略布局，加快战略性、前沿性、颠覆性技术发展，为赢得发展优势创造良好条件。党的十八大以来，我们积极开展钓鱼岛维权斗争，组织海空力量出岛链常态巡航，实施海外护航撤侨行动，加强边境管控、反恐维稳等，为国家和平发展营造了有利战略态势。积极进取，不是急于求成、急躁冒进，而是坚持战略上进取和战术上稳扎稳打相统一。要坚持以我为主，充分发挥自觉能动性，因势而谋，应势而动，顺势而为，力争主动、力避被动，在稳当可靠基础上争取一切可能的胜利。

坚持统筹兼顾。军事实践充满各种复杂矛盾运动，把握关联性、驾驭复杂性是推动军事发展的基本要求。需处理好全局与局部的辩证关系，树立全局意识，对国之大者心中有数，多打大算盘、算大账，不断增强总揽全局的能力。需处理好当前和长远的辩证关系，以发展的眼光观察事物，认识到军事活动处在不断发展变化之中，只有保持开放性、灵活性，才能及时有效应对层出不穷的新情况。需处理好全面与重点的辩证关系，坚持牵"牛鼻子"，抓主要矛盾和矛盾的主要方面，以重要领域和关键环节的突破带动全局。要贯彻总体国家安全观，统筹经济建设和国防建设，统筹军事斗争和其他方面斗争，统筹战建备重大任务，以协调联动提高综合效能。

坚持敢打必胜。战争是物质的较量，也是精神的比拼。随着军事技术发展，武器对战争胜负的影响力增大，但人依然是战争中的决定因素。敢于斗争、敢于胜利，一不怕苦、二不怕死，是人民军队血性胆魄的生动写照。面对错综复杂的国际和国家安全形势，我们必须在革命化锻造、实战化磨砺、体系化培塑中淬炼战斗精神，做到钢多了，气要更多，骨头要更硬。当然，斗争绝不是盲目蛮干，而是注重谋略方式、讲究斗争艺术，要根据斗争要达成的目的选择和运用合理的斗争方式，在原则问题上寸步不让，在策略问题上灵活机动。

习近平强军思想蕴含的军事观和方法论，继承和发展了马克思主义战争观军事观方法论，揭示了世界军事发展、人类战争演变、人民战争的新规律，极大拓展和深化了我们党对当代世界、当代中国军事领域普遍性矛盾问题及其运动规律的认识，是今天认识战争、准备战争、打赢战争的"望远镜"和"显微镜"。

三、开创国防和军队现代化新局面

国防和军队现代化进程必须同国家现代化进程相适应，军事能力必须同国家战略需求相适应。党的二十大报告设立专门章节，深入阐述"实现建军一百年奋斗目标，开创国防和军队现代化新局面"①，鲜明提出"三个全面加强、一个巩固提高"的要求，即全面加强人民军队党的建设，确保枪杆子永远听党指挥；全面加强练兵备战，提高人民军队打赢能力；全面加强军事治理，巩固拓展国防和军队改革成果，完善军事力量结构编成，体系优化军事政策制度；巩固提高一体化国家战略体系和能力。

（一）全面加强人民军队党的建设

坚持党对人民军队的绝对领导，确保枪杆子永远听党指挥，是中国特色社会主义的本质特征，是党和国家的重要政治优势，是人民军队建军之本、强军之魂。而坚持党的领导必须加强党的建设，这是我们党在长期实践探索中得出的重要结论。党的领导和党的建设是我军建设发展的关键，关系强军事业兴衰成败，关系党和国家长治久安。全面加强新时代我军党的领导和党的建设工作，是推进党的建设新的

---

① 习近平：《高举中国特色社会主义伟大旗帜　为全面建设社会主义现代化国家而团结奋斗——在中国共产党第二十次全国代表大会上的报告》，人民出版社 2022 年版，第 55 页。

伟大工程的必然要求，是推进强国强军的必然要求。

首先要全面深入贯彻军委主席负责制。军委主席负责制关系我军最高领导权和指挥权，在党领导人民军队的一整套制度体系中处于最高层次、居于统领地位，是坚持党对人民军队绝对领导的根本制度和根本实现形式，是"两个确立"在人民军队落地生根的重要制度保证。党的十八大以来，党中央和中央军委对贯彻军委主席负责制高度重视，通过一系列重大举措，使党对人民军队的绝对领导更加具体、更加有力地落到实处。党的二十大报告明确提出，要健全贯彻军委主席负责制体制机制，充分体现了党中央持续推进军委主席负责制贯彻落实的坚定意志。党的二十届三中全会再次强调："健全贯彻军委主席负责制的制度机制，深入推进政治建军。"① 这就需要深入研究新形势新体制下军队工作运行特点规律，着力破解在贯彻军委主席负责制方面存在的突出矛盾和问题，着力增强相关制度机制的系统性和操作性，不断推进贯彻军委主席负责制法治化、规范化、程序化，确保贯彻军委主席负责制取得新的更大成效。近年来，军队召开全军党的建设会议，相继印发《关于深化军委主席负责制贯彻落实的若干意见》《全面深入贯彻军委主席负责制的若干规定》，制定实施军委主席负责制学习教育规划，修订印发《军委主席负责制学习读本》，推动全军以更高标准、更严要求贯彻军委主席负责制。全军各级要把贯彻军委主席负责制作为最高政治要求来遵循、最高政治纪律来严守，不断强化政治认同、思想认同、理论认同、情感认同，提高政治判断力、

---

① 《中共中央关于进一步全面深化改革　推进中国式现代化的决定》，人民出版社2024年版，第42页。

政治领悟力、政治执行力，坚定忠诚核心、拥戴核心、维护核心、捍卫核心。

同时，贯彻新时代党的建设总要求，扎实做好军队党的建设各项工作，确保党始终从思想上、政治上、组织上牢牢掌握部队。一是深化党的创新理论武装。政治上的坚定源于理论上的清醒。这就需要深入学习习近平新时代中国特色社会主义思想，突出学好习近平强军思想，引导官兵深刻领悟"两个确立"的决定性意义，不断增强"四个意识"、坚定"四个自信"、做到"两个维护"。同时，加强军史学习教育，繁荣发展强军文化，强化战斗精神培育，打牢部队铁心向党、矢志强军的思想政治基础。二是建强人民军队党的组织体系。党的力量来自组织，党对人民军队的绝对领导必须靠坚强的组织体系来实现。适应形势任务发展变化和军队体制编制调整，找准各级各类党组织职能定位，优化组织设置，健全制度机制，改进领导方式，严格落实各项组织生活制度，增强各级党组织的领导力、组织力、执行力。三是推进政治整训常态化制度化。政治整训是我军从政治上加强自身建设的传统法宝，是新时代我军加强政治建设、提高政治能力、防范政治风险的重要途径。开展政治整训，需要常抓不懈、久久为功，持续发扬整风精神，不断纯正我军政治生态，围绕增强政治判断力、政治领悟力、政治执行力，常态抓好政治能力训练。四是持之以恒正风肃纪反腐。大力发扬自我革命精神，坚持严字当头、全面从严、一严到底，压实各级责任，抓好问题整改，扎实推进体系治理。强化纪检监察、巡视巡察、审计监督、司法监督，持续纠治"四风"特别是形式主义、官僚主义，推动形成不敢腐、不能腐、不想腐的良好局面，确保枪杆子永不生锈、永不变质。

（二）全面加强练兵备战

当今时代，现代战争形态深刻变化，军事竞争战略制高点的争夺更加激烈，我国国家安全和军事斗争形势发生深刻变化，新时代新征程上推进强国强军事业任务更加艰巨繁重，这些都要求全军增强忧患意识、危机意识、打仗意识，全面加强练兵备战，全面提高打赢能力，以更强大的能力、更可靠的手段捍卫国家主权、安全、发展利益。

一是与时俱进创新军事战略指导。军事战略指导事关国家前途、民族命运、军队发展，其生命力在于因时而变、应势而动。这就需要创新军事战略指导，更好适应国家发展战略和安全战略新要求，更好牵引军事力量建设与运用新发展，确保在世界军事竞争中的战略主动。特别是以人工智能为代表的高新技术的迅猛发展，不仅改变人们的生产方式和生活方式，也对作战样式、作战空间、作战手段产生深远影响。现代战争形态正加速向信息化智能化战争演变，要求人们紧跟战争形态和作战方式演变，研究掌握信息化智能化战争特点规律，研究现代战争制胜机理，深入研究作战任务、作战对手、作战环境，提高军事战略指导水平，构建先进作战理论体系，发展人民战争战略战术，不断增强练兵备战针对性实效性。

二是进一步增强威慑和实战能力。面对各种可以预料和难以预料的风险挑战，必须加紧构建高水平战略威慑和联合作战体系，增强基于网络信息体系的联合作战能力、全域作战能力。坚持备战与止战、威慑与实战相统一，集中优势资源打造强大战略威慑力量体系，增加新域新质作战力量比重，加快无人智能作战力量发展，统筹网络信息体系建设运用，完善中国特色现代军事力量体系。优化联合作战指挥体系，加强联合作战指挥能力建设，推进侦察预警、联合打击、战场支撑、综合保障体系和能力建设，锤炼能打仗、打胜仗的过硬本领。坚持战斗力标准，坚持以战领建，深入破解制约战斗力建设的重难点问题，形成战建备一体推进的良好局面。

三是深入推进实战化军事训练。军事训练是部队经常性中心工作，是生成和提高战斗力的基本途径。打仗硬碰硬，训练必须实打实。提高打赢能力，必须遵循胜战机理和练兵规律，坚持仗怎么打兵就怎么练，打仗需要什么就苦练什么，部队最缺什么就专攻精练什么，练就能战善战的精兵劲旅。深化联战联训，抓好联合指挥训练、跨领域跨军兵种联合专项训练、军地联合训练，发展我军特色联合训练体系。强化战训一致，坚持以作战的方式训练、以训练的方式作战，抓好实案化、检验性、对抗性训练，加强军事斗争一线练兵，紧贴作战任务、作战对手、作战环境，大抓体系对抗训练。强化科技练兵，增强官兵科技素养，加强模拟化、网络化训练手段建设，探索"科技＋""网络＋"等训练方法，提高训练科技含量。深入开展群众性练兵比武，发扬军事民主，鼓励创新创造，把广大官兵练兵热情激发出来、练兵智慧凝聚起来。

四是加强军事力量常态化多样化运用。坚持边斗争、边备战、边建设，研究把握军事力量运用的特点规律，坚定灵活开展军事斗争，塑造安全态势，遏控危机冲突，打赢局部战争。紧跟国家安全和军事斗争形势发展，坚持从政治高度和国家利益全局筹划指导军事行动，聚精会神练兵备战，扎实做好各方向各领域军事斗争准备，注重把战略的坚定性和策略的灵活性结合起来，以坚定意志品质、灵活战略策略、有力军事行动确保政治和战略全局主动。牢固树立随时准备打仗的思想，牢固树立立足现有条件打胜仗的思想，始终保持高度戒备状态，全时待战、随时能战。

（三）全面加强军事治理

党的二十大报告鲜明提出"全面加强军事治理"的时代要求。全面加强军事治理，是我们党治军理念和方式的一场深刻变革，是加快国防和军队现代化的战略要求，是推进国家治理体系和治理能力现代化的重要方面。新征程上，我们要强化使命担当，发扬改革创新精神，全面加强军事治理，以军事治理新加强助推强军事业新发展。

一支听党指挥、能打胜仗、作风优良的人民军队，是战时打出来的，也是平时治理出来的。党的十八大以来，党中央和中央军委在领导推进强军事业的进程中，坚持党对军队绝对领导，积极推进军事治理探索实践，特别是通过深化国防和军队改革、推进依法治军、加强和改进军队战略管理等，形成一系列全新的体制机制、法律法规、政策制度，在新时代坚持和发展了中国特色社会主义军事制度，有力促进了国防和军队现代化。当前，新一轮科技革命和军事革命迅猛发展，我军建设正处在实现建军一百年奋斗目标的关键时期，必须认清全面加强军事治理的重要意义，构建现代军事治理体系，提高现代军事治理能力。特别是随着我国国防和军队建设投入加大，分工越来越细，军事系统运行整体性、协同性、复杂性显著上升，对军事治理要求越来越高，必须以高水平治理推动我军高质量发展。

全面加强军事治理，必须加强军事治理顶层设计和战略谋划。全面加强军事治理是复杂系统工程，涉及国防和军队建设方方面面。这就要求强化系统观念，坚持问题导向，加强各领域治理、全链路治理、各层级治理，有计划、有重点加以推进。坚持全局统筹、系统抓建、体系治理，加强跨部门跨领域协调，加强国防和军队建设各项工作协调联动，确保同向发力、综合发力，提高军事治理系统性、整体性、协同性。

全面加强军事治理，必须发挥官兵的主体作用。全军上下需强化使命担当，发扬改革创新精神，加大军事治理工作力度。高层机关和高级干部要带头解放思想，创新工作方式，以治理的理念推进各项工作，增强系统治理、依法治理、综合治理、源头治理本领。同时，高度重视基层治理，尊重官兵主体地位和首创精神，推动基层建设全面进步、全面过硬。

全面加强军事治理，必须把军事治理同改革和法治有机结合起来。这就需要巩固拓展国防和军队改革成果，完善中国特色军事法治体系，深化军事立法工作，推进法规制度实施，强化法规制度执行监督，发挥好改革的推动作用，用好法治这个基本方式，更好推进军事治理各项工作。同时，把握新体制下军事系统运行特点要求，坚持用改革创新的思路和办法解决发展中的矛盾问题，不断优化工作运行机制，完善军事法规制度体系。

全面加强军事治理，必须加强跨军地治理。中央和国家机关有关部门、地方各级党委和政府要强化国防意识，加强统筹协调，尽好国防建设领域应尽的责任。军队要同地方搞好沟通协调，充分发挥军事需求对国防建设的牵引作用。要持续优化体制机制，完善组织体系，健全政策制度，形成各司其职、紧密协作、规范有序的跨军地工作格局，构建现代军事治理体系，提高现代军事治理能力，为实现建军一百年奋斗目标提供有力保障。

（四）巩固提高一体化国家战略体系和能力

党的十八大以来，以习近平同志为核心的党中央统一富国和强军两大目标，统筹发展和安全两件大事，就构建一体化国家战略体系和能力作出一系列重大决策，采取一系列重大举措，取得一系列重大成果，有力促进了国防实力和经济实力同步提升。党的二十大明确把巩固提高一体化国家战略体系和能力作为一项重大战略任务。党的二十届三中全会强调，要深化跨军地改革，健全一体化国家战略体系和能力建设工作机制。实践证明，构建一体化国家战略体系和能力，有利于促进经济社会发展，有利于增强国家战争潜力和国防实力，必须深入持久抓下去、抓出更大成效。

从政治和战略全局高度深刻理解巩固提高一体化国家战略体系和能力的重大意义。巩固提高一体化国家战略体系和能力，是党中央把握强国强军面临的新形势新任务新要求，着眼于更好统筹发展和安全、更好统筹经济建设和国防建设作出的战略部署。这一战略部署是我国应对复杂安全威胁、赢得国家战略优势的重大举措。当前，国内外环境的深刻变化，要应对我国发展和安全面临的风险挑战，在日益激烈的国际竞争中掌握战略主动，完成好艰巨繁重的改革发展稳定任务，都需要不断提升一体化国家战略体系和能力，以融合国家各领域战略布局，整合各方面战略资源，综合运用各种战略力量，最大限度地汇聚起国家战略优势。这一战略部署是如期实现建军一百年奋斗目标的重要保证。国防和军队建设只有同国家现代化发展相协调，融入经济社会发展体系，植根于我国日益雄厚的物质技术基础，才能高质量发展、如期实现既定目标。从战争的维度看，战场上的对抗集中表现为以国家整体实力为基础的体系对抗，谁能够最大限度实现国家整体实力系统整合，谁就能够赢得军事竞争优势。只有巩固提高一体化国家战略体系和能力，才能促进国家战略竞争力、社会生产力、军队战斗力的耦合关联，打通国家综合实力向先进战斗力、体系对抗力的转化路径，保障人民军队提高捍卫国家主权、安全、发展利益战略能力。

巩固提高一体化国家战略体系和能力是一个系统工程，关键要在一体化上下功夫，实现国家战略能力最大化。这就需要始终坚持党中央集中统一领导，加强各领域战略布局一体融合、战略资源一体整合、战略力量一体运用，系统提升我国整体实力。加强军地战略规划统筹、政策制度衔接、资源要素共享，深化科技协同创新，强化国防科技工业服务强军胜战导向，加强重大基础设施统筹建设，持续优化体制机制，形成各司其职、紧密协作、规范有序的工作格局。同时，深化全民国防教育，加强国防动员和后备力量建设，推进现代边海空防建设，弘扬拥政爱民、拥军优属光荣传统，巩固发展新时代军政军民团结，增强打赢未来战争的国防潜力。

第十三章

中国式现代化的外交战略

　　中国式现代化，是走和平发展道路的现代化。推动构建人类命运共同体，是中国式现代化的本质要求。党的二十大报告指出："中国始终坚持维护世界和平、促进共同发展的外交政策宗旨，致力于推动构建人类命运共同体。"①世界的发展离不开中国，中国的发展也离不开世界。推动中国式现代化，必须科学统筹国内国际两个大局、安全与发展两件大事，高举和平、发展、合作、共赢的时代旗帜，着力打造人类命运共同体，坚持独立自主的和平外交方针，坚定不移走和平发展道路，坚决维护国家核心利益，不断开辟中国特色大国外交的新境界。

---

① 习近平：《高举中国特色社会主义伟大旗帜　为全面建设社会主义现代化国家而团结奋斗——在中国共产党第二十次全国代表大会上的报告》，人民出版社2022年版，第60页。

一、推动构建人类命运共同体

党的二十大报告指出："构建人类命运共同体是世界各国人民前途所在。万物并育而不相害，道并行而不相悖。只有各国行天下之大道，和睦相处、合作共赢，繁荣才能持久，安全才有保障。"① 中国坚持走和平发展道路，奉行独立自主的和平外交政策，实行互利共赢的对外开放战略，着力点之一就是积极主动参与全球治理，构建互利合作格局，承担国际责任义务，扩大同各国利益汇合，打造人类命运共同体。

（一）人类日益成为一个命运共同体

理论之树，只有根植实践沃土才能硕果累累；真理之光，只有穿越时空隧道才能光耀天下。打造人类命运共同体的构想，既非空穴来风，也非漫天遐想，而是源于对现实的深刻思考。习近平总书记指出："随着世界多极化、经济全球化、社会信息化不断发展，各国利益交融、兴衰相伴、安危与共，形成了你中有我、我中有你的命运共同体。"② 构建人类命运共同体，是对全球化时代课题的积极回应。

---

① 习近平：《高举中国特色社会主义伟大旗帜　为全面建设社会主义现代化国家而团结奋斗——在中国共产党第二十次全国代表大会上的报告》，人民出版社 2022 年版，第62 页。

② 习近平：《论坚持推动构建人类命运共同体》，中央文献出版社 2018 年版，第 105 页。

经济全球化为人类命运共同体的形成提供了物质基础。世界的发展催生了经济全球化，经济全球化也在不断地改变着世界。进入 21 世纪第二个十年以来，世界虽然遭受着逆全球化思潮、单边主义、保护主义的干扰，但经济全球化的根本走向并没有发生改变。列宁曾经说过，只有"首先考虑到各个'时代'的不同的基本特征（而不是个别国家的个别历史事件），我们才能够正确地制定自己的策略"①。经济全球化及其所蕴含的社会大变革大调整，使得不同国家的利益交融点越来越多，"一荣俱荣、一损俱损"已经成为全球化时代不同国家之间利益交融的生动描述，这就在某种程度以"利益共同体"的方式，促使各国必须以更宽广的视野观察世界变化、更长远的眼光看待人类发展，把本国的发展放在世界格局中来思考，从本国与世界的密切互动中，从本国人民利益与世界人民利益的有机联系中，深入探索人类共同命运。

世界多极化为人类命运共同体的形成提供了政治条件。世界多极化是国际力量此消彼长的必然产物。进入 21 世纪以来，伴随着"9·11"事件、阿富汗战争、伊拉克战争、国际金融危机、欧债危机、新冠疫情、俄乌冲突等一系列重大事件的爆发，国际体系进入加速演变和深度调整期，突出表现在国际力量对比呈现出"东升西降"的态势，即以美国为首的西方国家整体实力相对下降，以中国为代表的新兴市场国家和发展中大国实力相对上升，世界在多极化发展轨道上快速前进。这一变化，既要求发达国家必须用更加宽广深邃的战略眼

---

① 《列宁全集》第 26 卷，人民出版社 2017 年版，第 143 页。

光把握时代脉搏，用互利共赢的新思维审视和处理同发展中国家的关系，也要求广大发展中国家不能被动地适应世界的变化，更要主动地关注世界的可能走向，努力维护和平与发展的时代主题，推动世界朝着健康、和谐的方向发展。这就为人类命运共同体理念的形成提供了政治和心理条件。

科技现代化为人类命运共同体的形成提供了有力支撑。人类发展的速度、模式与规模始终与科技发展水平有着密切的联系。习近平总书记指出："自古以来，科学技术就以一种不可逆转、不可抗拒的力量推动着人类社会向前发展。……从某种意义上说，科技实力决定着世界政治经济力量对比的变化，也决定着各国各民族的前途命运。"[1]进入新世纪以来，以信息技术、生物工程技术、新材料技术、新能源技术、人工智能技术等为代表的新技术群的出现，在改变全球政治、经济、文化交往速度和方式的同时，也为人们认识世界提供了全新的视野。一方面，它把封闭或开放状态下的各个民族、国家发展中未曾遇到的重大崭新课题推到世人面前，迫切需要立足"当今世界是开放的世界"这个客观事实作出理论性、系统性和创造性的回答，这就对构建人类命运共同体提出了无以回避的客观要求；另一方面，它又极大地激发了各个民族的思想活力，拓宽了各个民族的视野，使得各个民族国家都自觉参与到自身未来发展与世界关系的理性思考中来，这就为构建人类命运共同体提供了最广泛的民众认同基础。

风险挑战国际化为人类命运共同体的形成提供现实动力。当前，

---

[1]　习近平：《在中国科学院第十七次院士大会、中国工程院第十二次院士大会上的讲话》，人民出版社2014年版，第3页。

世界之变、时代之变、历史之变正以前所未有的方式展开。"一方面，和平、发展、合作、共赢的历史潮流不可阻挡，人心所向、大势所趋决定了人类前途终归光明。另一方面，恃强凌弱、巧取豪夺、零和博弈等霸权霸道霸凌行径危害深重，和平赤字、发展赤字、安全赤字、治理赤字加重，人类社会面临前所未有的挑战。"① 没有哪个国家能够独自应对人类面临的各种挑战，也没有哪个国家能够退回到自我封闭的孤岛。问题是时代的声音。各国唯有站在人类命运共同体的高度通力协作，才能应对各种风险挑战。

（二）引领未来发展的美好蓝图

人类命运共同体理念是对全球化的积极回应，展望了人类发展的未来走向。建设持久和平、普遍安全、共同繁荣、开放包容、清洁美丽的世界，构成了人类命运共同体的壮美蓝图，是人类的希望和出路；亦如一颗"启明星"，穿云破雾，指引世界发展和人类未来的正确方向。

持久和平的世界。对于整个人类来说，和平是人类共同追求的目标，也是人类社会发展和进步的首要条件。人类只有生活在和平环境里，才能实现经济社会的发展，才能享受幸福生活、创造灿烂文明。国家和，则世界安；国家斗，则世界乱。国家之间要构建对话不对

---

① 习近平：《高举中国特色社会主义伟大旗帜　为全面建设社会主义现代化国家而团结奋斗——在中国共产党第二十次全国代表大会上的报告》，人民出版社 2022 年版，第60 页。

抗、结伴不结盟的伙伴关系。大国要尊重彼此核心利益和重大关切，管控矛盾分歧，努力构建不冲突、不对抗、相互尊重、合作共赢的新型关系。大国对小国要平等相待，不搞唯我独尊、强买强卖的霸道。只要国与国之间坚持沟通、真诚相处，"修昔底德陷阱"就可以避免。

普遍安全的世界。当今世界，安全的内涵和外延更加丰富，时空领域更加宽广，各种因素更加错综复杂。各国人民命运与共、唇齿相依，没有一个国家能实现脱离世界安全的自身安全，也没有建立在其他国家不安全基础上的安全。"'单则易折，合则难摧。'各方应该树立共同、综合、合作、可持续的安全观。"① 共同安全，就是要尊重和保障每一个国家的安全；综合安全，就是要统筹维护传统领域和非传统领域安全；合作安全，就是要坚持以和平方式解决争端，通过坦诚深入的对话沟通，增进战略互信，减少相互猜疑，聚同化异、和睦相处，促进各国和本地区安全；可持续安全，就是要发展和安全并重以实现持久安全。

共同繁荣的世界。全球化时代是一个相互依赖的时代。在这样的时代中，国家间的共同利益日趋增多，但国家间的共同利益只有通过合作才能实现。在某种意义上，合作共赢可以被看作是实现共同繁荣的前提和保证。当我们面对治理困境、数字鸿沟、公平赤字等问题时，都应当摒弃零和游戏、你输我赢的旧思维，树立双赢、共赢的新理念，在追求自身利益的同时兼顾他方利益，在寻求自身发展的同时促进共同发展。否认合作，任何世界性的发展难题都无法解决；退出

---

① 《习近平主席在出席世界经济论坛2017年年会和访问联合国日内瓦总部时的演讲》，人民出版社2017年版，第26页。

合作也将意味着世界发展路径的迷失。

开放包容的世界。人类文明多样性是世界的基本特征，也是人类进步的源泉。每种文明都有其独特魅力和深厚底蕴，都是人类的精神瑰宝。文明没有高下、优劣之分，只有地域、特色之别。对待不同文明，我们需要比天空更宽阔的胸怀。在全球化日益向纵深发展的今天，尊重文明的多样性，包容文明的差异性，无论从文明多样、文化差异的角度讲，还是从社会制度、意识形态、发展模式多样化的角度看，都是一种新的文明观。我们应该从不同文明中寻求智慧、汲取营养，为人们提供精神支撑和心灵慰藉，携手解决人类共同面临的各种挑战。

清洁美丽的世界。绿水青山就是金山银山。人类可以利用自然、改造自然，但归根结底也是自然的一部分，必须呵护自然，不能凌驾于自然之上。国际社会应共谋全球生态文明建设之路，牢固树立尊重自然、顺应自然、保护自然的意识，坚持走绿色、低碳、循环、可持续发展之路。在这方面，发达国家应承担历史性责任，切实兑现减排承诺，并帮助发展中国家减缓和适应气候变化。作为负责任大国，中国将责无旁贷，继续作出自己的贡献。

（三）世界人民永恒愿望的真切表达

"大道之行也，天下为公。"人类命运共同体理念真切地表达了世界人民的永恒愿望，真正地体现了世界人民的共同利益，为在纷繁嘈杂的现实世界徘徊的人类社会指明了未来发展的基本方向。

纵观历史，古往今来，在众多思想家的著作中，"命运共同体"都被看作一种理想的追求和美好的社会发展模式。在中国，《尚书·尧典》提出过建立"协和万邦"的国际秩序，近代的康有为提出过"大同世界"的理想，孙中山则勾画了"天下为公"的美好蓝图。在西方，从古希腊哲学家毕达哥拉斯的"整个天是一个和谐"、柏拉图的"理想国"，到空想社会主义者傅立叶的"全世界和谐"、欧文的"新和谐公社"，都反映了人们对未来美好世界的憧憬。16世纪以来，在文艺复兴、工业革命的影响下，西方的一些思想家又提出了自由、平等、博爱的思想，力求构建公平、自由、民主、法治的社会。康德提出了影响深远的"永久和平论"，主张在国家之间结束野蛮的政治自然状态，建立一个逐渐消除战争、实现永久和平的国际同盟，开启了实现世界永久和平研究的理论路径和社会理想。冷战结束以后，长期压抑世界各国正常交往、交流的两极争霸格局结束，政治多极化、经济全球化、文化多样化、社会信息化的特征日益凸显，要和平、促发展、谋合作成为时代的主旋律，加强对话、促进开放，实现不同国家的共同发展和共同繁荣成为人们的迫切愿望。

回应世界人民心声，联合国把2001年确定为"不同文明对话年"。2001年9月8日通过的《联合国千年宣言》指出："人类有不同的信仰、文化和语言，人与人之间必须相互尊重。不应害怕也不应压制各个社会内部和社会之间的差异，而应将其作为人类宝贵遗产加以爱护。应积极促进所有文明之间的和平与对话。"[1] 人类命运共同体理念，既如

---

[1]　http://www.rcgg.ufrgs.br/msd-ing.htm.

实反映了全球多样性文明共存和发展的客观事实，又真实地表达了世界各国人民渴望在和平与发展的环境下交流、沟通和友好相处的愿望。人类命运共同体视域中的世界，应该是人类通过和平的环境加快发展，从而更加远离贫困、灾难、恐怖和战争的世界；应该是全世界人民自觉地克服和摒弃贫富差距、性别差异、肤色差异、宗教信仰差异、价值观念差异、语言文化差异等多方面的差异性，而走向平等相处、和睦共存、共同发展的世界。也正是因为此，人类命运共同体理念一经提出，就赢得了国际社会的广泛赞同和响应。2017 年联合国人权理事会第 34 次会议明确将"构建人类命运共同体"写进"经济、社会、文化权利"和"粮食权"决议。这是人类命运共同体理念首次载入人权理事会决议，标志着这一理念成为国际人权话语体系的重要组成部分。2017 年 3 月 17 日，构建人类命运共同体理念更是首次载入联合国安理会决议。中国理念赢得了世界范围的认同，中国智慧日益成为全人类共同的财富。

二、始终不渝走和平发展道路

和平犹如空气和阳光，受益而不觉，失之则难存。没有和平，发展就是无源之水、无本之木。中国的发展需要和平的环境，世界的发展也需要和平环境。中国倍加珍惜和平，坚定走和平发展道路，也愿意贡献中国智慧和力量，为促进人类和平与发展的崇高事业作出自己的贡献。

（一）思想自信和实践自觉的有机统一

习近平总书记指出："中国走和平发展道路，不是权宜之计，更不是外交辞令，而是从历史、现实、未来的客观判断中得出的结论，是思想自信和实践自觉的有机统一。"① 中国走和平发展道路的自信和自觉，来源于中国共产党的不懈追求，来源于中华文明的深厚渊源，来源于对时代发展潮流和我国根本利益的把握。

中国走和平发展道路，来源于中华文明的文化基因。"每个国家和民族的历史传统、文化积淀、基本国情不同，其发展道路必然有着自己的特色。"② 同崇尚竞争的西方文化不同，有着五千多年历史的中华传统文化是一种和合文化，深知"国虽大，好战必亡"的道理，追求的是"万物并育而不相害，道并行而不相悖"。面对中国的快速崛起，一些国家总是以"国强必霸"的历史思维，在世界鼓噪"中国威胁论"，认为中国发展起来了必然是一种"威胁"，甚至把中国说成是一个可怕的"墨菲斯托"。实际上，"中国威胁论"不仅是对中国发展战略的刻意误解，更是对中华传统文化的无知。爱好和平的文化传统、独特的历史命运，注定了中国必然走和平发展道路。

走和平发展道路，始终是中国共产党的不懈追求。1957年，毛泽东在莫斯科向全世界宣示："我们坚决主张，一切国家实行互相尊重主权和领土完整、互不侵犯、互不干涉内政、平等互利、和平共处

① 习近平：《出席第三届核安全峰会并访问欧洲四国和联合国教科文组织总部、欧盟总部时的演讲》，人民出版社2014年版，第34页。
② 《习近平谈治国理政》，外文出版社2014年版，第155页。

这样大家都知道的五项原则。"① 和平共处五项原则，概括了最基本的国际关系原则，反映了新型国际关系的本质特征。改革开放以来，中国共产党，在继续奉行独立自主的和平外交方针的实践中，始终坚持和不断拓展和平发展道路，这既为中国的和平发展创造了良好的国际环境，也为世界和平发展注入了强大的中国动力。党的二十大报告再次向全世界重申了这一立场："中国始终坚持维护世界和平、促进共同发展的外交政策宗旨。"② 这真切表达了中国共产党和中国人民致力于世界和平发展的愿望与决心。

走和平发展道路，是我国根据时代发展潮流和国家根本利益作出的战略抉择。当今世界正处在百年未有之大变局之中，一些新兴市场国家和发展中大国步入发展快车道，世界几十亿人口分享着经济全球化带来的红利，国际力量对比总体朝着有利于和平与发展的方向发展。今天的人类比以往任何时候都更有条件共同朝着和平与发展的目标迈进。对于中国而言，要聚精会神搞建设，需要两个基本条件，一个是和谐稳定的国内环境，一个是和平安宁的国际环境。"中国需要和平，就像人需要空气一样，就像万物生长需要阳光一样。只有坚持走和平发展道路，只有同世界各国一道维护世界和平，中国才能实现自己的目标，才能为世界作出更大贡献。"③ 中国坚持走和平发展道路，与人类

---

① 《毛泽东文集》第七卷，人民出版社 1999 年版，第 316 页。

② 习近平：《高举中国特色社会主义伟大旗帜　为全面建设社会主义现代化国家而团结奋斗——在中国共产党第二十次全国代表大会上的报告》，人民出版社 2022 年版，第 60 页。

③ 习近平：《出席第三届核安全峰会并访问欧洲四国和联合国教科文组织总部、欧盟总部时的演讲》，人民出版社 2014 年版，第 33 页。

文明进步的方向一致，也与中华民族伟大复兴的目标要求一致。

（二）坚定奉行独立自主的和平外交政策

如何把握世界发展大势，处理好同不同社会制度、不同发展阶段国家之间的关系，从而为社会主义现代化建设创造良好的外部环境，始终是我们党面临的重大课题。新中国成立以来，中国共产党结合时代主题，坚持与时俱进，不断丰富和发展形成了独立自主的和平外交政策。以毛泽东同志为主要代表的中国共产党人，在极其复杂的国际环境中坚定地确立了独立自主的和平外交政策，并与一些发展中国家共同提出和倡导和平共处五项原则。该原则后来为许多国家所接受，成为国际关系的基本准则。邓小平曾旗帜鲜明地指出，"中国的对外政策是独立自主的，是真正的不结盟。……中国对外政策的目标是争取世界和平"[1]。

进入 21 世纪第二个十年，世界迎来了百年未有之大变局，中华民族也迈入了伟大复兴的快车道。如何看待中国的崛起、崛起后的中国将如何看待世界，逐渐成为世界关注的焦点。面对世界的疑问，以习近平同志为核心的党中央在继承传统的基础上，高举"和平、发展、合作、共赢"的旗帜，强调世界是不可分割的命运共同体，提出全球发展倡议、全球安全倡议、全球文明倡议和"一带一路"倡议，坚定维护多边主义，进一步丰富和发展了我们党的独立自主和平外交政策。特别是面对气焰嚣张的各种霸权霸道霸凌行径，旗帜鲜明地提

---

[1]　《邓小平文选》第三卷，人民出版社 1993 年版，第 57 页。

出"中国坚定奉行独立自主的和平外交政策，始终根据事情本身的是非曲直决定自己的立场和政策，维护国际关系基本准则，维护国际公平正义"，强调"中国尊重各国主权和领土完整，坚持国家不分大小、强弱、贫富一律平等，尊重各国人民自主选择的发展道路和社会制度，坚决反对一切形式的霸权主义和强权政治，反对冷战思维，反对干涉别国内政，反对搞双重标准。中国奉行防御性的国防政策，中国的发展是世界和平力量的增长，无论发展到什么程度，中国永远不称霸、永远不搞扩张"[①]。这些政策理念和主张，坚持以对话促合作、以合作促和平、以和平保发展，回答了在国际战略格局深度调整的时代大背景下，如何处理不同发展阶段和文化传统的国家之间的关系问题，为人类文明的发展指明了方向。

（三）积极发展全球伙伴关系

独行快，众行远。党的二十大报告指出："中国坚持在和平共处五项原则基础上同各国发展友好合作，推动构建新型国际关系，深化拓展平等、开放、合作的全球伙伴关系，致力于扩大同各国利益的汇合点。"[②] 在世界联系日益紧密的今天，没有与世隔绝的孤岛，国与国

---

① 习近平：《高举中国特色社会主义伟大旗帜 为全面建设社会主义现代化国家而团结奋斗——在中国共产党第二十次全国代表大会上的报告》，人民出版社 2022 年版，第 60—61 页。

② 习近平：《高举中国特色社会主义伟大旗帜 为全面建设社会主义现代化国家而团结奋斗——在中国共产党第二十次全国代表大会上的报告》，人民出版社 2022 年版，第 61 页。

之间应是伙伴关系。

促进大国协调和良性互动，推动构建和平共处、总体稳定、均衡发展的大国关系格局。大国关系在国际关系格局中始终居于核心地位，其发展和变化一直对国际战略格局具有决定性影响。中美关系在中国外交发展战略中占有特殊的地位。"中美关系不应该是你输我赢、你兴我衰的零和博弈，中美各自取得成功对彼此是机遇而非挑战。宽广的地球完全容得下中美各自发展、共同繁荣。"① 中美双方都应加深对彼此战略走向、发展道路的了解，多一些理解、少一些隔阂，多一些信任、少一些猜忌，防止战略误解误判，防止陷入"修昔底德陷阱"。俄罗斯是世界大国，也是我国最大邻国。双方应坚定支持对方发展复兴，坚定支持对方维护核心利益，坚定支持对方自主选择发展道路和社会政治制度，并大力加强在国际事务上的合作，促进国际政治经济秩序朝着更加公正合理的方向发展。欧洲是多极化世界的重要一极，是中国的全面战略伙伴。要从战略高度看待中欧关系，将中欧两大力量、两大市场、两大文明结合起来，共同打造中欧和平、增长、改革、文明四大伙伴关系，为中欧合作注入新动力，为世界发展繁荣作出更大贡献。

坚持亲诚惠容和与邻为善、以邻为伴周边外交方针，深化同周边国家友好互信和利益融合。我国与周边国家，由于在地缘关系上河同水密、唇齿相依，因而自然在地缘政治、地缘经济和地缘文化上也成为病痒相关、安危与共的利益攸关方。习近平总书记指出："我们将

---

① 《习近平同美国总统拜登在巴厘岛举行会晤》，《人民日报》2022 年 11 月 15 日。

继续坚持与邻为善、以邻为伴的方针，坚持睦邻、安邻、富邻的政策，在同邻国相处时秉持亲、诚、惠、容的理念。"[1]坚持与邻为善、以邻为伴的方针，就是要本着互惠互利的原则同周边国家开展合作，编织更加紧密的共同利益网络，把双方利益融合提升到更高水平，让周边国家得益于我国发展，使我国也从周边国家共同发展中获得裨益和助力。坚持睦邻、安邻、富邻的政策，就是要在同周边国家一起构筑友好和谐、和平稳定周边环境的基础上，促进经济上互利互惠，实现共同发展。秉持"亲、诚、惠、容"新理念，就是要巩固文化相联、国家相邻、人员相亲的友好情谊，坚持以诚待人、以信取义，坚持求同存异，实现合作共赢、共同发展。虽然周边国家的发展面临错综复杂的矛盾，但中国希望通过新的周边外交政策，能够消除周边国家的误解，减少摩擦，实现区域内的协同发展。

秉持真实亲诚理念和正确义利观加强同发展中国家团结合作，维护发展中国家共同利益。发展中国家是国际政治和国际关系中的最大群体，也是我国走和平发展道路的同路人。对待非洲朋友，要讲一个"真"字；开展对非合作，要讲一个"实"字；加强中非友好，要讲一个"亲"字；解决合作中的问题，要讲一个"诚"字。中国与拉美和加勒比国家，政治上应坚持真诚友好，在涉及彼此核心利益和重大关切的问题上继续相互理解、相互支持；经济上应抓住双方转变经济发展方式带来的机遇，深挖合作潜力，创新合作模式，深化利益融合，建立持久稳定的互利经贸合作伙伴关系；人文上应加强文明对话和文

---

① 习近平：《论坚持推动构建人类命运共同体》，中央文献出版社 2018 年版，第 153 页。

化交流，不仅"各美其美"，而且"美人之美，美美与共"，成为不同文明和谐共处、相互促进的典范。

三、坚定不移实行对外开放的基本国策

当今世界是开放的世界，只有敞开大门，世界才能够进入中国，中国也才能够进入世界。党的二十届三中全会强调，"开放是中国式现代化的鲜明标识"，"必须坚持对外开放基本国策"。[①]四十多年来，中国坚持对外开放，在走向世界的过程中实现了自身跨越式发展。展望未来，中国开放的力度将更大，惠及世界的程度会更深。

（一）开放是国家繁荣发展的必由之路

开放是国家繁荣发展的必由之路，封闭必然带来僵化和落后，这是世界现代化建设的普遍规律。邓小平曾深刻指出："中国在西方国家产业革命以后变得落后了，一个重要原因就是闭关自守。""我们吃过这个苦头，我们的老祖宗吃过这个苦头。恐怕明朝明成祖时候，郑和下西洋还算是开放的。明成祖死后，明朝逐渐衰落。以后清朝康乾时代，不能说是开放。如果从明朝中叶算起，到鸦片战争，有三百多年的闭关自守，如果从康乾算起，也有近二百年。长期闭关自守，把中国搞得贫穷落

---

① 《中国共产党第二十届中央委员会第三次全体会议文件汇编》，人民出版社2024年版，第45页。

后，愚昧无知。"① 历史不仅是先行者，也是最好的老师。面对不断深入推进的全球化浪潮，我们必须走向开放的世界，做"世界公民"。

在深刻总结历史教训的基础上，以党的十一届三中全会为标志，中国逐渐打开了尘封已久的大门。1979 年 7 月，党中央决定对广东、福建两省的对外经济活动实行特殊政策和灵活措施；1980 年 5 月，党中央决定在深圳、珠海、汕头、厦门设立经济特区，作为对外开放、引进外资的"窗口"；之后几年，我国沿海地区对外开放由点到线、由线到面逐步展开。1988 年 4 月，中央正式批准成立海南省，划定海南岛为经济特区。1992 年邓小平南方谈话后，我国在建立和完善社会主义市场经济的同时，对外开放逐步扩大到全国各地，基本形成了沿海、沿江、沿线、沿边、内地的全方位区域开放格局。2001 年12 月，中国成为世界贸易组织的第 143 个正式成员，我国对外开放的步伐进一步加速，全方位对外开放进一步与国际接轨。党的十八大以后，习近平总书记提出"一带一路"倡议，标志着以主动布局为特征的全方位对外开放进一步升级。2018 年 4 月，习近平总书记在庆祝海南建省办经济特区 30 周年大会上的讲话中宣布，党中央决定支持海南全岛建设自由贸易试验区。经过四十多年的不懈奋斗，我国在全球的角色和地位发生了根本性变化：一开始只是距离世界舞台中心较远的一名"观众"，后来走上舞台成为"配角"，到如今已成为备受瞩目的"主角"之一。之所以发生这种"根本性变化"，重要原因就在于我国打开了"开放的大门"。

① 《邓小平文选》第三卷，人民出版社 1993 年版，第 64、90 页。

现在，中国已成为世界第二大经济体、第一大进出口国、第一大吸引外资国和世界第一大外汇储备国。中国这艘巨轮的每一次行进，都牵动着世界的目光。中国的发展得益于世界、得益于开放，更为世界经济发展带来动力、带来机遇。这种动力和机遇，体现在能够给世界各国提供更广阔的市场、更充足的资本、更丰富的产品和更宝贵的合作契机。在中国经济发展进入新常态、世界环境发生新变化的情况下，中国对外开放的大门会不会慢慢收窄？会不会就此关上？对此，习近平总书记明确指出："中国开放的大门不会关闭，只会越开越大！"[①]党的二十大报告进一步强调："中国坚持对外开放的基本国策，坚定奉行互利共赢的开放战略，不断以中国新发展为世界提供新机遇，推动建设开放型世界经济，更好惠及各国人民。"[②]中国的对外开放不是权宜之计，而是基本国策，必将伴随着中华民族伟大复兴的全过程；中国的对外开放也不是独善其身，而是坚持互利共赢。中国人民将继续与世界同行、为人类作出更大贡献。

（二）积极促进"一带一路"国际合作

中国特色社会主义进入新时代，中国的对外开放也应进入新时代。习近平总书记指出："'一带一路'建设是我国在新的历史条件下

---

① 习近平：《开放共创繁荣　创新引领未来——在博鳌亚洲论坛 2018 年年会开幕式上的主旨演讲》，人民出版社 2018 年版，第 10 页。

② 习近平：《高举中国特色社会主义伟大旗帜　为全面建设社会主义现代化国家而团结奋斗——在中国共产党第二十次全国代表大会上的报告》，人民出版社 2022 年版，第 61 页。

实行全方位对外开放的重大举措、推行互利共赢的重要平台。"① 党的二十届三中全会进一步作出"完善推进高质量共建'一带一路'机制"②战略部署。我们必须以更高的站位、更广的视野，以创新的理念和创新的思维，扎扎实实做好各项工作，让沿线各国人民实实在在感受到"一带一路"给他们带来的好处，也让中国在"一带一路"国际合作中进一步提升对外开放的水平。

"一带一路"倡议是中国提出来的，中国理所当然地要承担着倡议者、谋划者、推动者的责任。这种责任，既体现在思想理念的创新层面，更体现在行动的具体落实层面。十多年来，正是在中国政府的大力推动下，"一带一路"倡议才能从构想变为现实，从战略规划变为具体项目，中国与"一带一路"共建国家互通互联的大格局才能逐渐形成。但我们也要看到，与"一带一路"倡议相比，与共建国家特别是各发展中国家的迫切期待相比，我们还有很多事情要做。要本着互利共赢的原则同共建国家开展合作，让共建国家更顺利地搭上我国快速发展的便车，切切实实从我国的发展中获益。要不断扩大合作领域，既要开展互联互通、产能合作、贸易投资等重点领域的务实合作，也要重视推动共建国家之间多种形式的人文交流，实现经济和文化的共同繁荣发展。要积极引导、协调和组织政治力量、智库媒体、工商企业、民间组织等参与"一带一路"建设框架内各领域交流合作，营造良好的政治、舆论、商业、民意氛围。

---

① 《习近平谈"一带一路"》，中央文献出版社 2018 年版，第 103 页。
② 《中国共产党第二十届中央委员会第三次全体会议文件汇编》，人民出版社 2024 年版，第 48 页。

中国是"一带一路"建设的倡议者，无疑要承担着重大的主体责任，但这绝不意味着"一带一路"建设就是中国一家的事情。"一带一路"倡议，实际上是中国向全球提供的"公共产品"，无论是作为一种机制、框架，还是作为一种理念、平台，都具有鲜明的世界性和公共性。这就一方面要求我们要能够从世界的视角认知"一带一路"，另一方面也希望共建国家能够积极参与到"一带一路"建设中来。习近平总书记指出："'一带一路'建设秉持的是共商、共建、共享原则，不是封闭的，而是开放包容的；不是中国一家的独奏，而是共建国家的合唱。"① 只有坚持共商，才能使"一带一路"建设集纳各方智慧、兼顾各方利益；只有坚持共建，才能各施所长，各尽所能，把优势和潜能充分发挥出来；只有坚持共享，才能让建设成果更多更公平惠及沿线各国人民，打造利益共同体和命运共同体。

（三）推动建设开放型世界经济

世界经济发展的历史证明，开放带来进步，封闭导致落后。重回以邻为壑的老路，不仅无法摆脱自身危机和衰退，而且会收窄世界经济共同空间，导致"双输"局面。面对当下甚嚣尘上的逆全球化浪潮和单边主义、保护主义，"中国愿加大对全球发展合作的资源投入，致力于缩小南北差距，坚定支持和帮助广大发展中国家加快

---

① 中共中央文献研究室编：《习近平关于社会主义经济建设论述摘编》，中央文献出版社2017年版，第261页。

发展"①。中国应成为建设开放型世界经济的推动者，这不仅合乎自身的国家利益，也符合世界的整体利益。

应客观看待经济全球化。当前，一些西方国家政治人物或为迎合民意、赢得选票，或为打压别国发展，不断掀起逆全球化思潮。"把困扰世界的问题简单归咎于经济全球化，既不符合事实，也无助于问题解决。"②历史地看，经济全球化是社会生产力发展的客观要求和科技进步的必然结果，不是人为造出来的。经济全球化为世界经济增长提供了强劲动力，极大地促进了商品和资本流动、科技和文明进步、各国人民交往。虽然，经济全球化确实带来了一些问题，但我们不能就此把经济全球化一棍子打死，把困扰世界的问题归咎于经济全球化，搞贸易和投资保护主义，想人为地退回到孤立的旧时代。正确的做法应适应和引导好经济全球化，让它更好惠及每个国家、每个民族。

共同维护和发展开放型世界经济。改革开放以来，我国充分运用经济全球化带来的机遇，不断扩大对外开放，实现了自身同世界关系的历史性变革。作为负责任大国，中国以实际行动努力推动世界经济开放、包容和可持续发展，着力推动建立金砖国家组织、上海合作组织、亚洲基础设施投资银行、丝路基金等，提出共建"一带一路"倡议，积极参加多边对话会议等，为推动世界经济朝着开放、包容、可持续的方向发展贡献了中国力量。在新的历史起点上，要让经济全球

① 习近平：《高举中国特色社会主义伟大旗帜　为全面建设社会主义现代化国家而团结奋斗——在中国共产党第二十次全国代表大会上的报告》，人民出版社2022年版，第62页。

② 《习近平主席在出席世界经济论坛2017年年会和访问联合国日内瓦总部时的演讲》，人民出版社2017年版，第3页。

化进程更加有力、更加包容、更可持续，需要中国与世界各国主动作为、适度管理，让经济全球化的正面效应更多释放出来，实现经济全球化进程再平衡；顺应大势、结合国情，正确选择融入经济全球化的路径和节奏；讲求效率、注重公平，让不同国家、不同阶层、不同人群共享经济全球化的好处。这是中国应有的担当，也是世界共有的担当。

四、积极参与全球治理体系改革和建设

习近平总书记指出："随着全球性挑战增多，加强全球治理、推进全球治理体制变革已是大势所趋。这不仅事关应对各种全球性挑战，而且事关给国际秩序和国际体系定规则、定方向；不仅事关对发展制高点的争夺，而且事关各国在国际秩序和国际体系长远制度性安排中的地位和作用。"① 要审时度势，抓住机遇，积极推动全球治理体制向着更加公正合理方向发展，为我国发展和世界和平创造更加有利的条件。

（一）全球治理赤字是摆在全人类面前的严峻挑战

和平赤字、发展赤字、治理赤字，是摆在全人类面前的严峻挑

---

① 中共中央党史和文献研究院编：《习近平关于中国特色大国外交论述摘编》，中央文献出版社 2020 年版，第 220 页。

战。所谓治理赤字，就是全球治理面临的突出矛盾问题，集中表现为全球治理体系未能反映国际力量对比深刻演变的新格局，代表性和包容性很不够；贸易和投资规则未能跟上全球产业布局不断调整的新形势，机制封闭化、规则碎片化十分突出；全球金融治理机制未能适应全球金融市场需要增强抗风险能力的新需求，难以有效化解国际金融市场频繁动荡、资产泡沫积聚等问题。

造成全球治理赤字的原因有很多，但根本原因是旧的治理体制和治理格局已经无法适应时代发展的要求。历史地看，早在 1648 年建立的威斯特伐利亚体系中，全球治理就已经存在，但主导权一直掌握在西方国家的手中，包括联合国、北约、"G7 集团"、世界银行、世界货币基金组织等政治、经济、安全机制以及以美元为核心的世界金融体系，无不是在西方国家主导下建立的。对于西方主导的全球治理体系，我们不能否定其在推动人类社会发展中曾经发挥的积极作用，但我们更应该看到其存在的历史局限及其在应对当今全球性问题时力不从心的窘境。可以说，随着世界不断发展变化，随着人类面临的重大跨国性和全球性挑战日益增多，有必要对全球治理体制机制进行相应的调整改革，全球治理体制变革正处在历史转折点上。

（二）以中国力量推动全球治理变革

全球治理格局取决于国际力量对比，全球治理变革源于国际力量对比变化。进入 21 世纪，西方国家整体实力呈现相对下降的态势，而新兴市场国家和发展中国家实力则呈现出相对上升的态势。而在这之中，中国的表现尤为突出。美国人特德·菲什曼在其著作《中国公司》中，将中国的改革开放分为三个阶段：第一阶段是世界进入中国，第二阶段是中国开始走向世界，第三阶段是中国开始改变世界。今天的中国已经迈过第一、二阶段，正在第三阶段的历史进程中不断前进。可以说，随着国家经济实力的增强以及国际影响力的提升，中国在全球治理格局中的角色正在发生微妙的变化：已经从最初基于反对霸权主义和强权政治的排斥者、批评者，到对外开放不断扩大中的观察者、参与者、学习者、规则的遵循者，再到国家实力全面提高基础上的倡导者、建构者。

党的十八大报告明确提出，要"加强同世界各国交流合作，推动全球治理机制变革"，"中国坚持权利和义务相平衡，积极参与全球经济治理"。[1]2015年10月12日中央政治局以"全球治理格局和全球治理体制"为内容的集体学习，更是把全球治理提升到前所未有的战略高度。"我们参与全球治理的根本目的，就是服从服务于实现'两个一百年'奋斗目标、实现中华民族伟大复兴的中国梦。要审时度势，努力抓住机遇，妥善应对挑战，统筹国内国际两个大局，推动全球治理体制向着更加公正合理方向发展，为我国发展和世界和平创造更加有利的条件。"[2] 这一切都充分表明，全球治理已成为当代中国"两个大局"中国际大局的重要责任。

---

[1]　中共中央文献研究室编：《十八大以来重要文献选编》（上），中央文献出版社2014年版，第4、37页。

[2]　《习近平在中共中央政治局第二十七次集体学习时强调　推动全球治理体制更加公正更加合理　为我国发展和世界和平创造有利条件》，《人民日报》2015年10月14日。

（三）以新全球治理观引领全球治理变革

历史地看，在西方国家主导的全球治理格局下，现实主义始终是其认识和处理国际事务的主导性理念与思维。这种理念和思维具有存在的现实环境和土壤，但不断凸显的和平赤字、发展赤字、治理赤字，也在不断地呼唤一种全球主义、世界主义的视野和思维。党的二十大报告指出："中国积极参与全球治理体系改革和建设，践行共商共建共享的全球治理观，坚持真正的多边主义，推进国际关系民主化，推动全球治理朝着更加公正合理的方向发展。"[①] 对于中国而言，不仅要积极参与全球治理，而且要争取对全球治理作出特殊贡献。大国的地位、大国的声音、大国的导向，为全球治理变革注入新全球治理观提供了强大的推动力。

坚持相互尊重、平等相待。"各国体量有大小、国力有强弱、发展有先后，但都是国际社会平等一员，都有平等参与地区和国际事务的权利。涉及大家的事情要由各国共同商量来办。作为大国，意味着对地区和世界和平与发展的更大责任，而不是对地区和国际事务的更大垄断。"[②] 新全球治理观，首要就是主张世界不同国家，无论其发展程度如何，都有维护自己平等地位的权利以及承认和尊重他国平等地位的义务。在和平与发展的时代主题更加

---

① 习近平：《高举中国特色社会主义伟大旗帜　为全面建设社会主义现代化国家而团结奋斗——在中国共产党第二十次全国代表大会上的报告》，人民出版社 2022 年版，第 62 页。

② 中共中央党史和文献研究院编：《习近平关于中国特色大国外交论述摘编》，中央文献出版社 2020 年版，第 34 页。

深入人心，在全球发展走向更加多元化，多样性文明展开更加频繁交流和对话的今天，必须抛弃霸权主义和强权政治思维，自觉尊重各国自主选择的社会制度和发展道路，尊重彼此核心利益和重大关切，客观理性看待别国发展壮大和政策理念，努力求同存异、聚同化异。

坚持合作共赢、共同发展。从某种意义上，合作可以被看作是进行全球治理的一种最基本方式，没有合作几乎就没有真正意义上的全球治理，一部全球治理发展史就是一部合作进化史。尤其是近现代社会中普遍化、规范化、制度化的合作，更是人类合作共同应对全球性问题的一个巨大成就。当我们面对日益紧迫的人与自然之间的矛盾、生态环境危机，不同国家、民族和地区之间的矛盾乃至冲突、战争等问题时，都应当摒弃零和游戏、你输我赢的旧思维，树立双赢、共赢的新理念，在追求自身利益时兼顾他方利益，在寻求自身发展时促进共同发展。虽然在当前的世界中，因为国家利益、意识形态的差异而产生的分歧和矛盾仍然大量存在，但是合作却是绝对必要的。否认合作，任何世界性的重大问题都无法解决；退出合作也将意味着全球治理变革路径的迷失。

坚持实现共同、综合、合作、可持续的安全。实现和平与安全始终是全球治理的重要内容。当今世界，安全的内涵和外延更加丰富，时空领域更加宽广，各种因素更加错综复杂。各国人民命运与共、唇齿相依，没有一个国家能实现脱离世界安全的自身安全，也没有建立在其他国家不安全基础上的安全。习近平总书记指出："要摒弃一切形式的冷战思维，树立共同、综合、合作、可持续安全的新观念，统筹应对传统和非传统安全威胁，防战争祸患于未然。"①

　　坚持不同文明兼容并蓄、交流互鉴。在人类漫长的历史发展过程中，每个民族、每个国家都在创造着自己的文明。由于地域、历史、传统的不同，以及种种现实因素的影响，不同地域、不同时期、不同传统的人类社会共同体，总是在社会的生产方式、生活方式和思想方式，以及相应的语言、哲学、科学、文学艺术、伦理、宗教、公共机构、国家、政治、法律、技术等文化体系方面，表现出不同程度的独特性。党的二十大报告指出："尊重世界文明多样性，以文明交流超越文明隔阂、文明互鉴超越文明冲突、文明共存超越文明优越，共同应对各种全球性挑战。"② 在全球化日益向纵深发展的今天，尊重文明的多样性，包容文明的差异性，无论从文明多样、文化差异的角度讲，还是从社会制度、意识形态、发展模式多样化的角度看，都是一种新的全球治理观。我们应该从不同文明中寻求智慧、汲取营养，为人们提供精神支撑和心灵慰藉，携手解决人类共同面临的各种挑战。

① 　中共中央党史和文献研究院编：《习近平关于中国特色大国外交论述摘编》，中央文献出版社 2020 年版，第 42 页。
② 　习近平：《高举中国特色社会主义伟大旗帜　为全面建设社会主义现代化国家而团结奋斗——在中国共产党第二十次全国代表大会上的报告》，人民出版社 2022 年版，第 63 页。

在团结奋斗中谱写中国式现代化新篇章

团结就是力量，奋斗开创未来。翻开党的二十大报告，大会主题开宗明义提出，"为全面建设社会主义现代化国家、全面推进中华民族伟大复兴而团结奋斗"①。党的二十大报告把团结奋斗写入标题、纳入主题，以团结奋斗开篇、用团结奋斗收尾，从题目到内容、从开头到结尾，通篇洋溢着新时代新征程我们党带领全国各族人民，为实现全面建成社会主义现代化强国而团结奋斗的昂扬气概。目标凝聚力量，任务推动前行。新时代新征程，习近平总书记向全党全军全国各族人民发出了团结奋斗的动员令，吹响了为全面建设社会主义现代化国家、全面推进中华民族伟大复兴而团结奋斗的集结号。

---

① 习近平：《高举中国特色社会主义伟大旗帜　为全面建设社会主义现代化国家而团结奋斗——在中国共产党第二十次全国代表大会上的报告》，人民出版社 2022 年版，第 1 页。

我们要齐众心、汇众力、聚众智，以更加紧密的团结、更加顽强的奋斗，为推进中国式现代化贡献智慧和力量，把党和人民的事业不断推向前进。

一、推进中国式现代化是团结奋斗的根本指向

目标强化团结，目标激发奋斗。对于一个政党、一个国家、一个民族来说，有着共同目标的团结奋斗更能激励人心、凝聚共识，有着共同愿景的团结奋斗更能鼓舞干劲、凝聚力量；如果缺乏明确的目标引领，就会失去团结的动力，就会迷失奋斗的方向。共同目标、美好愿景是团结奋斗的前进方向和动力源泉，能够凝聚全党、激发人民，形成奋勇前进的强大合力。恩格斯就指出："为了达到伟大的目标和团结，为此所必需的千百万大军应当时刻牢记主要的东西，不因那些无谓的吹毛求疵而迷失方向。"[1] 这告诉我们，在前进的道路上有两个核心要素应当时刻牢记，一个是目标，一个是团结，不要因其他无关紧要的因素而受干扰。毛泽东也曾这样论述目标与团结的关系："团结一致，争取胜利。简单讲，就是一个团结，一个胜利。胜利是指我们的目标，团结是指我们的阵线，我们的队伍。"[2] 目标与团结联系紧密，奋斗目标犹如耸立于赛道终点的耀眼旗帜，既指引着奋勇前行的方向，又鼓舞着团结奋斗的信心。因此，习近平总书记深刻指出，

---

[1] 《马克思恩格斯全集》第38卷，人民出版社1972年版，第270页。
[2] 《毛泽东文集》第三卷，人民出版社1996年版，第287页。

"围绕明确奋斗目标形成的团结才是最牢固的团结，依靠紧密团结进行的奋斗才是最有力的奋斗"[①]。

正确的目标是团结奋斗的根本指引，标明夺取胜利的前进方向。一百多年来，我们党坚持目标导向，在不同历史时期根据时代呼唤、人民意愿和事业需要，提出富有感召力的目标，并团结带领人民为之奋斗。从诞生之初党的二大宣明"消除内乱，打倒军阀，建设国内和平；推翻国际帝国主义的压迫，达到中华民族完全独立"到抗日战争即将最终胜利之际党的七大提出"建立民主的联合政府"，从新中国成立之初党的八大号召"把我国建设成为一个伟大的社会主义国家"到改革开放和社会主义现代化建设新时期党的十三大明确"把我国建设成为富强、民主、文明的社会主义现代化国家"，再到新时代新征程党的二十大庄严宣示"全面建设社会主义现代化国家、全面推进中华民族伟大复兴"，这些目标因时制宜、环环相扣、接续推进，将全党全军全国各族人民紧紧凝聚在一起拼搏奋斗，不断从一个胜利走向又一个胜利。

百年求索，目标矢志不移；百年奋斗，千钧重担在肩。我们党带领人民团结奋斗的历史，也是一部不断探索现代化道路的历史。从新中国成立后提出建设"四个现代化"，到改革开放后提出现代化建设"三步走"战略，从党的十八大明确"两个一百年"奋斗目标，再到党的二十大擘画以中国式现代化全面推进中华民族伟大复兴的宏伟蓝图……实现现代化的奋斗目标一以贯之，清晰的奋斗路线图如一面旗

[①]　习近平：《在二〇二二年春节团拜会上的讲话》，《人民日报》2022 年 1 月 31 日。

帜，让亿万人民的团结奋斗真正有所指望、知所趋赴。

目标凝聚人心，目标汇聚力量。特别是，新时代十余年来，中国式现代化的成功推进和拓展，就是在党的奋斗目标指引下实现的，是在亿万人民团结奋斗中不断前进的。党的十八大以来，从提出"人民对美好生活的向往，就是我们的奋斗目标"，到建设教育强国、人才强国、科技强国、文化强国、数字中国、健康中国等一系列目标任务……一个个初心如磐的奋斗目标，一次次举旗定向的关键抉择，为全党全军全国各族人民团结奋斗指明了前进方向。站在新的历史起点上，党的二十大鲜明提出："从现在起，中国共产党的中心任务就是团结带领全国各族人民全面建成社会主义现代化强国、实现第二个百年奋斗目标，以中国式现代化全面推进中华民族伟大复兴。"①这标定了新时代新征程团结奋斗的目标方向，指明了团结奋斗的中心任务，使团结奋斗有了明确的目的性、清晰的指向性和鲜明的引领性，从而为新时代团结奋斗提供了明确方向和现实动力，也必然在现在和将来对人们产生强烈感染力、强大吸引力和强劲号召力。前进道路上，只要我们在党的旗帜下步调一致向前进，在党的奋斗目标下团结一心向前进，在党的坚强领导下满怀信心向前进，就一定能够不断谱写中国式现代化新篇章，开创全面建设社会主义现代化国家新局面。

---

① 习近平：《高举中国特色社会主义伟大旗帜　为全面建设社会主义现代化国家而团结奋斗——在中国共产党第二十次全国代表大会上的报告》，人民出版社 2022 年版，第 21 页。

二、团结奋斗是推进中国式现代化的必由之路

团结奋斗是无产阶级政党的优秀品质。高度的组织性和坚强的战斗性，是无产阶级的本质属性。在《共产党宣言》中，马克思恩格斯就发出"全世界无产者，联合起来！"的号召，强调工人阶级政党的团结奋斗对无产阶级革命胜利具有至关重要的作用和意义。马克思就曾指出："国际的一个基本原则——团结。如果我们能够在一切国家的一切工人中间牢牢地巩固这个富有生气的原则，我们就一定会达到我们所向往的伟大目标。"[①]在领导十月革命和社会主义建设实践中，列宁坚持无产阶级团结这一原则，强调指出："战斗的无产阶级最亲密无间的团结，无论是为了尽快地实现最终目标，或是为了在现存的社会基础上坚定不移地进行政治的和经济的斗争，都是绝对必要的。"[②]正因如此，坚持团结奋斗是无产阶级政党成功的重要经验；相反，如果内部派别林立，对外脱离群众，也必然走向失败。苏联共产党从胜利走向垮台，就是最好的例证。

团结奋斗是中国共产党融入血脉的优良基因。我们党历来高度重视并始终强调党的团结奋斗，早在革命战争时期，毛泽东就强调："只有经过共产党的团结，才能达到全阶级和全民族的团结。只有经过全阶级全民族的团结，才能战胜敌人，完成民族和民主革命的任

① 《马克思恩格斯全集》第18卷，人民出版社1964年版，第180页。
② 《列宁全集》第6卷，人民出版社1959年版，第425页。

务。"① 进入改革开放和社会主义现代化建设新时期，邓小平也指出："巩固我们党的团结，维护我们党的统一，这不但是我们党的利益，也是全国人民的利益。"② 党的十八大以来，习近平总书记更加重视党的团结奋斗，强调"党的团结统一是党和人民前途和命运所系，是全国各族人民根本利益所在，任何时候任何情况下都不能含糊、不能动摇"③。作为继承和发扬团结奋斗优良传统的马克思主义政党，一代代中国共产党人以强大的向心力，铸就古今中外最讲团结、最能奋斗的最先进政治力量。

团结奋斗是党和人民战胜前进道路上一切风险挑战的重要保证。回顾党的历史，每逢党的事业发展的重要节点，每逢中国革命、建设和改革的关键时期，都十分强调团结奋斗的作用，紧紧依靠团结奋斗攻坚克难、夺取胜利。在我们党诞生之初，面对何处去寻找力量、壮大自己的重大考验，1925 年 12 月毛泽东在《中国社会各阶级的分析》中指明，"我们的革命要有不领错路和一定成功的把握，不可不注意团结我们的真正的朋友，以攻击我们的真正的敌人"④，清晰指出了我们党的政治方向和革命伙伴，为探索正确的革命道路奠定了前提和基础。在抗日战争尚未结束的特殊历史节点，1945 年党的七大"为建立新民主主义的新中国，制定了正确的路线、方针和政策，使全党在思想上、政治上、组织上达到空前的统一和团

---

① 《毛泽东选集》第一卷，人民出版社 1991 年版，第 278 页。
② 《邓小平文选》第一卷，人民出版社 1994 年版，第 236 页。
③ 《习近平谈治国理政》第四卷，外文出版社 2022 年版，第 49—50 页。
④ 《毛泽东选集》第一卷，人民出版社 1991 年版，第 3 页。

结"①，为新民主主义革命最终胜利做了充分准备。新中国成立后，面对一穷二白的局面，1956 年 9 月毛泽东在党的八大开幕词中明确指出，"我们这次大会的任务是：总结从七次大会以来的经验，团结全党，团结国内外一切可能团结的力量，为了建设一个伟大的社会主义的中国而奋斗"②。进入改革开放和社会主义现代化建设新时期，面对拨乱反正、转变工作中心等重大任务，1978 年 12 月邓小平在《解放思想，实事求是，团结一致向前看》中发出号召："只要我们大家团结一致，同心同德，解放思想，开动脑筋，学会原来不懂的东西，我们就一定能够加快新长征的步伐。"③ 历史雄辩地证明，依靠紧密团结进行的奋斗才是最有力的奋斗，党和人民取得的一切成就都是团结奋斗的结果。

新时代十余年伟大成就，是党和人民团结奋斗赢得的历史性胜利。党的十八大以来，面对来自各方面的风险挑战考验，以习近平同志为核心的党中央团结带领全党全军全国各族人民，在竞相奋斗、团结奋斗中，稳经济、促发展，战贫困、建小康，控疫情、抗大灾，应变局、化危机，攻克了一个个看似不可攻克的难关险阻，创造了一个个令人刮目相看的人间奇迹。习近平总书记指出："力量源于团结。这些年来，我们面临的各种风险挑战接踵而至，大仗一个接一个，每一仗都是靠全体人民团结奋斗、顽

① 中共中央文献研究室编：《改革开放三十年重要文献选编》（上），中央文献出版社 2008 年版，第 184 页。
② 《毛泽东文集》第七卷，人民出版社 1999 年版，第 114 页。
③ 《邓小平文选》第二卷，人民出版社 1994 年版，第 153 页。

强斗争闯过来的。"①

党和人民取得的一切成就都是团结奋斗的结果。习近平总书记深刻指出："团结奋斗是中国人民创造历史伟业的必由之路。"②回首历史，是"比铁还硬，比钢还强"的团结之力，是"风雨无阻向前进"的不懈奋斗，让我们不断披荆斩棘、攻坚克难，创造了一个个人间奇迹。正是靠着团结奋斗，我们彻底告别任人宰割、饱受欺凌的悲惨命运，实现了中国从几千年封建专制政治向人民民主的伟大飞跃；正是靠着团结奋斗，我们在错综复杂的国内国际环境中站稳了脚跟，实现了一穷二白、人口众多的东方大国大步迈进社会主义社会的伟大飞跃；正是靠着团结奋斗，我们有效应对严峻复杂的国内国际形势和接踵而至的巨大风险挑战，中华民族迎来了从站起来、富起来到强起来的伟大飞跃。因此，习近平总书记深刻指出："一百年来，党和人民取得的一切成就都是团结奋斗的结果，团结奋斗是中国共产党和中国人民最显著的精神标识。"③

团结才有力量，奋斗才有出路。习近平总书记指出："我们靠团结奋斗创造了辉煌历史，还要靠团结奋斗开辟美好未来。"④作为一项前无古人的开创性事业，推进中国式现代化是一项长期而艰巨的战略任务，必然会遇到各种可以预料和难以预料的风险挑战、艰难险阻甚

---

① 《习近平在看望参加政协会议的民建工商联界委员时强调　正确引导民营经济健康发展高质量发展》，《人民日报》2023年3月7日。

② 习近平：《高举中国特色社会主义伟大旗帜　为全面建设社会主义现代化国家而团结奋斗——在中国共产党第二十次全国代表大会上的报告》，人民出版社2022年版，第70页。

③ 习近平：《在二〇二二年春节团拜会上的讲话》，《人民日报》2022年1月31日。

④ 习近平：《在二〇二二年春节团拜会上的讲话》，《人民日报》2022年1月31日。

至惊涛骇浪。党的二十届三中全会指出："当前和今后一个时期是以中国式现代化全面推进强国建设、民族复兴伟业的关键时期。"① 在这个船到中流浪更急、人到半山路更陡的关键时期，越是接近目标，越是形势复杂，越是任务艰巨，越需要巩固和加强各方面团结，用团结奋斗筑起防范化解各种风险挑战的铜墙铁壁，才能打赢各类遭遇战、攻坚战、持久战。推进中国式现代化是我们党矢志不渝的追求，是一代代共产党人的接力跑，需要持之以恒的坚强团结、长期不懈的接力奋斗，需要我们团结奋斗的号角更加响亮、行动更加坚决、步调更加一致、意志更加顽强。习近平总书记指出："只要我们不断巩固和发展各民族大团结、全国人民大团结、全体中华儿女大团结，铸牢中华民族共同体意识，形成海内外全体中华儿女心往一处想、劲往一处使的生动局面，就一定能够汇聚起实现中华民族伟大复兴的磅礴伟力。"②

三、为推进中国式现代化而团结奋斗

古人说，"积力之所举，则无不胜也；众智之所为，则无不成也。"推进中国式现代化事关中华民族复兴大业，伟大而艰巨。唯其艰巨，

---

① 《中共中央关于进一步全面深化改革　推进中国式现代化的决定》，人民出版社 2024 年版，第 2 页。

② 《中共中央关于党的百年奋斗重大成就和历史经验的决议》，人民出版社 2021 年版，第 70 页。

所以伟大；唯其艰巨，更显荣光。锚定奋斗目标，创造新的伟业，以中国式现代化全面推进中华民族伟大复兴的宏伟蓝图，必须依靠团结奋斗凝聚起亿万人民的智慧和力量，才能坚硬如钢、无坚不摧，才能乘风破浪、扬帆起航，才能创造历史、赢得未来。

在领导核心上要加强党的团结和集中统一领导。对于一个国家、一个民族来说，团结需要核心，奋斗需要领导，坚强的领导核心是团结奋斗的根本保证；如果没有强有力的领导核心，团结奋斗就会失去主心骨而一盘散沙，就会缺乏领航者而一事无成。习近平总书记强调指出："保证党的团结和集中统一是党的生命，也是我们党能成为百年大党、创造世纪伟业的关键所在。"① 党的领导直接关系中国式现代化的根本方向、前途命运、最终成败，特别是推进中国式现代化、实现中华民族伟大复兴是一个宏大的目标追求，目标越是远大，越需要领导核心掌舵领航，越需要科学理论指引方向。新时代十年，正是因为有习近平总书记掌舵领航，全党才有了顶梁柱，14亿多中国人民才有了团结奋斗的领路人；正是因为有习近平新时代中国特色社会主义思想的科学引领，团结奋斗才有了思想根基和正确方向。新征程上，我们要进一步深刻领悟"两个确立"的决定性意义，在思想上政治上行动上同以习近平同志为核心的党中央保持高度一致，用习近平新时代中国特色社会主义思想统一思想、统一意志、统一行动，确保拥有团结奋斗的强大政治凝聚力、发展自信心。

在根本依靠上要坚守人民立场、始终为人民幸福而奋斗。习近平

---

① 习近平：《在党史学习教育动员大会上的讲话》，人民出版社2021年版，第21页。

总书记指出："世界上最大的幸福莫过于为人民幸福而奋斗。"①中国式现代化是亿万人民自己的事业，人民是推进中国式现代化的根本依靠力量。只有紧紧依靠人民，尊重人民创造精神，汇集全体人民的智慧和力量，才能为推动中国式现代化汇聚智慧、凝聚力量。新征程上，我们要始终同人民同呼吸、共命运、心连心，调动一切可以调动的积极因素，团结一切可以团结的力量，把准人民脉搏、回应人民关切、体现人民愿望、增进人民福祉，推动中国式现代化建设成果更多更公平惠及全体人民，让人民以主人翁精神满怀热忱地投入到现代化建设中来，凝聚起全面建设社会主义现代化国家的磅礴伟力。

在主体力量上要发展全过程人民民主、巩固和发展最广泛的爱国统一战线。党的二十届三中全会指出："发展全过程人民民主是中国式现代化的本质要求。"②发展全过程人民民主的过程，就是吸纳民意、汇集民智的过程，就是统一思想、凝聚共识的过程，能够广泛汇聚全党全国人民智慧、激发团结奋斗的强大力量。习近平总书记指出："巩固和发展最广泛的爱国统一战线，发展全过程人民民主，始终坚持大团结大联合，最大限度凝聚起共同奋斗的力量。"③我们要通过大力发展全过程人民民主，充分体现人民意志、保障人民利益、激发人民创造活力，巩固发展生动活泼、安定团结的政治局面，积极推动构建大统战工作格局，不断巩固和发展壮大最广泛的爱国统一战

---

① 习近平：《在二〇二二年春节团拜会上的讲话》，《人民日报》2022 年 1 月 31 日。

② 《中共中央关于进一步全面深化改革　推进中国式现代化的决定》，人民出版社 2024 年版，第 27 页。

③ 《习近平谈治国理政》第四卷，外文出版社 2022 年版，第 266 页。

线，着力谋求最大公约数、画出最大同心圆，促进政党关系、民族关系、宗教关系、阶层关系、海内外同胞关系和谐，为我们团结奋斗战胜一切困难、共创中国式现代化时代伟业提供强大力量源泉。

在精神力量上要巩固团结奋斗的共同思想基础。共同的思想基础是团结奋斗的思想根基，只有在思想上认同，才能在实践中形成"拧成一股绳"的强大力量。党的二十大报告提出，要增强实现中华民族伟大复兴的精神力量，巩固全党全国各族人民团结奋斗的共同思想基础。这就需要建设具有强大凝聚力和引领力的社会主义意识形态，从最深层次激发起团结奋斗的精神力量；铸牢中华民族共同体意识，构筑中华民族共有精神家园，促进形成团结奋斗的价值共识；弘扬和践行社会主义核心价值观，内化为人们的精神追求，外化为团结奋斗的自觉行动。

在军民关系上要铸就坚如磐石的军政军民团结。军民团结如一人，试看天下谁能敌。坚如磐石的军政军民团结，永远是我们战胜一切艰难险阻、不断从胜利走向胜利的重要法宝。2023 年 3 月 8 日，习近平总书记在出席十四届全国人大一次会议解放军和武警部队代表团全体会议时强调："今年是延安双拥运动 80 周年。要弘扬拥政爱民、拥军优属光荣传统，巩固发展新时代军政军民团结，在全社会营造关心国防、热爱国防、建设国防、保卫国防的浓厚氛围，为巩固提高一体化国家战略体系和能力、为推进强国强军汇聚强大力量。"[①] 我们要

[①] 《习近平在出席解放军和武警部队代表团全体会议时强调　统一思想认识　强化使命担当　狠抓工作落实　努力开创一体化国家战略体系和能力建设新局面》，《人民日报》2023 年 3 月 9 日。

赓续弘扬军政军民团结的光荣传统，始终和人民群众心连心、同呼吸、共命运，与人民群众休戚相关、生死相依、血脉相连，为推进中国式现代化而紧密团结、共同奋斗。

在方式方法上要依靠顽强斗争打开事业发展新天地。对于一个政党、一个国家来说，敢担当的团结才是最强固的团结，有斗志的奋斗才是最强劲的奋斗；如果不敢担当，团结就是空虚的、暂时的，如果没有斗志，奋斗就是空洞的、无力的。习近平总书记指出，"把党的二十大描绘的宏伟蓝图变成美好现实，需要各级领导干部担当作为"，"必须发扬斗争精神，积极应对各种风险挑战，依靠顽强斗争打开事业发展新天地"。① 党的二十大报告也指出，"加强干部斗争精神和斗争本领养成，着力增强防风险、迎挑战、抗打压能力，带头担当作为，做到平常时候看得出来、关键时刻站得出来、危难关头豁得出来"②。新时代新征程上，我们要不断加强担当精神和斗争本领养成，做到责任在心、担当在肩，敢于斗争、善于斗争，为推进中国式现代化而团结拼搏，为实现中华民族伟大复兴而顽强奋斗。

---

① 《中共中央政治局召开民主生活会强调 坚持团结奋斗 贯彻落实好党的二十大重大决策部署》，《人民日报》2022 年 12 月 28 日。

② 习近平：《高举中国特色社会主义伟大旗帜 为全面建设社会主义现代化国家而团结奋斗——在中国共产党第二十次全国代表大会上的报告》，人民出版社 2022 年版，第66—67 页。

参考文献

1.《马克思恩格斯文集》第 1—10 卷，人民出版社 2009 年版。

2.《马克思恩格斯选集》第 1—4 卷，人民出版社 2012 年版。

3.《列宁专题文集》，人民出版社 2009 年版。

4.《列宁选集》第 1—4 卷，人民出版社 2012 年版。

5.《毛泽东选集》第一至四卷，人民出版社 1991 年版。

6.《毛泽东文集》第一至八卷，人民出版社 1993、1996、1999 年版。

7.《邓小平文选》第一卷，人民出版社 1994 年版。

8.《邓小平文选》第二卷，人民出版社 1994 年版。

9.《邓小平文选》第三卷，人民出版社 1993 年版。

10.《邓小平年谱（1975—1997）》，中央文献出版社 2004 年版。

11.《江泽民文选》第一卷，人民出版社 2006 年版。

12.《胡锦涛文选》第二卷，人民出版社 2016 年版。

13.《习近平著作选读》第一卷，人民出版社 2023 年版。

14.《习近平著作选读》第二卷，人民出版社 2023 年版。

15.《习近平谈治国理政》，外文出版社 2014 年版。

16.《习近平谈治国理政》第二卷，外文出版社 2017 年版。

17.《习近平谈治国理政》第三卷，外文出版社 2020 年版。

18.《习近平谈治国理政》第四卷，外文出版社 2022 年版。

19. 习近平：《在哲学社会科学工作座谈会上的讲话》，人民出版社 2016 年版。

20. 习近平：《在纪念红军长征胜利 80 周年大会上的讲话》，人民出版社 2016 年版。

21. 习近平：《论坚持推动构建人类命运共同体》，中央文献出版社 2018 年版。

22. 习近平：《开放共创繁荣　创新引领未来——在博鳌亚洲论坛 2018 年年会开幕式上的主旨演讲》，人民出版社 2018 年版。

23. 习近平：《论坚持党对一切工作的领导》，中央文献出版社 2019 年版。

24. 习近平：《论党的宣传思想工作》，中央文献出版社 2020 年版。

25. 习近平：《论中国共产党历史》，中央文献出版社 2021 年版。

26. 习近平：《论把握新发展阶段、贯彻新发展理念、构建新发展格局》，中央文献出版社 2021 年版。

27. 习近平：《在党史学习教育动员大会上的讲话》，人民出版社 2021 年版。

28. 习近平：《论坚持人民当家作主》，中央文献出版社 2021 年版。

29. 习近平：《论坚持人与自然和谐共生》，中央文献出版社 2022 年版。

30. 习近平：《高举中国特色社会主义伟大旗帜　为全面建设社会主义现代化国家而团结奋斗——在中国共产党第二十次全国代表大会上的报告》，人民出版社 2022 年版。

31. 习近平：《论党的自我革命》，党建读物出版社、中央文献出版社 2023 年版。

32. 习近平：《在文化传承发展座谈会上的讲话》，人民出版社 2023 年版。

33. 习近平：《关于坚持和发展中国特色社会主义的几个问题》，《求是》2019 年第 7 期。

34. 习近平：《推动我国生态文明建设迈上新台阶》，《求是》2019 年第 3 期。

35. 习近平：《中国共产党领导是中国特色社会主义最本质的特征》，《求是》2020 年第 14 期。

36. 习近平:《共同构建人类命运共同体》,《求是》2021 年第 1 期。

37. 习近平:《努力成为世界主要科学中心和创新高地》,《求是》2021 年第 6 期。

38. 习近平:《更好把握和运用党的百年奋斗历史经验》,《求是》2022 年第 13 期。

39. 习近平:《中国式现代化是强国建设、民族复兴的康庄大道》,《求是》2023 年第 16 期。

40.《中共中央关于党的百年奋斗重大成就和历史经验的决议》,人民出版社 2021 年版。

41.《中共中央关于进一步全面深化改革　推进中国式现代化的决定》,人民出版社 2024 年版。

42.《中国共产党第二十届中央委员会第三次全体会议文件汇编》,人民出版社 2024 年版。

43. 中共中央宣传部编:《习近平新时代中国特色社会主义思想学习纲要(2023 年版)》,学习出版社、人民出版社 2023 年版。

44. 中共中央宣传部、中央国家安全委员会办公室编:《总体国家安全观学习纲要》,学习出版社、人民出版社 2022 年版。

45. 中共中央文献研究室编:《十八大以来重要文献选编》(上),中央文献出版社 2014 年版。

46. 中共中央文献研究室编:《十八大以来重要文献选编》(中),中央文献出版社 2016 年版。

47. 中共中央文献研究室编:《习近平关于协调推进"四个全面"战略布局论述摘编》,中央文献出版社 2015 年版。

48. 中共中央文献研究室编:《习近平关于全面从严治党论述摘编》,中央文献出版社 2016 年版。

49. 中共中央文献研究室编:《习近平关于社会主义文化建设论述摘编》,中央文献出版社 2017 年版。

50. 中共中央文献研究室编:《习近平关于社会主义经济建设论述摘编》,中央文献出版社 2017 年版。

51. 中共中央文献研究室编:《习近平关于社会主义社会建设论述摘编》,

中央文献出版社 2017 年版。

52. 中共中央文献研究室编：《习近平关于社会主义生态文明建设论述摘编》，中央文献出版社 2017 年版。

53. 中共中央党史和文献研究院编：《习近平关于中国特色大国外交论述摘编》，中央文献出版社 2020 年版。

54. 中共中央党史和文献研究院编：《习近平关于社会主义精神文明建设论述摘编》，中央文献出版社 2022 年版。

55. 中共中央党史和文献研究院编：《习近平关于中国式现代化论述摘编》，中央文献出版社 2023 年版。

56. 中共中央党史和文献研究院：《中国共产党的一百年：新民主主义革命时期》，中共党史出版社 2022 年版。

57. 薄一波：《若干重大决策和事件的回顾》上卷，人民出版社 1997 年版。

58. 胡绳：《中国共产党的七十年》，中共党史出版社 1991 年版。

59. 罗荣渠：《现代化新论：中国的现代化之路》，华东师范大学出版社 2013 年版。

60. [古希腊] 柏拉图：《理想国》，郭斌和、张竹明译，商务印书馆 1986 年版。

61. [美] 塞缪尔·亨廷顿：《变革社会中的政治秩序》，李盛平、杨玉生等译，华夏出版社 1988 年版。

62. [德] 斯宾格勒：《西方的没落》，陈晓林译，黑龙江教育出版社 1988 年版。

63. [意] 尼科洛·马基雅维里：《君王论》，惠泉译，海南出版社 2001 年版。

64. [美] 塞缪尔·亨廷顿：《文明的冲突与世界秩序的重建》，周琪等译，新华出版社 2002 年版。

65. [美] 熊玠：《大国复兴：中国道路为什么如此成功》，湖北教育出版社 2016 年版。

66. [古希腊] 修昔底德：《伯罗奔尼撒战争史》，谢德风译，商务印书馆 2017 年版。

后　记

　　中国式现代化是中国共产党领导的社会主义现代化，是强国建设、民族复兴的唯一正确道路。新时代新征程，推进中国式现代化是最大的政治。本书以习近平新时代中国特色社会主义思想为指导，全面深入贯彻党的二十大和二十届三中全会精神，紧密围绕建设什么样的社会主义现代化强国、怎样建设社会主义现代化强国这一重大时代课题，坚持历史发展与理论逻辑相统一，坚持注重系统与突出重点相呼应，在总体阐述中国式现代化的历史进程、战略环境、理论指导的基础上，分别论述了中国式现代化在党的领导和建设、经济、政治、文化、社会、生态文明、科教兴国、国家安全、国防和军队建设、外交等领域的发展战略，全面系统展现了以习近平同志为核心的党中央团结带领全国各族人民深入推进中国式现代化的科学认识和战略部署。

　　本书是国防大学"十四五"学科建设规划的建设项目之一，由国防大学国家安全学院国家发展战略教研室组织编写。郭海军教授任主编，拟定了编写提纲，组织了书稿撰写和修改统稿；颜旭、孙岩教授任副主编，参加提纲拟定，负责修改统稿。各部分撰稿人分别为：序言，郭海军；第一章，颜旭；第二章，高宁；第三章，颜旭；第四章，孙岩；第五章，王一新；第六章，孙岩；第七章，颜旭；第八章，郭海军；第九章，颜旭、申宇；第十章，陈中奎；第十一章，唐梓翔；第十二章，高宁；第十三章，颜旭；结语，郭海军。

　　在编写过程中，我们吸收和借鉴了理论界学术界专家学者的一些研究成果，由于篇幅所限没有一一列出，特此说明并表示感谢。本书由于题材重大，加之我们水平有限，难免有疏漏和不妥之处，敬请广大读者批评指正。

作者谨识
2025 年 1 月

责任编辑：曹　春

图书在版编目（CIP）数据

中国式现代化发展战略 ／ 郭海军主编． -- 北京 ：
人民出版社，2025．5． -- ISBN 978 - 7 - 01 - 027183 - 5

Ⅰ．D61

中国国家版本馆 CIP 数据核字第 2025DW0691 号

中国式现代化发展战略

ZHONGGUOSHI XIANDAIHUA FAZHAN ZHANLÜE

郭海军　主编

人民出版社 出版发行

（100706　北京市东城区隆福寺街 99 号）

北京汇林印务有限公司印刷　新华书店经销

2025 年 5 月第 1 版　2025 年 5 月北京第 1 次印刷
开本：710 毫米 ×1000 毫米 1/16　印张：24.5
字数：268 千字

ISBN 978 - 7 - 01 - 027183 - 5　定价：98.00 元

邮购地址 100706　北京市东城区隆福寺街 99 号
人民东方图书销售中心　电话（010）65250042　65289539